西南民族大学中央高校基本科研业务费专项资金
项目资助（项目号：校 2021084）

西部传统制造业的技术创新转型路径研究

安 果 伍 江 著

科学出版社
北 京

内 容 简 介

本书主要由总论篇、机制篇和政策篇构成。总论篇由第2~4章组成，第2章较为全面地回顾了产业史上的技术创新与体制变迁，第3章对技术创新与传统制造业转型升级的关系进行研究，第4章对创新系统、产业效率与西部传统制造业的创新路径进行研究。机制篇由第5~10章组成，第5章对过度进入、技术设备专用性与创新投资效应进行研究，第6章对核心技术、技术提成与应用技术的产权性质进行研究，第7章对效率差异、技术承接成本与西部创新劣势进行研究，第8章对技术差异、竞争性厂商与"适宜性"技术选择进行研究，第9章对技术信号、分离均衡与合作创新进行研究，第10章对专用性资产、研发投资激励与产学研联盟进行研究。政策篇由第11~13章组成，第11章基于集合论对西部工业技术创新政策效果进行实证分析研究，第12章对创新补贴、效率差距与政府创新补贴取向进行研究，第13章对技术创新政策的理论与西部创新政策特征进行研究。

本书适合从事区域经济学、发展地理学、公共管理和行政管理的学者、教师、研究生阅读，也是各级党政机关工作人员学习的重要参考读物。

图书在版编目(CIP)数据

西部传统制造业的技术创新转型路径研究 / 安果，伍江著. — 北京：科学出版社，2024.1
　ISBN 978-7-03-063607-2

Ⅰ. ①西… Ⅱ. ①安… ②伍… Ⅲ. ①制造工业–技术革新–研究–西北地区 ②制造工业–技术革新–研究–西南地区　Ⅳ. ①F426.4

中国版本图书馆 CIP 数据核字（2021）第 127496 号

责任编辑：莫永国　陈丽华 / 责任校对：彭　映
责任印制：罗　科 / 封面设计：墨创文化

科学出版社出版
北京东黄城根北街16号
邮政编码：100717
http://www.sciencep.com

四川煤田地质制图印务有限责任公司印刷
科学出版社发行　各地新华书店经销
*

2024年1月第 一 版　　开本：787×1092 1/16
2024年1月第一次印刷　　印张：11 1/2
字数：260 000
定价：149.00元
（如有印装质量问题，我社负责调换）

前　言

习近平指出，创新是引领世界发展的重要动力。《中共中央　国务院关于新时代推进西部大开发形成新格局的指导意见》（以下简称《意见》）指出："强化举措推进西部大开发形成新格局，是党中央、国务院从全局出发，顺应中国特色社会主义进入新时代、区域协调发展进入新阶段的新要求，统筹国内国际两个大局作出的重大决策部署……""新时代继续做好西部大开发工作，对于增强防范化解各类风险能力，促进区域协调发展，决胜全面建成小康社会，开启全面建设社会主义现代化国家新征程，具有重要现实意义和深远历史意义。"《意见》提出："到 2035 年，西部地区基本实现社会主义现代化，基本公共服务、基础设施通达程度、人民生活水平与东部地区大体相当，努力实现不同类型地区互补发展、东西双向开放协同并进、民族边疆地区繁荣安全稳固、人与自然和谐共生。"现代产业体系的首要特征就是能够不断吸收当代最新技术成果，为此积极培育产业的创新动能、不断提升产业的创新发展能力就成为西部产业现代化建设的核心内容，所以《意见》也明确指出："不断提升创新发展能力。以创新能力建设为核心，加强创新开放合作，打造区域创新高地。完善国家重大科研基础设施布局，支持西部地区在特色优势领域优先布局建设国家级创新平台和大科学装置。"

与我国其他区域相比，西部地区产业体系中高新技术产业占比相对较小，传统制造业在经济发展中的支柱作用更加明显。但是创新过程是创新系统内生的，对于体系庞大的西部传统制造业来说，在经济系统发育相对滞后、创新要素积累相对不足的条件下，西部传统制造业的创新道路有哪些特征？创新的目标是什么？与其他地区相比，西部存在哪些特征？

《国家中长期科学和技术发展规划纲要(2006—2020 年)》（以下简称《纲要》）中提出："必须把提高自主创新能力作为国家战略，贯彻到现代化建设的各个方面，贯彻到各个产业、行业和地区，大幅度提高国家竞争力。"《纲要》还明确了产业创新的三条路径："自主创新，就是从增强国家创新能力出发，加强原始创新、集成创新和引进消化吸收再创新。"如果产业创新遵循市场原则，在现有地区资源配置效率条件下，西部走哪一条创新路径更加合适呢？

带着这些问题，作者从理论上考察市场机制作用下技术扩散的逻辑与机理。本书重点研究了 3 个方面。第一，从工业化史看，产业创新的机会、条件和系统环境要求，明确了技术创新是技术成果商业化的过程，技术成果能否降低产业成本成为产业创新能否实现的关键。第二，西部创新系统相对落后、效率相对较低，技术成果产业化的过程中，需要产业政策与区域性政策并重。第三，如果构筑东部在上游供应技术、西部在下游完成产品生产的产业链，那么只有在东部取得产业链控制权的条件下，东部才会增加研发投资。

本书写作过程中，作者立足党和国家提出的创新发展思路，基于大量文献史料和统计数据，描述和实证了西部的创新系统和传统制造业的效率特征，提出了西部创新发展路径应当是引进吸收再创新；以经济学为分析框架，以博弈论为方法论证了市场机制作用下西部走引进吸收再创新面临的新挑战和机遇。由于产业创新与转型升级涉及很多方面，而作者仅对部分问题进行了研究，难免有片面和不足之处。

目 录

第1章 绪论 ··· 1
1.1 研究西部制造业创新问题的意义 ·· 1
1.2 本书的内容设计与主要观点 ·· 1

总 论 篇

第2章 产业史上的技术创新与体制变迁 ··· 5
2.1 英国早期毛纺工业以经验为基础的技术改进与体制演进 ····················· 5
2.1.1 城市毛纺工业的手工业行会制度、技术基础与创新阻滞 ··················· 5
2.1.2 毛纺工业的体制变迁:"合约体制"、商业资本与雇佣关系的形成 ······ 6
2.1.3 棉纺工业的技术创新阻滞与突破 ··· 7
2.1.4 英国棉纺工业革命的特点 ·· 8
2.2 蒸汽机与生产集中——科学与经验的交融与技术集成 ······················· 10
2.2.1 蒸汽机的改进与产业化过程 ··· 11
2.2.2 蒸汽机普及阶段的技术创新特征 ··· 12
2.3 美国制造业的技术创新——企业主导创新 ······································ 13
2.3.1 美国棉纺业的生产体制模仿与生产组织创新 ······························ 13
2.3.2 资本替代劳动的技术创新路线与装备工业的成长 ························ 14
2.3.3 钢铁工业与生产组织大规模化 ··· 14
2.3.4 美国第二次产业革命中技术创新的特点 ···································· 15
2.4 化学、石油化工的创新体制——大企业+专业研究机构 ····················· 16
2.4.1 化学、石油化工业的创新体制——研究机构与大企业的协同创新 ···· 16
2.4.2 重化工业技术创新的特征 ··· 17
2.5 基本结论 ·· 17

第3章 技术创新与传统制造业转型升级的关系 ··································· 19
3.1 产业技术创新的理论 ··· 19
3.2 传统制造业的转型升级与技术创新 ··· 22
3.2.1 传统制造业的内容 ·· 22
3.2.2 制造业转型升级概述 ··· 23
3.2.3 我国传统制造业转型升级的方向与特征 ···································· 23
3.2.4 技术创新与制造业转型升级关系的文献 ···································· 24
3.2.5 科技创新与产业技术创新的关系 ··· 25

3.2.6 西部地区传统制造业技术创新和转型升级的方向……………………26
　3.3 基本结论………………………………………………………………………26
第4章 创新系统、产业效率与西部传统制造业的创新路径………………………27
　4.1 新工业革命的内涵与特征……………………………………………………27
　　4.1.1 新工业革命的内涵……………………………………………………27
　　4.1.2 新工业革命与第一、二次工业革命的异同点………………………29
　4.2 西部创新系统的效率…………………………………………………………29
　　4.2.1 西部工业化进程加速,整体现代化程度相对较低…………………29
　　4.2.2 经济活动向东部集聚,经济系统对西部技术创新的支撑减弱……31
　　4.2.3 高技术产业各类创新指标强度小,对传统制造业的溢出效应弱…32
　4.3 西部传统制造业的效率………………………………………………………34
　　4.3.1 西部传统制造业的静态效率特征……………………………………35
　　4.3.2 西部传统制造业要素的动态效率特征………………………………36
　　4.3.3 西部传统制造业的需求收入弹性特征………………………………37
　4.4 西部科技创新水平的实证研究………………………………………………37
　　4.4.1 西部科技创新的综合指数排序………………………………………38
　　4.4.2 西部科技进步分项指标与排序………………………………………38
　　4.4.3 西部科技投入与科技产出应用效果的实证分析……………………41
　4.5 西部传统制造业技术创新的路径……………………………………………43
　　4.5.1 技术创新路径的内涵…………………………………………………43
　　4.5.2 技术创新路径的分类…………………………………………………43
　　4.5.3 西部传统制造业技术创新路径:引进吸收再创新与原始创新结合…45
　4.6 基本结论………………………………………………………………………46

机　制　篇

第5章 过度进入、技术设备专用性与创新投资效应………………………………49
　5.1 技术创新的阶段选择理论……………………………………………………49
　　5.1.1 技术的生命周期理论…………………………………………………49
　　5.1.2 四维度-四阶段模型……………………………………………………49
　5.2 技术设备专用性与产业过度进入……………………………………………52
　　5.2.1 技术设备专用性理论与产业进入简述………………………………52
　　5.2.2 进入模型的设定………………………………………………………52
　　5.2.3 产业的古诺均衡与产业的过度进入…………………………………53
　　5.2.4 新技术设备进入时专用性对过度进入的影响………………………56
　5.3 创新投资及其效应的模型……………………………………………………56
　　5.3.1 模型主要变量和函数关系……………………………………………57
　　5.3.2 创新投资、竞争对手产量和企业产量的变化………………………57

5.3.3 创新投资与企业利润的变化 ································59
    5.3.4 企业增加创新投资对各方产量的影响 ························60
    5.3.5 单个企业增加创新投资对各方福利的影响 ····················61
  5.4 基本结论 ··64

第6章 核心技术、技术提成与应用技术的产权性质 ····················65
  6.1 模型的基本背景与变量概述 ··65
    6.1.1 模型的基本背景 ··65
    6.1.2 模型的设立与基本假设 ······································66
  6.2 模型的构建 ··67
    6.2.1 交易双方的序贯博弈构建与交易主体目标函数的确定 ·········67
    6.2.2 第二阶段子博弈中技术购买方的相关最优反应产量 ···········67
  6.3 对称信息下技术转让的均衡支付 ····································68
    6.3.1 转让专利的同时转让核心技术的支付方案 ····················68
    6.3.2 转让专利的同时不转让核心技术的支付方案 ··················70
  6.4 不对称信息下技术转让的均衡支付 ··································72
    6.4.1 激励相容约束机制的构建 ····································72
    6.4.2 求解博弈第一阶段的均衡支付方案 ··························73
  6.5 基本结论 ··75

第7章 效率差异、技术承接成本与西部创新特点 ······················76
  7.1 模型建立的背景 ··76
  7.2 模型的基本假设与函数的构建 ······································76
    7.2.1 模型的基本假设 ··76
    7.2.2 构建该技术交易的基本函数、参与条件 ······················77
  7.3 对称信息下技术转让的最优均衡支付 ································78
    7.3.1 针对高效率企业的技术交易方案 ····························78
    7.3.2 针对低效率企业的技术交易方案 ····························79
    7.3.3 比较技术转让方对高效率企业和低效率企业的均衡收费 ·······80
  7.4 不对称信息条件下技术转让的最优分离均衡支付 ······················80
    7.4.1 函数的构建与规划模型的设定 ······························81
    7.4.2 不对称信息下规划模型的设定 ······························81
    7.4.3 求规划模型的均衡解 ··82
    7.4.4 不对称信息与对称信息下两类厂商均衡支付方案的比较 ·······85
    7.4.5 不对称信息下均衡支付方案模型的结论 ······················86
  7.5 基本结论 ··86

第8章 技术差异、竞争性厂商与"适宜性"技术选择 ··················88
  8.1 模型的基本假设与相关函数 ··88
    8.1.1 模型背景与基本假设 ··88
    8.1.2 基于 Rothschild 和 Stiglitz 模型定义相关函数 ···················89

8.2 对称信息下购买不同类型技术的动态均衡 90
8.2.1 技术输出方的参与约束 90
8.2.2 技术购买方的规划模型 90
8.2.3 求对称信息下技术购买方的均衡解 91
8.2.4 对称信息下均衡支付的两个理论结论 91
8.2.5 证明 H 型等效用线、等利润线比 L 型等效用线、等利润线陡 92
8.3 不对称信息下技术交易价格的均衡分析 93
8.3.1 基本假设和描述 94
8.3.2 贝叶斯均衡存在的条件 94
8.3.3 混同均衡与分离均衡分析 94
8.3.4 总结该模型分离均衡价格方案存在的条件 97
8.4 基本结论 98

第9章 技术信号、分离均衡与合作创新 99
9.1 信号博弈模型构建 99
9.2 对称信息下的规划问题 100
9.2.1 构建该技术交易的博弈过程 100
9.2.2 博弈双方的收益函数 100
9.3 对称信息下技术转让方的分离均衡 101
9.3.1 对于 H 型技术输出方 101
9.3.2 对于 L 型技术输出方 102
9.4 不对称信息下技术转让方的分离均衡 103
9.4.1 基本假设 103
9.4.2 技术信号博弈的分离均衡分析 104
9.4.3 均衡合约的状态 107
9.4.4 均衡的经济学解释 108
9.4.5 该信号博弈的逆向序贯过程均衡 108
9.5 基本结论 109

第10章 专用性资产、研发投资激励与产学研联盟 110
10.1 研发活动专业化与一体化倾向 110
10.1.1 技术创新与产学研创新机制 110
10.1.2 专业性研发机构的兴起 110
10.1.3 专业化、资产专用性与纵向一体化倾向 111
10.2 资产专用性与研发投资激励的博弈 112
10.2.1 模型的设定 112
10.2.2 模型的逆向分析 113
10.2.3 市场最优的专用性投资额低于社会最优投资额的理论 114
10.3 纵向一体化及其低效率分析 115
10.4 产学研协同创新模型——专用性投资与博弈谈判解 116

  10.4.1 模型的构建 ……………………………………………………………… 116
  10.4.2 非合作博弈格局的机制与各类绩效组合的解释 …………………… 117
  10.4.3 实现高福利($6x,6y$)均衡结果的条件——无限次重复博弈 ……… 118
 10.5 研发与生产的纵向合作——基于谈判解的分析 ……………………………… 119
  10.5.1 模型的基本假定 ……………………………………………………… 119
  10.5.2 各种规制结构下重新谈判后纳什合作解的结论 …………………… 120
  10.5.3 不同规制结构对第一阶段($t=0$)投资的影响 ……………………… 121
 10.6 基本结论 ………………………………………………………………………… 122

政 策 篇

第11章 西部工业技术创新政策效果实证分析——基于集合论的分析 ……… 125
 11.1 我国主要工业技术创新政策 …………………………………………………… 125
 11.2 工业技术创新政策效果评估的理论与文献 …………………………………… 127
  11.2.1 关于技术创新政策效果评估的相关文献 …………………………… 127
  11.2.2 对创新政策评估文献的简要评述 …………………………………… 128
 11.3 西部地区工业技术创新政策效果评估模型 …………………………………… 128
  11.3.1 指标的选取与设计 …………………………………………………… 128
  11.3.2 数据收集与模型构建 ………………………………………………… 129
  11.3.3 模型的权重计算 ……………………………………………………… 130
  11.3.4 模型最终计算结果 …………………………………………………… 131
 11.4 政策效果分析 …………………………………………………………………… 137
  11.4.1 西部各省份一级指标的纵向分析 …………………………………… 137
  11.4.2 按二级指标分别对西部地区政策效果进行分析 …………………… 138
  11.4.3 按三级指标对西部地区政策效果的整体分析 ……………………… 143
 11.5 结论与建议 ……………………………………………………………………… 144
  11.5.1 主要结论 ……………………………………………………………… 144
  11.5.2 创新政策的调整建议 ………………………………………………… 144
 本章附表 ……………………………………………………………………………… 145

第12章 创新补贴、效率差距与政府创新补贴取向 ……………………………… 153
 12.1 政府补贴企业创新的理论与模型 ……………………………………………… 153
  12.1.1 一个研发补贴模型的基本框架 ……………………………………… 153
  12.1.2 对企业只进行创新前补贴的基本分析框架 ………………………… 154
  12.1.3 政府对创新活动前和创新成功后都补贴的分析框架 ……………… 155
 12.2 逆向选择的研发补贴模型 ……………………………………………………… 158
  12.2.1 模型的背景与变量的设定 …………………………………………… 158
  12.2.2 低效率企业参与约束、高效率企业激励相容约束 ………………… 160
  12.2.3 政府对企业的事前补贴额 …………………………………………… 161

  12.2.4 社会净收益最大时的最优事后补贴额 B_H、B_L 的值 ················ 162
 12.3 基本结论 ·· 164
第13章 技术创新政策的理论与西部创新政策特征 ······························ 165
 13.1 技术创新政策内涵和效果的理论 ·· 165
 13.2 西部传统制造业技术创新政策的方向 ···································· 166
  13.2.1 继续实施西部产业发展政策、产业转移政策，构建西部创新基础 ······· 166
  13.2.2 西部创新政策的重点环节是促进科技成果产业化 ························ 167
  13.2.3 西部技术创新政策应当聚焦于兼容当代主导性信息化技术 ·············· 167
  13.2.4 增加支持西部公共研发投资，构建西部优势产业的高水平研究院 ······· 168
参考文献 ··· 169

第1章 绪 论

1.1 研究西部制造业创新问题的意义

制造业是经济体系实现创新发展的主要载体与基础，传统制造业是西部及全国制造业的主体部分。通过技术创新，推动传统制造业向网络化、数字化和智能化转型升级，实现经济发展的质量变革、效率变革，是今后我国经济发展的核心课题之一。《中共中央关于制定国民经济和社会发展第十四个五年规划和二〇三五年远景目标的建议》明确指出，"坚持创新在我国现代化建设全局中的核心地位，把科技自立自强作为国家发展的战略支撑，面向世界科技前沿、面向经济主战场、面向国家重大需求、面向人民生命健康，深入实施科教兴国战略、人才强国战略、创新驱动发展战略，完善国家创新体系，加快建设科技强国。"

技术创新是创新系统内生的过程，系统要素禀赋结构和经济社会的差异性，决定了任何地区的产业创新过程或多或少地都存在区域性特征，因此对于西部通过技术创新实现传统制造业转型升级的过程、机制与政策等，也需要做专门的研究。从我国区域间技术、产业与经济发展水平看，西部地区技术创新路径有其特殊性，在创新要素禀赋、技术基础和产业结构等方面需要提高。产业革命以来各国的创新发展实践证明，创新发展的路径既可以立足本国技术成果靠原始创新驱动，也可以通过引进国内外其他地区的技术成果，走引进吸收再创新的道路。究竟哪一种创新路径更适合西部今后一段时期的需要，必须从理论上进行研究和论证。

本书从梳理产业史上重大技术革命的技术创新案例入手，借鉴历史经验，研究实现产业技术创新的社会与环境条件，分析制造业技术创新过程的机理和机制，明确创新环境与创新系统对区域产业创新的重要作用，并探索后发地区产业创新的政策方向与政策体系；进一步研究西部创新系统的效率特征，寻找西部区域内产业创新的切入点，确定西部产业创新的薄弱环节，为西部传统制造业技术创新提供理论依据。

本书的目的是通过对创新实现过程机理的研究，对西部创新系统和传统制造业自身的效率进行分析，探索西部传统制造业的技术创新路径。

1.2 本书的内容设计与主要观点

1）主要思路

首先，本书介绍了产业史上技术创新的典型实例，基于这些例子分析研究了产业史上市场机制下技术创新所需的环境要求、体制机制、配套条件及创新过程中各类障碍发生的原因。为了研究西部传统制造业技术创新与转型升级的相关问题，本书从理论与文献入手，研究了技术创新和传统制造业转型升级的关系；明确信息化、数字化和智能化是当前西部传统制造业技术创新和转型升级的目标之一;在对西部创新系统的各类要素与总体状况进行主要维度的统计描述后发现,西部传统制造业技术创新的路径应当是引进吸收再创新。

其次,立足于企业是创新主体这一基础,本书从4个视角出发,运用或建立不对称信息动态优化模型,专门研究技术成果进入企业的机制和贝叶斯均衡条件,为实现技术成果产业化和西部传统制造业的创新驱动建立理论依据。

最后,本书进行了政策研究,既运用集合论研究了以往的创新政策在西部地区的作用效果,也运用优化模型研究了补贴性优惠政策的时机选择和作用的机制,并根据宏观经济创新战略的精神和方针,明确了西部产业创新政策作用的着眼点和方向。

2) 主要内容与观点

本书主要由总论篇、机制篇和政策篇构成。总论篇包括第2~4章。机制篇包括第5~10章。政策篇由以往的政策效果、优惠补贴的方式和区域性政策方向构成,包括第11~13章。此外,本书有以下主要观点。

第一,产业转型升级实质上是产业基于技术创新的整体演进的结果。传统制造业转型升级是指整个传统制造业体系技术基础的现代化,而不仅仅是某个领域、环节和产品的创新。技术创新是企业追求利润或市场势力的经济行为,新技术在产业内相继出现并扩散,导致整个产业总体转型升级,所以技术创新是产业转型升级的启动因素,与产业转型升级密切相关,但不完全相同。从产业发展史看,制造业的"型式"是技术创新的支持平台,从时间上看,产业史上的每一次转型升级,都紧随科技成果"蜂聚"期之后,是产业对科技成果的应用与扩散,是在开放性的产业系统中,企业引进吸收再创新、集成创新和原始创新交汇作用的结果。

第二,技术创新路径是新技术从诞生到产业化的过程中,经历的各个环节及顺序的统称。创新路径选择以效率为宗旨,受到起点条件、过程中的机遇、障碍、外生支撑力和目标等因素的影响。从宏观层面看,中央提出了要瞄准世界科技前沿,强化基础研究,实现前瞻性基础研究、引领性原创成果重大突破的创新总方针,目的是将创新驱动战略推到主要依靠自主创新、原始创新的道路上。但是中国各地区间的经济发展水平、市场化程度和要素禀赋结构有很大差异,决定了西部地区的创新路径有自己的特征。

第三,根据西部地区现实的技术基础,应当更多地在技术的成熟期引进"适宜性"技术,走引进吸收再创新为主的技术路径,应当加大应用研究经费占研发经费的比例。

第四,西部传统制造业的技术创新路径如下:以引进吸收再创新为主,有条件的产业和省份积极开展原始创新。虽然西部传统制造业的静态效率低于全国水平,但是,生产率上升和需求收入弹性两个产业成长的动态效率高于全国,说明西部还有通过工业化实现结构变迁的空间,即结构效应还存在,通过引进先进技术、建立先进制造业和加快新型工业化,是西部的技术机会和后发优势。

第五,单纯靠市场机制完成引进吸收再创新,在西部地区,可能面临比东部更高的成本费用。从引进费用的形式看,除支付一次性的技术费用外,低效率的技术采用者必须向技术拥有方支付技术提成,结果提高了西部地区的技术使用成本,在技术成果产业化的首要环节就已经出现劣势,建议给予区域性政策支持。对于西部地区,只有创新支持政策和扶持性产业政策相结合,才能使西部经济发展真正驶入创新驱动轨道。

总论篇

第 2 章　产业史上的技术创新与体制变迁

本章通过梳理第一、二次工业革命中部分工业化国家的创新过程，归纳出制造业史上的工业革命与工业创新的时期，正是分工体系下科学技术成果的"蜂聚"阶段，也是技术成果在制造业中开始商业化运用的时期。本章研究生产体制和创新主体的变迁怎样促进产业创新，而工业创新是在生产技术、产业发展与产业体制交互演进的过程中实现的。本章研究也发现，国家科技教育体制、工业技术培训体系、人均收入水平和政府对经济状态的驾驭等诸多因素，都从经济系统的不同角度影响着产业创新，所以产业的创新是产业系统内各种因素综合作用的结果。

2.1　英国早期毛纺工业以经验为基础的技术改进与体制演进

2.1.1　城市毛纺工业的手工业行会制度、技术基础与创新阻滞

英国棉纺工业的许多基础性技术来源于毛纺工业，毛纺工业主流的体制是以家庭手工业作坊为基本生产单位的手工业行会制度。手工业行会制度是 16~17 世纪欧洲最为普遍的、依据工艺类型实施专业化生产的一种规制结构，只有当地所有同行的手艺人都参加了行会，才算完整的行会。行会成员们开会决定本行会章程，既能决定各作坊的生产规模、雇用人数、产品价格、工人工资、使用的原料和市场份额，还能规定每个作坊的技术设备、使用的工具和生产程序，因此行会制度是刚性的、具有配给特征的制度，也带有一定垄断联盟性。作坊师傅的手艺、经验和手工工具是行会主要的技术基础，要想成为师傅，必须先做学徒。学徒没有工资，期满后给师傅帮工一段时间后才能独立开业，有些学徒的契约长达 13 年(马克垚，2020)。工匠和学徒是手工作坊体力劳动的主要承担者，工匠们有通过改进操作技术节约体力支出的动机，常常凭借经验做一些机械性的改进和发明，也就是最早的技术进步。但是在收入水平很低、市场规模有限的情况下，技术发明者的高效率就意味着对其他工匠和师傅的排挤，会降低他人的人力资本与学徒的时间投入价值，也是对其他作坊利益的侵占，必然遭到同行的抵制，很难获得官方(或行会)的支持。因此，中世纪毛纺工业的技术创新过程十分缓慢。

例如，1480 年出现的飞轮与踏板装置结合使用，可以更快地纺毛线。但是 1524 年当格莱肯敦·柏博在传播脚踏板飞轮装置的原理时，当地毛线业行会却在 1527 年禁止使用该机械装置。直到 1530 年技师朱根对技术进行改进后，能够大幅度降低人工成本，工人私下大量使用，踏板驱动飞轮的技术最终才突破了行会的封锁，传遍了欧洲各国(保尔·芒图，1983)。16 世纪就有了羊毛起绒机，但是为了保护剪绒人的利益，英格兰的有关法令对该技术是禁止使用的。杠杆式剪毛机在 1495 年也被禁用，到 18 世纪末才大规模进入生产领域(M. M. 波斯坦和 H. J. 哈巴库克，2002)。英国的威廉·李于 1598 年发明了织袜机，最初遭到了工人和手工作坊的抵制，但法国国王允许织袜机在法国生产，威廉·李

只好逃亡到法国。17世纪威廉·李去世后，他的工人还是将技术带回了英国，最终在英国传播开来。1620年意大利出现的动力织机在1623年也被英国法令禁止使用；1685年旋转式新荷兰织机在德国的许多城市也禁止使用，到1719年，这一禁令甚至被强化了。1730年，汉斯·赫梅尔发明的水力驱动织带机也被禁用(M.M.波斯坦和H.J.哈巴库克，2002)。织工兼技工约翰·凯伊于1733年发明的飞梭，仅仅提高了织造宽幅织物的效率，其他制造商就此起诉他，1745年因诉讼花费过高而破产的约翰·凯伊只好回乡经营，1753年竞争对手还是冲进他的家里砸坏了他的织机，他便逃亡到法国。

2.1.2 毛纺工业的体制变迁："合约体制"、商业资本与雇佣关系的形成

埃利诺·拉·卡勒斯认为如果将机械化技术作为工业革命的标志，那么13世纪英国毛纺织业中的水力漂洗机械染坊，可称为最早的工业革命(金志霖，2007)。但是理论界尊崇的观点是，工业革命不仅是技术革命，也是体制革命："所谓大工业，首先必须将其理解为一种组织，一种生产制度。但是它的作用却影响到整个经济制度，从而也影响到社会制度"(保尔·芒图，1983)。13世纪的毛呢漂洗已经是机械操作，但是水动力时代，作坊的厂址选择与规模都由水源决定，利用分散水源离散布局的手工作坊，是当时主要的生产组织。为了突破城市水源限制和毛纺业行会制度的约束，在13世纪毛纺织业曾经大规模地向乡村转移。由于城市的收入相对高，且它是主要的产品需求市场，毛纺织业的地域转移和分散化催生了一个连接消费与生产的新阶层：集中购买与销售毛呢绒的包买商。这些商人"熟悉其他地方的人、熟悉如何船运货物，分析如何购买或估价……正是这样一个阶层推进着整个经济界向前发展"(赵立行，2004)。"虽然人们称他们为制造家(企业家)，但是他们起初是从事买卖的商人"(保尔·芒图，1983)，他们向家庭、工匠或者承包人提供原料，委托加工或收购产品，或者用商业资本集中雇用工人，将分散的家庭生产经营活动，形成一个内部有分工的整体性生产体系，"合约体制"(盖瑞·J.米勒，2002)(分包体制)出现了，独立的工匠们，逐渐成为商人的附属。

棉纺工业崛起前，毛纺织业有过一次重大的生产制度变迁支持工人的技术改进，"合约体制"逐渐蔓延到城市，行会演进为同业公会，使技术进步成为可能(马克斯·韦伯，2006)。虽然"合约体制"下商人的确能通过工匠间的竞争性技术进步获得利润，但是这种"分包制"形成的委托代理关系中，工匠的道德风险可能使原材料流失，而且产品质量得不到保障。为了便于监督、管理工人，商人就逐渐将工匠集中在固定的场地工作，以手工作坊为单元的分散生产体制，开始向以集中为主要特征的工场手工业转型。但是"在这种毛纺工业中，真正的手工工场的存在，即处在资本家管理下的大作坊的存在，直到18世纪仍然是十分例外的，并没有大范围替代手工作坊。这种工场自始就被当作危险的新奇事物而遭到手工作坊主的攻击"(保尔·芒图，1983)。毛纺工业的制度变迁是缓慢的，生产体制由分散向集中变迁的阻力也从未消失。

分散布局和信息不对称的弱点，不仅催生了工场手工业的集中管理模式，也孕育了资本阶层，并且实现了分工效率。该模式虽然没有从根本上提升手工业生产工具的技术效率，也没有大幅度降低生产成本，但是生产过程的集中管理却为后来技术基础的重大变革做好了体制铺垫。

2.1.3　棉纺工业的技术创新阻滞与突破

棉纺工业的很多技术和生产过程都是从毛纺工业继承来的，但是在使用新技术方面，却没有毛纺工业那样的制度约束和传统束缚。"1563 年的学徒法，它的规定只适用于明文规定的几个行业。没有关于棉织品的长度、宽度和品质的专门规定，也没有强迫或禁止使用某种制造方法的规定，因此使用机器、大胆经营及产品的多样化在棉纺工业很快得到推广……行会极其悠久的传统，学徒制及其严格的规则，这一切在棉纺工业中都是不存在的"（保尔·芒图，1983）。没有使用新技术的社会和制度阻力约束，棉纺工业发展很快，毛纺工业的资本也快速向棉纺工业集聚。同样，没有行会制度约束的其他纺织行业发展也很快，如在亚麻行业，苏格兰的大卫·唐纳德于 1772 年发明的水力亚麻压榨机很快得到普及（M. M. 波斯坦和 H. J. 哈巴库克，2002）。

约翰·凯伊发明了飞梭，飞梭在棉纺工业中的应用加快了织造速度，集中生产的纺纱技术变得相对落后，对纺纱机的迫切需求就产生了。刘易斯·保罗[①]和制造织机的技工约翰·怀亚特签约，在 1733 年生产出了第一台获得法令允许的棉纺纱机。经过多次改进后，1738 年刘易斯·保罗以"使用多组转滚的液压系统的机器"（保尔·芒图，1983）获得专利（但是技术开发过程主要由工程师约翰·怀亚特完成）。新机器强化了对大动力的需求，而动力技术却没有突破，这项技术只能停留在小规模生产。1742 年，刘易斯·保罗因债务破产，将纺纱机专利卖给了爱德华·凯伊，而缺乏经营能力的爱德华·凯伊最后还是转让了这项技术。1765 年，木匠出身的哈格里夫斯以约翰·怀亚特的"用滚筒控制纱的工艺"为基础发明了多轴纺纱机，解决了纺纱对织造环节的制约问题，但是仍然没有改变相应的生产模式，影响了效率。愤怒的工人打碎了哈格里夫斯的机器。但是这种机器制造费用低，占用的地方小，在他死后的 10 年中很快替代了家庭纺车。总之，刘易斯·保罗和哈格里夫斯完成了纺纱机器的演进，但是没有进行相应的体制变迁，纺纱机的社会效率没有被经济体系认可。

阿克赖特于 1767 年向酒店老板约翰·斯莫利融资，从爱德华·凯伊手上购买了刘易斯·保罗的专利，将刘易斯·保罗的纺纱机改装成畜动力机械纺纱机。在银行业赖特兄弟的支持下，他又与织袜商尼德和斯特拉特合伙，雇用闲散在家的工人，在英国诺丁汉建立了第一个与刘易斯·保罗和约翰·怀亚特 30 年前规模相同的棉纺厂。后来在德温特河岸的克罗姆福德，刘易斯·保罗模仿隆贝兄弟的丝厂[②]的"工厂制度"，聘用工程师海斯，结合水动力机械设施改造，建立了克罗姆福德水力纺纱厂。1769 年，阿克赖特的骡机演进为水力纺纱机，一台水力纺纱机能替代几百架纺车，高效率的纺纱机器真正解除了棉纱对织布环节的制约，棉纺工业的技术基础变迁启动了，新的集中化生产范式支持了 1773 年英国纯棉布对印度棉布的进口替代。如果说刘易斯·保罗和约翰·怀亚特的纺纱机需要男工替代女工成为行业的主要劳动力，完成了男性劳动力从农业向手工业的转

[①] 刘易斯·保罗在很多欧洲史书上译为刘易斯·保尔，本书采用《剑桥欧洲经济史》的译法。
[②] 在 17 世纪末，根据《剑桥欧洲经济史》（第五卷），约翰·隆贝到意大利看到捻丝机器后，1716 年在英国仿制成功。1717 年在他的兄弟托马斯·隆贝的资助下，他们在德温特安装了几台机器，1718 年，托马斯·隆贝获得专利。而在德温特建立的丝厂是用水力驱动的，也是拥有自动设备和内部分工的现代生产方式的工厂的雏形，也是后来阿克赖特在德温特建立的以水力驱动纺纱机的棉纺厂的工厂制度的榜样。但是制丝业后来衰败了，主流的观点都认为英国工厂制度是起源于棉纺工业。

移,那么阿克赖特的水力纺纱机,就使棉纺业从分散的家庭手工业转化为集中生产的大机器工厂,而集中化的"工厂制度"的采用是完成这个过程的组织制度支撑,显然技术进步的效率与体制变迁是相互促进的。

虽然阿克赖特建立了多家纺纱厂,也吸收了很多工人,但是最大的工厂在1770年还是被反对机器的工人砸坏,棉布也遇到抵制。英国历史上为保护本国的毛纺织工业,1735年曾出台法令禁止印度混纺的印花棉布销售。但是,阿克赖特生产的国产纯棉布最终得到了英国法庭的支持。1775年他的第二个技术专利诞生了,该技术能够使梳棉、粗纺、进料等过程都机械化,他也增加了工厂数量。但是,由于技术原创者是发明家约翰·怀亚特和工程师海斯,阿克赖特的专利权被取消。专利的终止使纺纱技术迅速扩散,1788年英国出现了200个阿克赖特式的棉纺厂(克里斯·弗里曼和弗朗西斯科·卢桑,2007),推动了英国棉纺工业的发展和繁荣。

1779年,纺纱工兼织布工塞缪尔·克劳普顿将哈格里夫斯的珍妮纺纱机和阿克赖特的水力纺纱机结合,发明了纺细纱的走锭精纺机,加工工艺水平能够超过精湛的印度手工艺。1801年,他借了500英镑办了个小纺纱厂,但是经营失败了,只好以认捐的形式向社会传播了他的技术。阿克赖特和克劳普顿的技术扩散极大地促进了英国棉纺业的发展。

纺纱机的推广使约翰·凯伊的飞梭织造技术再次落后,过剩纱线向法国输出,影响了英国棉纺业的规模。1785~1787年,从事医学和文学研究的牧师埃德蒙德·卡特赖特成功研制出机械织机,一台动力织布机可代替7.5架手摇织机(曼塞·G.布莱克福德,2001)。1789年,他又将动力升级为蒸汽动力,并建了一个小工厂,但是工厂被织工们烧掉了。织布机经英国人J.纳恩洛普和德国人盖普勒改进为自动织布机。1813年,英国有2400台分别由水力和蒸汽动力推动的织布机(高德步和王钰,2011)。织布环节的机械化实现后,以机器生产为特征的棉纺织工业开始正式主导英国工业舞台。

纺纱与织布的技术进步与工厂制度的交互推进,使棉纺工业飞速发展,对原棉产生巨大需求。1760年,英国消费1250万磅(1磅≈0.454kg)原棉;到1787年,原棉消费量增加到2200万磅,棉纺织业成为雇佣人数与产品价值仅次于毛纺织业的第二大产业。到1837年,英国原棉消费量达到3.66亿磅,按照产品价值、资本投资和雇佣人数计算,棉纺织业已经成为英国最重要的工业部门。几乎所有的棉纺织业雇员都在实施工厂制度的棉纺厂中就业,棉纺织业的产业革命基本实现。棉纱的价格也下降到以前的1/20左右(M. M.波斯坦和H. J.哈巴库克,2002)。

2.1.4 英国棉纺工业革命的特点

(1)熟练工人的经验性探索和持续改进是早期手工时代技术进步的主要来源。早期木制纺织机器是由使用人自行制造的,或者由织机制造匠、钟表匠、木匠、工具制造匠及兼有机器特长的各种工匠为他们定做的(克拉潘,1986)。亚当·斯密很早就提出,那些分工最细密的制造业所使用的工具,大部分原本是某些普通工人的发明,他们每个人都只操作某种简单的工序,自然而然地会把心思花在设法找出较简便的操作方式上(《国富论》第1章第4节)。"飞梭的发明是因制造人天天感受的困难而引起的"(保尔·芒图,1983)。除了卡特赖特,那时的发明家基本上都是工匠。那个时代工具简单、设备价值低,没有资金壁垒和沉没成本效应阻碍工匠们的"草根创新":"1792年,1架40锭的珍妮纺纱机只值6英镑;梳毛机每英寸[①]宽滚筒只值1英镑;带有30锭的粗纺机械只值10英镑10先令"(M. M. 波斯坦和H. J. 哈巴库克,2002)。即使水力纺纱机已经出现,珍妮纺纱机依然在各地大量使用并处于改进中。

(2) 思想解放、社会开放是先进技术孕育与演进的社会基础,新技术的推广需要开明的社会环境。经济史学家认为,产业革命没有明确的起讫年,是生产技术缓慢演进和累积的结果(赖建诚,2011),技术源头也缺乏完整的记载。中世纪时,工匠的社会地位低,他们对技术的边际贡献鲜有记载,历史上关于织机和纺纱机的技术成果介绍也很难找到起点。英国最早的棉纺工人是1585年从棉纺织业最集中的城市安特卫普移民来的;工厂制度是隆贝兄弟模仿意大利丝厂的制度;水力驱动、畜力纺纱机的起点没有人物记载,记载的只是1790年在新拉纳克工厂应用和实现(M. M. 波斯坦和H. J. 哈巴库克,2002)。棉纺业的"业态"升级在于:18世纪英国思想解放、社会开放程度超过同时代欧洲的其他国家,允许和鼓励资源、技术人才向新兴产业集聚。1740~1749年英国年均专利数为80项,而在1770~1779年年均专利数为300项,1790~1799年达到年均600项(克里斯·弗里曼和弗朗西斯科·卢桑,2007)。

(3) 生产组织体制创新、企业家配置资源是实现新技术商业效率的制度支撑。如果说"合约体制"促进了中世纪技术的多维、长期的改进,那么工厂制度就是棉纺业彻底转型升级的组织基础,工厂制度下的集中化与规模生产,才能支撑与负担水力纺纱机这个新型机械的经济成本。阿克赖特不是发明家,他是用隆贝兄弟的工厂制度实现了刘易斯·保罗的专利推广;他将酒店老板约翰·斯莫利的资金和闲散在家的工人重新组合,建立了棉纺工业新的生产函数,是一个在增加公共效应的同时实现自己利润的企业家。虽然"'合约体制'下,承包人的收入远高于后来的工头和管理者,工人也以自己的产品为荣,创新士气高涨"(盖瑞·J.米勒,2002),但是技术复杂化后,不同环节承包人的节奏和速度差异,影响了价值链的集体效率,承包人有动机"通过雇用薪酬不高的工头来监督挣日工资的雇员的体制,达到同样的效率,而只花较低的管理成本,所以工厂制度出现了"(盖瑞·J.米勒,2002)。"大工业集中了生产资料,使它的产量加速和增多……使价格降低,需求增多,交易增倍"(保尔·芒图,1983),并且多建工厂吸收被机器排挤的工人,减少失业,才能在政府支持下获得持续生存与发展的机会。发明人约翰·怀亚特预见了工厂制度的出现:"制造商实现的附加利益会促进他发展新的企业,并使他有可能根据机器造成的节约扩大其工业,事业的扩大一定会为被他停雇的工人中的一部分人再提供工作"(克里斯·弗里曼和卢克·苏特,2004)。正因为应用新技术、新组合的商业效率不能用前期的经验来判断,熊彼特才将创新精神定义为企业家精神。工业革命前,诸多新技术成果商业化失败,印证了体制创新对技术创新的支撑作用。

(4) 大众收入提高、产品成本下降是棉纺织业持续创新升级的市场和经济条件。"1790~1830年,工厂迅速发展……纺织品价格下降使服装价格下降……1820年后,茶叶、咖啡和食糖等的价格大幅下降……这些都证明,存在一个生活水平远超过维持生存的庞

---

① 1英寸=0.0254m。

大阶层"（内森·罗森堡和 L.E.小伯泽尔，2009）。虽然社会制度不约束棉纺织业的创新，但是早期机械排挤劳动者后，没有扩大规模吸收失业工人，形成了技术创新的社会阻力。新技术只有在能兼容大群体生活水平的稳定，以较低的社会成本扩散时，才能引导产业创新。

（5）高素质的劳动力队伍是英国实现棉纺工业革命和先进技术传播的要素基础。1660年前英国男性识字率为30%；女性不到10%。到1740年男性识字率达到75%；女性为30%（赖建诚，2011）。"到了1870年，全世界的棉纺织业可以很容易买到英国的工厂设备，甚至雇得到工程专家，但是世界上没有哪个国家的棉纺业能轻易地获得英国的具有高度生产能力的劳动力，也没有别的工业能够通过长达一个世纪的发展过程产生像英国这样的有经验的、专业化的和具有合作精神的劳动力队伍"（克里斯·弗里曼和卢克·苏特，2004）。英国18世纪下半叶兰开夏棉纺工业的景象是，"从远道的苏格兰引进工匠，并且利用其固有的大量熟练劳动力将工匠变为风车木匠和车床工匠，将铁匠变成铸造工人，将钟表匠变成车床和磨具切削工。更惊人的是这些人的理论知识，总体来说，他们并不是毫无知识的修补匠人，而是相当棒的数学家，知道一些几何、水平仪及测量方面的知识，他们可以计算出机器的速率、能量、功率……从迪塞特的学院到商业夜校，使用手册和百科全书，应有尽有"（M.M.波斯坦和H.J.哈巴库克，2002）。英国的第一代纺织机械的主要创造者大部分也出生于中产阶级家庭，接受过良好的教育：刘易斯·保罗是医师的儿子；克劳普顿的父亲是农场主；卡特赖特是绅士的儿子，而且是牛津大学的毕业生（厉以宁，2010）。

（6）新的原材料——棉花对纺织机械的高效率适应性和易获得性，使棉纺工业获得了发展的技术机会。技术机会是指企业或产业对其所面临技术的潜在性的可利用程度（植草益等，2000），即技术成果使用后，可以使产业的生产可能性边界向外拓展的空间。从技术起源看，棉纺工业的许多技术都来自毛纺工业，棉纺工业技术和规模起点也都低于毛纺工业；高素质劳动力队伍、较高的社会开放程度、大众收入水平提高等因素同样有利于毛纺工业的技术进步。虽然说毛纺工业曾经在体制上有过行会制度的约束，但是分析表明，在1150~1300年，毛纺工业已经完成了"合约体制"的制度变迁，而且摆脱了"行会"的约束。更为重要的是，毛纺工业还有一个巨大的优势是长期受到国家的保护。

那么具有先发优势的毛纺工业在技术革命的时代，落后于棉纺工业的原因是什么？兰德斯从3个维度提出了棉纺工业在新技术下迅速崛起，并超过毛纺工业的原因。第一，棉花的纤维特征比羊毛更适合采用机械化技术进行简单处理。第二，这一时期，棉花供应增加，随着机械化的推进和北美棉花种植园的扩大，棉布的原材料和产品价格都降低了，低收入群体对这种廉价、易洗涤、色彩鲜艳的纺织品的需求大幅度增加，拉动了棉纺工业的增长。第三，棉花的供应速度比羊毛增加要快得多。机械化的效率在于大规模处理原料，而增加棉花的种植面积和棉花产量，要比增加绵羊的数量快得多。

2.2 蒸汽机与生产集中——科学与经验的交融与技术集成

早在1066年，英国已经有6000座水力坊（赖建诚，2011），这支持了13世纪英国毛纺工业的机械化。随着生产集中的常态化和深化，集中稳定的动力供应才是提高生产效率的保障。因此，由蒸汽机普及与动力集中化供应支撑的工业生产集中化，与棉纺工业革命一起被称为第一次产业革命。但是，要关注的是，与棉纺工业的技术进步轨迹不同，科学开始支撑技术进步，以蒸汽机为标志的动力机械创新是在科学知识主导下经验与科学结合的成果。

2.2.1 蒸汽机的改进与产业化过程

公元1世纪，古希腊数学家希罗(Hero)发明了汽转球，这是蒸汽动力机的雏形，也是世界上第一台蒸汽动力机械。1679年，法国物理学家丹尼斯·巴本制造了第一台蒸汽机的工作模型(金碚，2015)。1698年，陆军军官托马斯·萨夫里为矿坑排水发明了火力机(称为"矿山之友")。1712年，铁匠兼锁匠托马斯·纽科门和玻璃装配工约翰·卡利，以托马斯·萨夫里的火力机为基础，发明了纽科门(Newcomen)蒸汽压力机，并获得专利(约翰·S.戈登，2005)。工人汉弗莱·波特为节省自己的劳动时间，完成了蒸汽机自动交换的技术，1717年，亨利·贝汤给机器增加了安全活门使蒸汽机的安全性问题得到解决(Crafts，2004)，由此纽科门蒸汽机延续了50多年。纽科门蒸汽机的汽缸活塞的直径达30.48cm，每分钟只能往复12次，功率为5.5马力(1马力≈735.5W)。热效率低，燃料消耗量大，经济效率很低，只有煤炭充足的地方蒸汽机才被采用。瓦特在1764年为格拉斯哥大学修理纽科门蒸汽机时，在教授J.布莱克潜热理论的启发下，开始研究改进纽科门蒸汽机。到1769年，瓦特在罗巴克的资助下，发明了冷凝器，改造了纽科门蒸汽机，并获得"在火力机中减少燃料和蒸汽消耗的新方法"的专利(保尔·芒图，1983)，瓦特蒸汽机技术创新点与纽科门蒸汽机相比，前者热能的损耗大大降低了。但是瓦特蒸汽机自身还有缺陷，商业化没有成功。经瓦特和马修·博尔顿合作再次改进，1775年第一台瓦特蒸汽机进入煤矿生产。1784年，改进后的瓦特双动力旋转式循环蒸汽机才成为真正的动力机，并在大多数的工业领域开始使用。1785年，蒸汽机进入纺纱厂，由设在帕普尔维克的鲁宾逊纱厂率先使用。1793年，蒸汽机进入毛纺工业，继而在冶金、采矿、运输等行业开始改善动力供应。这期间，瓦特本人对蒸汽机有过5次重大技术改造。但是英国议会对原技术的保护时间过长，普及率并不高。根据冯·童泽尔曼的估计，到1800年，只有不到1/4的棉纺织产品是来自蒸汽动力的工厂。其中，阿克赖特、皮尔斯兄弟和卡特赖特都因为使用早期蒸汽动力而遭受重大损失。1800年，英国人特里维西克改进了瓦特蒸汽机，安装在大车体上，1803年用来推动在环形轨道上的机车。经过史蒂芬对机车的持续改进，1829年蒸汽机车运营了，蒸汽动力登上了多数产业的舞台。

1800年瓦特专利到期。1803~1804年，美国的奥利弗·伊文思改进后的复合高压蒸汽机比瓦特蒸汽机节约燃料50%以上，尺寸也小(约翰·S.戈登，2005)。当时彭赛列发明的带有曲翼的下射式水车比普通水车效率要高3倍；1827年，富尔内隆·伯努瓦发明的涡轮式水车在水力学上的地位可以与瓦特蒸汽机在蒸汽动力中的地位相媲美(M. M. 波斯坦和H. J. 哈巴库克，2002)。与上述动力技术相比，复合高压蒸汽机制造成本太高，而且难以维修，阻碍了资本和技术工人匮乏的国家应用。在1800~1830年，由于机床工业的技术进步和一系列创新，使蒸汽机的制造成本再次降低、安全性提高后，蒸汽机的使用范围才逐渐扩大。在美国，1820年，水轮机与动力机之比约为100∶1；1870年该值约为5∶4，到1900年蒸汽动力与水动力之比才大约为4∶1(杰里米·阿塔克和彼得·帕塞尔，2000a)。到1844年，法国制铁业所使用的水动机达21710马力，而蒸汽机只有5982马力(M. M. 波斯坦和H. J. 哈巴库克，2002)。直到19世纪50年代，改进后的高压蒸汽机小巧轻便，便于运输且价格低，1马力的成本低于水力成本(约翰·S.戈登，2005)。1850年后，新式涡轮出现，又降低了蒸汽机煤耗，蒸汽机才大量普及(杰里米·阿塔克和彼得·帕塞尔，2000b)。英国也是在1838年后蒸汽机的普及率才超过水轮机，而美国1870年使用水车和水轮机作动力的工厂，仍然比蒸汽机作动力的工厂多(内森·罗森堡和L.E.小伯泽尔，2009)。从19世纪60年代到20世纪初，蒸汽机的使用成本降为原来的1/8，考虑英镑贬值，估计降为原来的1/10(赖建诚，2011)，欧洲蒸汽机的动力革命才完成。

1912年，由蒸汽动力驱动的泰坦尼克号携带的燃煤已经很少，载客空间增大，船票价格降低，蒸汽动力在航运中大量使用。同样，正是蒸汽机使用成本降低，使蒸汽机需求增加，蒸汽动力使铁路运输成本降低，铁路网才迅速发展，大规模的铁路运输再次降低了煤炭的运输成本。

美国走在普及蒸汽机世界前列，蒸汽机对美国经济的作用常常被后世研究所引用。经济史学家罗伯特·福格尔认为，19世纪如果没有铁路，美国经济的发展与成长并不受到影响(Fogel，1962)，因为制造业的主要动力很长时期都是水力。科利·克拉夫茨(Nicolas Crafts)测算出19世纪30年代，英国的蒸汽动力也只占全国动力的1.5%。到19世纪70年代，英国蒸汽动力的1/2在棉纺业和采矿业上，对农业和服务业几乎没有贡献(赖建诚，2011)，因此有学者坚持认为1830年之前，蒸汽机对英国的经济增长贡献很小，直到1850年改良出高压蒸汽机后，对经济的贡献才达到顶峰，这距离瓦特蒸汽机1769年的专利，已经是80多年后的事了。从两位学者的观点看，蒸汽机在产业革命史上的重大贡献，最初是动力技术支持了生产集中化与生产组织变迁，通过组织效率推动经济增长，而不是对经济增长的直接贡献，对经济增长的直接贡献是煤炭价格大幅度降低以后的事了。不管罗伯特·福格尔的观点是否被学术界接受，有一点是毋庸置疑的：蒸汽动力出现后，不仅工业的集中化程度提高、效率提高，而且作为一个体系，工业生产的效率会因为某一个环节的创新而出现整体性的提高。

2.2.2 蒸汽机普及阶段的技术创新特征

经济活动的延续性和继承性都会使棉纺工业革命中影响技术创新的因素继续发挥作用。但是，蒸汽机革命的创新与棉纺业创新的技术基础、需求环境和社会阶段都不同，呈现出新的特征。

(1)科学原理主导工业技术进步的作用开始增大，技术创新开始由经验为主的摸索和积累向主动应用科学知识转变。棉纺机械技术演进很大程度上是靠工匠和劳动者的经验技巧，完成了机器对劳动的替代，而蒸汽动力技术是试图用更大的人造动力代替人力、畜力和水力等自然力，支撑更大的生产规模，是动力系统的革命，只有运用科学原理和技术才能实现，所以从发明开始，技术中的科学成分就大大增加了。日本学者汤浅光朝的研究表明，1660~1730年英国成为世界科技中心(张密生，2012)，这个时代的科学知识开始大规模向生产领域渗透，启发有知识的工匠、工程师利用科学知识改善劳动工具，甚至替代劳动力。例如，金属机械要求的耐高压、耐高温等物理性能，不能靠人的感官测试，必须借助工具、设备、仪器，应用科学知识就成为必然，蒸汽压力是用设备、仪器科学计算的结果，动力机械标准的设计必须与生产机械的设计相配套。因此，采用蒸汽动力必须是科学家、工程师系统性地运用各方面的科学知识，才能保证设备的技术效率和生产安全，企业家更多的是考虑生产效率。

(2) 蒸汽机从发明到普及的过程受益于当时的关联性技术的发展，是那个时代的技术创新集群内生的。机床工业的发展使蒸汽机制造成本降低，美国的低成本高压复合蒸汽机也在机床工业的发展中开始替代水轮机，所以蒸汽动力的技术进步，应当是在制造业自身的发展中内生的，也是在机械工业技术成果"蜂聚"的时代中实现的，这才是工业革命的"重中之重"。

(3) 蒸汽机的普及过程是企业家追求低成本经济行为的结果。蒸汽动力替代水力的过程持续了将近 80 年，1850 年以后水轮机的改进，水力资源的利用效率提高，与蒸汽机动力相比仍然具有经济竞争力，阻碍着蒸汽机的普及，这便是技术创新过程中的"帆船效应"[①]。1835 年后，蒸汽机不仅价格下降，而且耗煤量也大幅度下降。铁路、航运的大发展对蒸汽机的需求增加，不仅使蒸汽机的发展获得重大技术机会，而且铁路运输的发展降低了煤的运输价格，提高了蒸汽机与水轮机的竞争力，蒸汽机作为主流动力设备才开始主导生产机械的技术进步。从经济的角度看，成本与收益仍然是新技术产业化的关键变量，蒸汽动力的普及是市场主体降低动力成本的选择。

2.3 美国制造业的技术创新——企业主导创新

虽然美国生产体制最初模仿英国和欧洲工业国家，但是在机器替代劳动的技术创新路线中，美国不仅科学与技术的应用机会高于英国，而且在体制变迁中比英国更开放，思想更解放，建立了更加符合机器大工业的新的生产体制，在该体制支撑下美国技术成果和经济总量超过英国。

2.3.1 美国棉纺业的生产体制模仿与生产组织创新

1790 年，曾在阿克赖特纺纱厂工作过的英国人塞缪尔·斯莱特前往美国，在帕塔基特建立了一个阿克赖特式的棉纺工厂，将英国的棉纺机器和工厂制度整体移植到美国，引领美国快速建立了以机器为技术、以工厂制度为组织形式的棉纺工业体系，到 1809 年底，美国共有 102 家阿克赖特式的棉纺厂（M. M. 波斯坦和 H. J. 哈巴库克，2002）。美国工业家罗威尔 1810~1812 年曾在伦敦研究纺织机械，1814 年设计出了新的纺纱机和动力织布机，并安装在美国的沃尔瑟姆的工厂，这是棉纺工业史上第一次把纺纱和织布两个独立的加工环节集中在一个工厂里进行，率先实现了现代纵向一体化生产模式——"沃尔瑟姆制度"。纺纱与织布环节在欧洲分离后获得了分工效率，而"沃尔瑟姆制度"再次将纺纱与

---

① "帆船效应"一词，是经济史学家们借用历史上虽然使用蒸汽机动力船速度快、效率高，但是使用成本过高，经济上不合算，因此较长时间依然使用帆船进行航运的事例，来解释技术创新是一个经济行为。过去"旧技术"已经确立的投资会减缓新技术创新的扩散。因为过去的投资不只是物质资本的投资（现在很多文献都强调 R&D 投入对我国技术创新的影响），还有人力资本甚至是智力资本的投入（此处使用了弗里德里希·李斯特的说法）。例如，罗森伯格指出，19 世纪蒸汽动力的扩散很明显被一系列已有的水力动力技术的改进所推迟，这就延长了旧技术的寿命。一项旧技术的"死亡"过程确实很慢，因为使用旧技术的公司已经完全收回了投资，所以他们有能力使用削价的方式压倒采用新技术的公司。19 世纪，帆船与蒸汽轮船的竞争正是这一过程的一个显著例子，故被称为"帆船效应"。

制造环节合在一个工厂，减少了交易成本。1840年后，大型棉毛作坊开始被整合为大型纺织厂，劳动力从家庭向工厂集中，工厂制度开始动摇家庭经济。这次生产体制的重大创新与生产环节的联合回归，为美国以流水线生产为技术基础、以规模经济为效率基础的现代生产体系奠定了企业组织基础。1830年，美国的传统产业毛纺工业也开始推行"沃尔瑟姆制度"（加里·M.沃尔顿和休·罗考夫，2011）。美国不仅不存在阻碍新技术扩散的制度障碍和利益调整阻力，而且英国尊重科学、开放的精神在美国得以发扬和深化。

2.3.2 资本替代劳动的技术创新路线与装备工业的成长

在模仿学习中不断实现适宜性创新是美国工业家的特质。罗威尔在"沃尔瑟姆"建立工厂时，内部已经设有专门生产纺织机器的车间，当时还没有独立为专业化的机器制造商。随着纺织业生产规模的扩大，"纺织机械已从一个由许多小制造厂的地方性行业演变为数量不断增加却更加专业化的工业部门，在全国范围内展开激烈的商业竞争"（M. M. 波斯坦和 H. J. 哈巴库克，2002）。虽然各行业对机械制造的要求不同，但是独立的机械装备部门有效地整合了机械的塑性与装配、动力传动和控制装置的设计制造，减少了各部门独立设计的成本。后来的机械制造再次分工与独立的市场竞争刺激了机械行业的技术创新，催生了"美国制造体系"（the American system of manufacturing）的诞生（贾根良，2017）。

技术进步对熟练工人的需求是刚性的。熟练工人的高技能津贴和高工资，催发了美国企业家用机器和标准件替代熟练劳动力的激励，最终走了一条以有形资本设备和丰富的资源替代熟练劳动力的技术路线。虽然大多数学者认为，机器生产机器的标志性起点是英国的莫德斯利领导的机床工业，但是美国的标准化部件将机器对熟练劳动力的替代发挥到极致。美国的纱锭和劳动力数量分别是英国的20%、25%，但是棉纺工业的产值是英国的40%（加里·M.沃尔顿和休·罗考夫，2011）。遵循资本设备替代劳动力的要素配置与技术创新方向，美国的设备制造业发展很快，加上美国丰富的资源、人口增加和市场扩大等有利因素，使美国产业结构不断高级化，在不到50年的时间中赶上英国。从产业结构看，英国1913年的前三位产业是铁路与船运、烟酒业和纺织业；而同期美国为非铁金属业、农业设备和产业设备。到1920年，美国研发费用占GDP的比例为0.25%，而英国只有0.02%（赖建诚，2011）。

2.3.3 钢铁工业与生产组织大规模化

资本设备替代劳动的要素配置路线为钢铁工业的成长提供了巨大的增长空间，支撑了美国钢铁工业技术创新的深入开展。1867年，美国使用贝塞麦转炉炼钢法钢产量只有1643t，1872年安德鲁·卡内基参观过英国的谢菲尔德钢厂后，于1875年建立了美国第一个转炉炼钢厂，他的原则就是不断进行技术创新和降低成本经营（约翰·S.戈登，2005）。从产业链看，钢铁工业是原材料工业，标准化和规模经济就是技术与经济效率的来源。安德鲁·卡内基在1875年建立了生产钢轨的第一个转炉炼钢工厂，虽然该厂是以他在英国访问时所观察到的生产技术为基础的，但之后又经过了许多的改进，如完成了压力送风技术和减少熔炼石灰投入量的工艺。1874~1892年，美国钢产量由19.2万t增加到109.6万t（贾根良，2017）。

1864年，工程师马丁在西门子公司首次以废钢和生铁做原料成功地炼出了钢液，称为平炉技术。平炉技术的好处是能够再度循环利用废钢做原料,恰好适应了美国钢铁业的大规模经营方式,能够将大量的废料、残次品重复利用。1880年,美国平炉技术炼钢产量只占总产量的10%,到1900年已经超过30%,黑色冶金技术领先全球。1890年,美国在钢产量上取代英国成为世界第一(M. M. 波斯坦和H. J. 哈巴库克,2002)。大型企业的巨额资本需求和长回收期,推动了传统企业向公司制企业转变。组织创新扩大了生产规模,再度降低了钢材的价格,保障了炼钢工艺技术进步的资金积累要求和市场需求。

冶金工业的工艺创新,成为后期创新的桥梁,引领了工艺创新和新一轮工业产品创新。在欧洲19世纪20年代法拉第就发现了电动机原理,并发明了电磁感应和变压器;实验电动机19世纪40年代就已经在欧洲造出;第一个电炉是1878年德国人西门子发明的。虽然欧洲的科学成就早于美国,但是美国在开发新的合金钢种、制造高效率电动设备、提供高性能结构性材料等方面却走在欧洲和世界的前列。钢铁工业的持续性工艺创新,保障了资本设备高端化所需要的结构性材料供应,使美国工业对科学技术的应用天地不断拓宽,技术创新加快。1868年,马希特发现将钒和钨加入钢可以制造硬度更高的工具合金钢,能够提高元器件的精密度;1879年高温电炉替代坩埚炉,使钢炉的温度达到1500℃,才生产出高速机器所必备的耐温、耐压和耐磨材料。在这些成就的基础上,1895年,泰勒和怀特又发明了热处理技术,将合金钢的切削速度提高了7倍。合金钢在耐磨性、耐高压性、耐腐蚀性上的重大突破,不仅提高了机器的功效,也使许多电器元件的生产成为可能,完成了产业间的创新链接,加快了美国电气化时代的到来,使美国在1860年基本完成工业化之后,在19世纪末技术和生产都领先世界。

2.3.4 美国第二次产业革命中技术创新的特点

(1)工业创新过程开始全面应用科学原理和技术知识。19世纪下半叶,企业家主动将科学原理应用到生产中,是美国重工业化技术进步最重要的思路。1864年,美国的第一座贝塞麦转炉投产时,化学实验室就建在转炉旁;1874年,宾夕法尼亚铁路公司在阿尔图纳创建了一个化学实验室;1876年,柏灵顿铁路公司也建立了自己的实验室(H. N. 沙伊贝等,1983)。安德鲁·卡内基是率先聘用化学家的钢铁制造商。

(2)具备科学知识的工程师和企业家成为创新和生产过程的主导力量。技术设备的大型化、复杂化,以及由此建立的生产节拍、节奏,使生产体系不仅根据利润要求决定工人的操作速度,含有科学技术原理的设备设计决定着工人工作的节奏。

(3)公司制和集中生产的规模化生产体制的建立,是资本替代劳动技术路线的组织基础。"资本强度增加,要求充分利用人的智能来维持材料和元件的充分供应。大规模生产与电气化只有在坚持探索新的生产组织和公司结构的条件下才能实现效率,新模式的作用不亚于新技术本身及其传播"(Nelson and Frederick,1980),在大规模的广告宣传和营销策略的协助下,才实现了工业创新与生产(福克呐,1964)。泰勒提出"科学管理"的思想,是因为他意识到了要想利用新技术,就必须对旧的"承包人"体制进行重大变革,要加强对材料和原件的流动控制,要工程师对客户提供技术服务。

(4)美国及时建立了培训、强化与技术体系相适应的教育体系,提升了工人对机器的适应能力。

(5)资本替代劳动的技术路线使美国的技术创新与产业发展相互促进,产业创新节奏加速。技术的边际改进主要体现为设备的技术改造。技术设备的进一步高端化,从技术手段上支持了科学研究的深入,诱发出产业界对科学技术成果的新一轮追求。1830年,盖森·海纳尔成功地使用无烟煤炼铁,扩展了冶铁工业的燃料来源;1851年,肯塔基的威廉·凯利发现了用空气压进熔化的金属除去碳素的原理;1846年,爱力亚豪发明了缝纫机,改革了制衣、制鞋业;奥利弗·伊文思的高压蒸汽机转速是低压瓦特蒸汽机的4倍,机器磨损快,持续的设备更新需求使美国的机器生产技术不断升级并靠近世界前沿。美国从1790年起的近100年间,技术成果不断增加。

2.4 化学、石油化工的创新体制——大企业+专业研究机构

如果说科学原理与应用技术的联系在18、19世纪是间歇的、不系统的,那么进入20世纪,技术创新的主要来源就是科学家的发明成果。与美国工业最繁荣时期技术成果"蜂聚"相似,20世纪上半叶,化工行业技术创新也是以技术成果"群"的形式出现,各种创新不胜枚举。本书只列举德国、美国这一时期最有影响力的少数几项重大技术创新过程,代表性地展示这一时期创新体制的演进与特征。与棉纺工业和蒸汽机革命不同的是,冶金工业、化学工业、合成材料等产业的技术创新,因为综合运用化学、物理等科学知识,耗费巨额的研发费用,只有大规模生产才有效率,如此创新模式的演进,拥有丰富的科学技术知识的专业化的研究开发机构,与大型企业的结合成为重大创新的主体。正因为如此,对自然科学知识欠缺的经济史学家们对化学工业创新的研究只能是描述性的概括,本书也只能就有限的研究成果进行初步而简单的归纳。

2.4.1 化学、石油化工业的创新体制——研究机构与大企业的协同创新

早期的化学工业和石油加工实验规模小,设备价值低,发明家常常自己出资进行实验,用获得的专利创办小型科技企业,如阿尔弗雷德·贝恩哈德·诺贝尔生前就用名下的35项专利(克里斯·弗里曼和卢克·苏特,2004)创办了很多公司。一旦化学研究深入到大规模实验阶段,设备是很昂贵的,实验费用也很高,小公司难以支撑。例如,索尔维制碱工艺的完善就长达12年(M. M. 波斯坦和H. J. 哈巴库克,2002),耗费巨大。如此,大型公司的固定成本优势显现了,科学家就成为新产品的启动者与发明者,发明成功后与大企业合作孵化技术成果进行生产。

19世纪60年代德国的染料工业规模小,而且很分散,主要从事仿造生产,到19世纪70年代,德国企业就控制了世界染料市场份额的50%,到19世纪末,增加到90%(M. M. 波斯坦和H. J. 哈巴库克,2002)。染料工业的成就映射出德国强大的化学工业霸主地位。从化学工业的成长看,德国化学工业最早认识到,更加职业化、系统化和经常化的新产品研制和新工艺开发更有利于产业竞争。1870年,德国化学生产企业率先启动了在企业内部专门建立工业研究与开发(R&D)部门的重大研发体制创新(克里斯·弗里曼和弗朗西斯科·卢桑,2007)。赫斯特公司、拜尔公司和巴斯夫公司保持并强化了这个专业研究开发体制,到19世纪80年代,这3家公司研发机构拥有成千上万的科学家和工程师,同

时与独立发明者、大学和专业机构经常合作创新。由此使德国在第一次世界大战后化学工业领先世界，三大公司也在1926年合并为IG-faben公司。20世纪美国的化学工业也采用了专业化研发机构的模式。

大规模实验和研发需要巨额资金投入，呼吁生产体制再度创新，由大金融财团提供支撑研发应用试验过程的巨额资金，但是创新毕竟是高风险行为，所以风险投资基金出现了。

2.4.2 重化工业技术创新的特征

巨型企业建立内部专业化研发机构、产学研联盟等成为主流的规制结构，是大规模生产体制下技术创新的经济与组织基础。化学与石油化工方面的重大发现和创新主要在大学的实验室中完成，这些发现和创新在大规模投产前，几乎都经过了大型化学公司专业研究机构的改进。石油裂变技术、生产流程变化、催化法的使用等系统化的新工艺，设备昂贵、试验复杂，引起生产组织结构与管理方式的变革，只有巨型企业的试验机构和试验工厂，经过多次的实用性研究和试验才能完成。美国的杜邦、英国的ICI和德国的IG-faben都有自己的研发机构。

2.5 基本结论

通过回顾部分发达国家在经济发展史上传统制造业中的标志性创新事件与历程，得到以下主要结论。

第一，科学研究、应用创新与制造业的转型升级是相互促进的。建立在特定技术基础之上的产业体系，在既定的利益格局下呈现相对稳定的产业状态。技术创新能够提高原有产业体系的效率，企业对效率的追逐使新技术扩散，突破原有产业体系的稳定性，诱致产业体系的组织状态调整到足以容纳与释放新技术效率的规制结构，产业体系就转型升级了。产业发展为技术创新积累资金、拓展市场空间，而创新过程产生的成本需要产业转型升级后的经济系统性效率才能回收与持续。早期新技术推广失败的案例就是因为市场规模太小，不能协调生产体系与市场需求，单边效应冲击宏观效应，新技术必然遭到社会和行业内的抵制。特别是20世纪初，经济发展到产生庞大的市场需求，化工行业技术研发的巨额投入是能够回收的，企业家才会产生强烈的研发动机。因此，产业的大发展为技术进步提供了土壤，而技术进步为产业发展提供了低成本的工业发展机会。棉纺业、蒸汽动力、钢铁工业和化工行业等的转型升级都是制造业自身发展与技术进步互动的结果。

第二，重大技术创新是无数次细小的技术改进的蓄积与积累的结果，而且重大技术创新的节奏与技术积累呈正相关关系，发明率高的国家创新速度更快。首先，重大创新是由无数小改进积累、升华而来，每一次改进都是一次技术进步。学者们对轮船、人造丝厂和输变电等技术成果来源进行研究得到的结论如下：所有的技术创新都是既有技术的无限边际改进(克里斯·弗里曼和弗朗西斯科·卢桑，2007)。其次，这种技术积累导致后期创新速度加快。手摇动纺纱机到水力纺纱机经历了33年；飞梭到机械织机经历了65年；纽科门蒸汽机到瓦特蒸汽机经历了52年；伯顿法从发明到大规模投产经历了60多年。照相技术从发明到工业制造历时120年，电话历时56年，电视机历时10年，晶体管收音机历时

3 年，现在很多成果的转化只有 9 个月。由此产品的技术成果的寿命也在缩短，美国 90%的新产品都是为了替代技术生命只有 4 年的老产品。电器或机器设备的工具寿命不超过 7 年（皮埃尔·莱昂，1985）。德国人霍夫鲍尔对合成材料和塑料行业的研究表明，发明率高的国家新技术产业化时间短：在 20 世纪最后 20 年，德国和美国仿制他国研制成果产业化的时间大约为 3 年；英国和法国要 5~7 年，其他国家要 10~20 年（克里斯·弗里曼和卢克·苏特，2004）。

第三，创新主体、生产体制的形式都会随着技术创新而变迁，并演进为新的产业形态。产业史上的研发主体经历了工匠、工程师、科学家和化学工业的专业化研究机构的不同阶段，投资主体也从 13 世纪的商人阶层演进为现代企业的股东、风险投资基金等，但是技术创新仍然是企业家捕捉技术机会、调整资源配置结构和改变生产函数的微观行为。各国工业创新路径因禀赋差异而呈现独有的特征：英国企业家是大量利用熟练工人，比较优势呈现产品高质量和多样化；而缺乏熟练劳动力、资源相对丰富的美国企业家是用资本替代熟练劳动、资源替代劳动以及标准化替代多样性的技术路线。到重化工业时代，专业化的研发机构与生产体系相结合的规制结构就成为最重要的创新主体。进入 20 世纪后，自然科学的发展使人们已经进入人的脑力和眼睛无法达到的领域，必须借助仪器来实现，对生产手段的要求提高了。应用自然科学的成果从事人类生产活动，也必须借助工厂和专业化设备来完成。因此，研究开发活动必须是掌握自然科学原理和能够运用设备的人们才能进行，研究开发由掌握专业科学技术知识的专门人才来进行就成为主流的趋势。

第四，技术创新是产业系统各因素在积累中内生的。科技发展水平、政府导向、社会开放程度、人均收入等都是国家创新系统的构成因素。创新系统有不断吸收有利因素的要求，英国和美国启动工业化的初期，都有过高度开放的时期，英国、德国、美国的技术成果"蜂聚"和工业化时期也紧随其作为科技中心时期。生产集聚、教育水平、产业基础设施、人均收入水平和市场需求等多维因素共同构成区域创新平台，只有这个平台达到某个最低阈值时才能完成技术突破和资本的原始积累。

第五，进入大机器工业阶段后，技术创新成果的物质化、资本化，以及由此产生的沉没成本，在投资回收节奏上为落后地区创造了赶超型的发展机会。科学技术研究深化到只有借助于设备才能完成时，生产效率也逐渐由高额投资的机器设备主导。但是，待回收的巨额资本需要假以时日，只有在足够大的市场规模下才能回收，不断改进和更新设备必然使前期投资成为巨额的沉没成本。于是，没有进行前一轮大规模创新设备投资的后发地区，就没有沉没成本负担，反而有机会以低成本获得新一轮创新的更大空间，从而具备了后发优势。这既是创新区域轮动的经济原因之一，也是落后地区通过技术的模仿创新赶超发达地区的机会。

第六，产学研一体化的规制结构，日益成为工业创新的重要组织形式。早期棉纺织业中的英国工匠、美国钢铁工业和电气化进程中的工程师，以及 20 世纪重化工业中，英、德、法、美等国的科学家，都是不同时代创新的核心力量。英国棉纺织工业创新经常是由个别工匠实现的；蒸汽机时代是由将科学知识与经验结合的工程师们实现的。随着科学的进步与生产技术复杂化及两者的深度结合，产业技术创新日益依赖于科学知识，需要众多领域的科学家合作，而且必须借助专业化的实验工厂才能完成。

第3章 技术创新与传统制造业转型升级的关系

制造业是工业化进程中的主导产业与支柱产业,也是我国高质量发展、实现科技创新强国战略和创新驱动战略的主战场。西部地区建设现代化经济体系的核心内容,就是传统制造业的技术创新与转型升级。本章首先综述了技术创新与产业转型升级的相关理论,论证了技术创新与制造业转型升级相互促进的关系;然后在分析落后地区通过技术创新和赶超战略实现产业转型升级的机会和优势的基础上,得出结论:落后地区的技术创新路径应当是先引进吸收再创新,分阶段、分区域启动原发性创新的多层次创新路径,为西部传统制造业转型升级探索科学合理的创新路径。

3.1 产业技术创新的理论

(1)熊彼特创新理论的提出。主流的新古典经济学是以静态分析为主要分析框架的,而技术创新是极具动态性的活动,很难用新古典经济学的框架进行描述。在熊彼特提出创新理论之前,经济学领域一直缺乏关于创新问题的系统性和规范性的研究成果。熊彼特1939年首先从生产一种新产品、发明一种新工艺、获得新的供给来源、开拓新市场和创建新的生产函数5个方面阐释了技术创新的内容。显然,熊彼特强调的技术创新是指将新的生产方式导入企业,是先进技术成果的产业化,是市场主体追求利润的行为。这也意味着,工业化之后制造业长期的核心竞争力的体现,是凭借新技术"毁灭"现有技术基础获得市场。那么围绕新技术必然会形成新的生产范式,建立新的生产函数,所以以创新为基础的竞争应当是动态竞争。

(2)英国经济学家约翰·理查德·希克斯关于技术创新与产业要素比例变化的理论。约翰·理查德·希克斯于1956年立足于新古典经济学,从要素替代关系的视角,规范性地将产业的技术进步细化为3种类型:第一,中性技术进步,即劳动和资本的边际替代率不变,从而要素投入比例不变,而劳动和资本的效率同比例提高;第二,劳动节约型技术进步,即劳动的使用量相对减少,资本的配置比例相对增加;第三,资本节约型技术进步,即资本的投入比例相对减少,劳动的投入比例相对增加(速水佑次郎,2003)[①]。至于哪一种技术进步方式主导产业的动态发展,是由经济体的要素禀赋结构,以及由此决定的要素相对价格、要素流动的成本决定的,即由要素的边际替代率决定。经济史上,英国毛纺工业和后来的棉纺工业的技术进步,虽然因减少对劳动力的使用降低了就业率,推广过程阻力重重,但是终因较高的宏观动态循环经济效应最终得到普及。Abramovitz和David(1994)的研究也证明,北美相对较高的劳动力价格与丰富的自然资源的要素特征,决定了美国早期的技术进步路线是以增加资本设备和自然资源的投入,替代有技能的熟练劳动力的过

---

① 关于技术进步的要素视角,参阅速水佑次郎(2003)对希克斯理论的解析。

程，特别是通过资本集中的机械化和标准化来替代熟练劳动力，以降低生产过程的变动成本。依据希克斯的分类视角，产业史上的技术革命主要是资本设备对劳动力的替代，当然劳动力的效率也同时提高了，正是劳动节约型技术进步与中性技术进步并存及交互作用，维护了长期的技术进步。Solow(1956)的新古典增长理论表达的是，如果资本的边际报酬递减，则长期经济增长会停滞。只有技术进步才能遏制资本边际报酬递减和经济增长收敛，经济才有可能保持长期持续增长。

以上经典理论都是将技术创新作为经济系统以外的因素，考察技术创新对产业和经济发展的影响。现实中，工业化强国基本上都是掌握了大量最新技术、核心技术的国家。理论上还需要探讨的是，技术创新会促进经济发展，经济发展过程是否也会孕育、诱发技术创新过程呢？不满足于索洛-斯旺模型将技术进步仅仅看作经济系统的外生变量，20世纪60年代起，Arrow(1962)等经济学家开始从理论上探讨经济系统怎样内生了技术创新的动力和过程。

(3) 技术创新内生性的相关文献。最早将技术创新看成是经济体系内生结果的是德国经济学家弗里德里希·李斯特。他于1841年提出国家创新系统论，并且将技术创新的内生性研究扩展到经济体系的各个方面，提出人力资本的投资是技术创新各因素中最为重要的。温特等许多追随者也赞同创新是诸多因素共同作用的结果："不同国家在不同时代先后领先的根本原因在于：领先国家的各个子系统相互匹配，并为关键技术提供了完善的支撑结构"[①]。菲利普·阿吉翁和彼得·霍依特(2004)认为，创新是一个社会过程，人类创新活动的强度及其方向受制于影响人类激励及能力的法律、制度、风俗及管制所起的作用。

Arrow是最早将技术进步作为经济增长的内生变量的经济学家，Arrow(1962)首先建立了"边干边学"的内生增长模型。之后的学者们继承前人技术进步能阻止边际报酬递减的思想，发展出了产出随资本同比例增长的AK模型。20世纪80年代，Romer(1994)以弗兰克的知识与资本高度相关的思想为立足点，首先研究了生产要素溢出效应；卢卡斯的人力资本积累模型启发了罗默的思想，罗默再用垄断租金弥补技术研发成本的思维，完善了内生增长理论，成为该理论领域的集大成者。Young(1991)延续了这种观点建立了技术扩散模型。从此，技术创新作为经济系统的内生结果的理论，成为学术界技术进步的主流理论。

如果遵循技术创新是经济系统内生的逻辑，需求诱致创新就成为内生增长理论的重要内容之一。这方面的研究最早来自Schmookler(1966)关于市场规模和盈利动机是企业创新动力的决定性因素的观点，也影响了20世纪最后20年内生增长理论的发展和完善。事实上AK模型中已经考虑了消费和储蓄对技术创新的拉动作用。我国学者范红忠(2007)的研究发现，收入提高有利于研发投入和自主创新能力的提升。Acemoglu(2002)提出了"偏向性技术创新"的观点，认为不同产业技术创新的切入点是有差异性的，创新的启动分别受到特定产业的"价格效应"和"规模效应"的影响。Acemoglu与Linn(2004)从美国医药行业选取数据，实证了市场规模对新药发明的正向作用。Boppart和

[①] 此段文字摘自理查德·R.纳尔逊为弗里曼和卢桑的著作《从工业革命到信息革命》所做的序言。

Weiss(2012)考察美国 1977~2007 年的数据,发现市场规模每增长 1%,对应行业的全要素生产率(total factor productivity,TFP)就会提高 0.25%。

对制造业创新的研究成果,因产业不同呈现不同的研究视角。就企业规模对创新的影响看,熊彼特最终的观点是(学术界称为熊彼特假说 2),具有市场支配力的大企业正不断成为技术革新的主体(Schumpeter,1975)。但是曼斯菲尔德(Mansfield,1963~1968 年)的研究没有证实熊彼特的观点。谢勒、凯夫斯研究得出的结论是,企业的研发投入与企业的销售收入之间的关系呈倒 U 形,即当企业收入达到一定规模时,企业反而靠市场力量获利,淡化研发投入(植草益等,2000)。但是,具体到各个产业,这种关系还会因产业特征而发生变化。Nelson 和 Winter(1982)根据进化模型证明了受预期不确定性、技术机会大小和是否容易模仿等因素的影响,市场结构与创新之间的关系呈现不同的变化(植草益等,2000)。

如果以有效专利作为研发的绩效指标,斯彭斯和莱文发现专利制度对创新的效果也会因为产业的特征而有所不同。曼斯菲尔德于 1984 年对美国 48 项新产品的研究表明,专利中的 60%在 4 年之内就会被模仿;而他 1985 年对美国 100 家制造业的调查表明,由于非正式渠道的交往和要素流动,竞争对手在 12~18 个月就能够获得创新者的信息。专利成果有部分是溢出的,溢出大小因产业间的相关性大小而异(斯蒂芬·马丁,2003)。用同一标准的专利制度激励所有产业的创新行为是不科学的。为了内化溢出效应,学者们也从供给角度专门分析怎样的产业组织结构更有利于内生创新,如建立横向创新模型(G. M. 格罗斯曼和 E. 赫尔普曼,2009)、纵向创新模型(菲利普·阿吉翁和彼得·霍依特,2004)进行研究。我国学者黄群慧(2016)根据创新系统论中技术发展与制造业的关系,提出重塑我国创新生态系统应当从修补制造业创新链、构造创新网络、提高网络开放性、改善中小企业创新的"生态位"入手,提高中小企业的制造创新能力。

(4)产业技术创新的关键环节是技术成果在经济系统中的应用过程。从市场兼容角度描述工业创新的特征,最著名的是克里斯·弗里曼和卢克·苏特的观点:"一项发明是一种新型的或改进的装置、产品、工艺或系统的想法、草图或模型。这种发明常可以(并不总可以)获得专利权,但是并不必然导致产业创新。事实上多数情况也未必导致这种结果。在经济意义上,创新只是在实现新的产品、工序系统、装置的首次商业交易时才算完成。当然,后续的发明常常在创新过程中产生。"他们认定产业技术创新的关键是科技成果的产业化。根据 Tunzelman(1978)的研究,历史上每一次产业技术革命,都是以要素成本的降低为前提的。蒸汽机技术虽然在英国出现很早,但是第一次工业革命时的手工作坊和工厂所使用的动力主要是水力,而不是蒸汽动力。到了 1800 年前后,使用蒸汽机的主要投入——煤炭使用价格大幅度降低,以及蒸汽机的制造成本降低后,也就是投资与运营费用降低后,蒸汽机技术才开始普及。路布兰制碱法在 1791 年取得专利,19 世纪初就开始大规模生产了。之后尽管索尔维制碱法更先进,但是因为成本问题,到 1890 年英国依然有 2/3 的工厂沿用路布兰制碱法。汽油生产由批量法改为流程法,是因为能节约 98%的劳动力和 80%以上的资本。1880 年,阿道夫·冯·贝耶尔(Adolf Von Baeyer)首先按照实验室的规模生产了合成靛蓝,因此他也获得了诺贝尔奖。但是合成的原材料价格远高于天然原材料的价格。经过了十多年进行了九次改进,直到 1892 年,巴斯夫做耐氧化实验时,偶然发现用汞作催化剂可以降低生产成本,合成靛蓝的技术机会才到来,生产过程才开始(克里斯·弗里曼和卢克·苏特,2004)。20世纪70年代,发达经济体将计算机系统植入机床,发展出了工业控制系统。但是,直到1972年英特尔处理器大幅度降低了计算机的成本,制造业的信息化才开始普及,其中,"柔性制造系统"(flexible manufacturing system, FMS)成为美国、欧洲和日本制造业转型升级的目标。黄群慧和贺俊(2015)也提出"提高我国工业生产效率,既需要前沿技术和新兴技术的发展,更需要先进技术在更广大范围内的推广和应用"。

(5)观点评述。技术创新的理论观点有以下四个特征。第一,产业创新是经济系统内生的。技术创新过程必须有创新系统的支撑,需要经济体制、人均收入、市场规模、基础设施和其他技术创新要素等诸多相关系统性因素的配套与共同发展。要加速创新进程,就要首先弥补创新系统的薄弱环节。技术创新的速度与原有经济系统对新技术的兼容程度高度相关。第二,科技创新只是产业创新的必要条件而不是充分条件,产业技术创新与科学技术发明是相互促进的。如果有限的资源过多地向科技领域投入,则只能加快科技创新速度,并不能保证产业创新加速。技术创新包含了技术成果出现和市场采用两个阶段,也就包括了技术成果研发和技术成果商业化的双重不确定性风险。第三,企业规模与企业创新的能力呈正相关关系,与企业创新的动力呈负相关关系,所以创新与企业规模之间的关系是不确定的。第四,产业的多样化,地域经济系统的特殊性,决定了各产业、各地域创新系统的差异,不同产业、地区创新的速度、路径也不尽相同。

3.2 传统制造业的转型升级与技术创新

3.2.1 传统制造业的内容

(1)制造业的内容。关于制造业包含的内容,各国有自己的分类标准。美国统计局将制造业定义为,"通过一系列的机械、物理或化学过程,将原材料、物质或零部件转换为新产品的生产部门"。美国商务部于2010年将制造业概括为,以动力驱动机器(即材料加工设备)为主要手段的工厂、设施、加工厂等制造型生产机构,这就涉及制造性活动,而且具有机器和人类两个要素兼具的特征。此外,个人或家庭作坊以手工方式将材料或物质转化为新产品的活动,以及面包房、糖果店等直接向普通大众出售上述产品的个人和家庭,也被纳入制造业的范畴(瓦科拉夫·斯米尔,2014)。显然制造业的功能是要完成产品形态转换。中华人民共和国国家质量监督检验检疫总局(现国家市场监督管理总局)和中国国家标准化管理委员会发布的《国民经济行业分类》(GB/T 4754—2017)标准目录中,将第13~43类共31个行业纳入了制造业的范围。中国社会科学院的黄群慧将实体经济进行了探索性的结构分类:制造业为R0,是实体经济的核心部分,R1是R0+其他工业、农业、建筑业(中国社会科学院工业经济研究所,2017)。

(2)我国传统制造业的内容与结构。传统制造业是与高新技术产业相对照的概念。本书所指的传统制造业,是从我国《国民经济行业分类》(GB/T 4754—2017)标准目录的制造业中,除去航空航天制造、医药制造、医疗设备仪器制造、办公设备制造及电子元器件和通信五大高新技术产业后,剩余的制造业门类。

3.2.2 制造业转型升级概述

(1)制造业转型升级的含义。制造业的转型升级就是指传统制造业的资源配置格局由较低级阶段的资源配置范式，向更高阶段、更先进的资源配置范式转变。

钱纳里和赛尔昆(1988)提出，"一般来说，发展型式可以定义为伴随收入或其他发展指数水平的提高，在经济或社会结构的任何重要方面所出现的系统变化。虽然在几乎所有结构特点中都可以看到某些伴随收入水平的变化，但我们主要感兴趣的是那些使人均收入持续提高所必需的结构变化"。库兹涅茨和钱纳里对发展中国家发展型式的研究都是以工业化进程中国家产业结构和投入要素的比例为对象，以核心制造业增长异常迅速，以及制造业参与世界经济活动的程度不断提高为立足点。按照他们的逻辑，发展中国家发展型式的转变，是经济体的系统性变化，涉及经济体系的各个方面，核心是制造业发展型式的转变。

(2)制造业转型过程中，最关键的内容是技术基础、生产体制及资源配置方式的变化，各国制造业的转型升级也始终伴随着制造业的技术、制度创新与进化过程，同时经济要素的比例也在变化。18～21世纪，世界范围内制造业的转型升级过程也可以从以下3个方面刻画。第一，主流技术体系的演进：手工工具→机械化→自动化→人工智能等阶段，与此同时动力系统也相应升级了。第二，生产体制的变迁：手工作坊→工场手工业→工厂制度→虚拟企业→价值链。第三，要素比例的变化：劳动投入为主→资本和劳动投入为主→技术、资本投入为主→技术、信息、资本投入为主。根据库兹涅茨和钱纳里的理论，转型升级是指整个制造业体系的技术基础的现代化与形态的升级，而不是个别产业、个别领域和部分产品的高端化。

3.2.3 我国传统制造业转型升级的方向与特征

(1)我国制造业当前转型升级的方向。创新是引领发展的第一动力，是建设现代化经济体系的战略支撑。总之，传统制造业的转型升级就是用互联网、大数据、人工智能等当代最新科技成果和技术，改造传统制造业。

我国传统制造业的转型升级实质上是信息化、数字化和智能化的技术创新。在经济全球化和我国深化改革、高层次开放的背景下，制造业的转型升级必须与世界范围内的新工业革命相结合，呈现以下三个特征：第一，以技术创新能力作为制造业转型升级的第一竞争力和发展动力；第二，以高质量增长为制造业转型升级的主要目标；第三，以互联网技术和大数据为新增投入要素和基础，实现制造业技术基础的数字化、智能化改造。

(2)关于我国制造业转型升级的相关讨论。有文献提出：产业的转型是指由一种产业主导的结构转向由另一种更新、更先进的产业主导的结构变化；产业升级是指从低附加值的产业向高附加值的产业主导的结构变化[1]，特征是单位价值的物质资源消耗率下降；产业转型升级的实质是"降低那些效率低、效益低，物质循环低，消耗高、污染程度高以及高排放产业的占比，而提高那些高效率、高循环、低消耗和低污染产业的占比"(李佐军，2015)。吕政(2006a)从制造业大国的目标提出，制造业转型升级是由工业大国向工业强国

---
[1]见《中国工业经济发展报告2017》：13页。

转变,宗旨是增强工业的经脉。杜朝晖(2017)提出了传统产业转型升级的原则是节约资源、环境绿色和有利于技术进步等。苗圩(2016)结合我国经济发展阶段和新工业革命的目标定位,提出新时代产业结构调整是指把长期以来以重化工业为重心和以大量出口基础原材料为主体的产业结构做适当调整,由主要消耗传统要素的传统产业体系,转向更多依靠科学技术成果的新型产业体系为主。

3.2.4 技术创新与制造业转型升级关系的文献

学术界关于技术创新与产业转型升级的立足点,主要集中于将技术创新看作产业转型升级的原因,特别是后发国家通过引进技术改变工业生产体系的事实,强化了这个逻辑。这方面的文献很多,而本书的重点是产业转型升级内生了技术创新的观点。

钱纳里等(1989)从产业结构动态变迁的视角,倾向于技术创新是制造业发展的结果:在人均收入由400美元到2100美元的工业化进程中,制造业对国民经济增长的贡献与全要素生产率对经济增长的关系一致,其中当人均收入超过1500美元时,全要素生产率对经济增长的贡献超过任何要素。人均收入达到2100美元时,制造业对经济增长的贡献与服务业相同,这正是全要素生产率对经济增长的贡献最大的时候,所以他说"制造业的增长是技术变化的主要原因之一"。克里斯·弗里曼和卢克·苏特(2004)在研究20世纪初德国化学和石油化工产业创新体制时发现,化学工业的特性要求研发过程需要规模经济支撑,导致了专业化研究机构出现,所以说,技术创新的体制受制于产业发展阶段特性和产业体制的影响,是产业发展的结果。罗伯特·默顿·索洛(Robert Merton Solow)也表示,虽然全要素生产率能够解释第二次世界大战后发达经济体70%的经济增长,但是战后世界范围内迎来研发和人力资本的巨大投入,以及创新相关的资金投入,却没有实现相应的高增长率,所以创新不一定是增长的原因。艾沃·第鲁和卢克·苏特对此的解释是,索洛所指的这些投入强调的不是产品(纵向)创新,而是产品的差异化(横向创新),虽然改善了消费者福利,却没有支持经济增长(瓦科拉夫·斯米尔,2014)。20世纪80年代后美国很多学者都认为,制造业减少、服务业增加是产业结构升级的特征之一,而Grove(2010)则认为,由制造业支撑的现代产业结构,才是创新的基础。

国内学者们主要考虑技术创新与产业转型升级的相互促进关系。金碚(2014)从制造业的使命和本源出发,提出技术创新与产业转型升级的本质联系是内容与形式、本质与量的关系:"工业的转型升级是技术进化过程的一次突变和创新涌现……是工业的创新性和革命性的自发彰显。"他提出了科技进步与工业为一体的观点:"科技进步是工业的灵魂,工业是科技进步的躯体……只有工业国才可能成为创新型国家",即只有工业化,工业生产才能对创新产生无限的需求,所以产业结构转型升级的目标不仅是对技术创新产生需求的诱发因素,也是技术创新的结果。方福前和邢炜(2017)的研究表明,经济波动会通过成本效应和预期收益对技术进步的模式产生影响。余泳泽和张先轸(2015)认为当人均GDP超过30000元时,采取自主创新的方式较为有利,在这之前,采取技术引进为主的方式更为适宜,所以经济发展阶段会影响技术创新的路径。

总之,产业的转型升级和产业的技术创新是相辅相成的,产业的现代化程度是技术创新的平台,也是创新的结果。虽然学者们强调的视角不同,但是都承认产业转型升级与技术创新互为因果关系；产业转型升级会孕育下一轮的技术创新，这个观点也能在产业变迁史的历史案例中得到印证。但是，在我国创新驱动的总战略下，应当更多地考虑技术创新怎样推动了产业转型升级。既然技术创新是产业转型升级的实质内容与核心过程，那么接下来还必须分析科技创新对产业技术创新的影响。

3.2.5 科技创新与产业技术创新的关系

(1) 国外关于科技推动产业创新的相关理论研究。产业革命进程中，工业中心区域轮动的顺序基本上沿承了世界科技中心转移的顺序，只是工业中心的时间滞后于科技中心。从时间轴、系统论和演进视角看，科技创新在很大程度上诱发并推动产业创新。Walsh (1984) 发现，在化学工业和医药工业的科学和发明研究报告中，科学论文和专利数量的增长在时间上要领先投资和销售。德里克·普莱斯 (Derek Price) 认为，科学和技术应用虽然在实践中有很大的联系，但是属于不同的门类，各自有着独特的运行规律。科学家主要关心科学发现，注重怎样以新的标准形式发表自己的观点和成果，并不关心实用性。工程技术人员不关心科技成果发表，只关心如何获得实用性的专利。他用一对舞伴来形容科学和技术的关系，两个人虽然按照同一舞曲运转，但是却有着各自的舞步 (克里斯·弗里曼和卢克·苏特，2004)。美国国家科学基金会的实证研究表明，19世纪后科学与技术的关系发生了重大变化，科学及与科学界的联系对现代产业技术创新越来越重要。科学与技术至少共同创作了新的舞蹈，有些还是"贴面舞"。专业化产业开发部门的出现就是科学与技术紧密结合的必然结果 (Gibbons and Johnston, 1974)。很多经济学家、历史学家都认为科学和工业技术之间已经有了大量的相互作用。比如，Schmookler (1966) 的研究就表明新产业也孕育新科技成果，因为美国一个多世纪中的工业专利的出现时间，比项目投资时间要晚几年。有学者从经济长波的角度观察，认为由现有重大科学成就奠定的技术体系，决定了当前生产、运输或销售的生产力增长的长期极限，日常的创新是既有重大科技的无限边际改进，而下一轮技术体系的重大变革，要依赖于新的重大科学成就的问世。

(2) 国内学者的主要观点。吕政 (2006b) 坚持了科学研究推动产业创新的观点，认为创新过程分为3个阶段：科学发现、技术发明和科技成果的产业化。对应于这3个阶段，创新主体的任务也不同：科学家的作用是发现哪些资源能被人类以怎样的方式获取；工程师的作用是怎样利用科学成就来提高人类的生产能力；当科学技术发展到只有借助于工具、仪器和设备，才能完成对自然物质世界物理性能的深入探索时，替代人类器官的生产工具越发达，人类获取自然资源、加工资源的能力就越强，科学技术也越深入。当生产方式进入主要依赖工具的时代，机械设备的进步也需要进一步的科学知识时，科学研究与生产技术的进步就成为一个相互促进的过程。企业家的任务是将最先进的技术应用到生产过程中，实现经济的增长 (金碚，2015)。与吕政、金碚的思路一致，赵昌文 (2016) 提出了科学革命、技术革命和产业革命的关系："科学革命指的是科学理论、方法和指数等方面的巨大进步，是技术革命的先导；技术革命是技术形态、范式、方法和工具等方面的深刻变革，是科学革命的结果和基础……产业革命是在产业结构、产业组织变革的基础上，取决于技术革命是否会产生一系列新发明、新产品、新模式、新业态和新行业。"总之，虽然科学研究和技术创新相辅相成，但是技术创新是由技术成果的研发和商业化两个阶段构成的。

由此，科学研究、技术开发与产业转型升级间就有了密切的联系。加强基础研究，奠定产业创新的科学基础，就成为产业创新的必要条件和创新驱动的关键。

3.2.6　西部地区传统制造业技术创新和转型升级的方向

影响技术创新路径和产业转型升级的因素是多维的，技术创新路径必须与地区的特质和发展阶段相结合，这就为我国西部地区的技术创新和产业转型升级的特殊性提供了研究基础。虽然西部也有先进制造业，制造业技术体系也是多层次的，但是西部创新系统相对脆弱和创新能力相对不足，必然使西部的创新路径与东部地区不同，西部传统制造业的转型升级可以首先加速工业化进程，为数字化、信息化和智能化奠定市场规模和经济基础。创新驱动实际上是传统制造业的增长方式问题，西部相对较低的人均收入和产业结构相对低端化的现状，还有"平推式"工业化的巨大空间（金碚，2015），会激励西部市场主体在不提高全要素生产率的条件下追加投资，获得结构效应，所以西部的创新驱动应当是工业化和现代化并举。完成西部传统制造业的信息化和数字化是一个重要课题。

3.3　基本结论

本章综述了技术创新、产业转型升级的概念和技术创新与产业转型升级关系的文献与理论，从众多视角探讨了技术创新和产业转型升级的关系，总结如下。第一，产业的技术创新包括科技成果的出现和技术成果的商业化过程。科技创新和先进技术的诞生是产业技术创新的必要条件，但是不是充分条件，市场才是检验技术创新是否成功的领域。第二，技术创新与产业转型升级的过程是相互促进的，是产业现代化进程中的两个方面，市场并不总是促进工业持续创新，产业转型升级需要技术创新来启动。第三，经济活动和规模较大的相对落后地区应当因地制宜地走多层次、多维度的技术创新路径，社会也应当崇尚创新文化。因此，本书认为市场对创新仅有正面作用的观点是应当质疑的，在经济发展的不同阶段应当采取不同的组织方式促进创新。

第4章 创新系统、产业效率与西部传统制造业的创新路径

只有深刻了解世界新科技革命和新工业革命的基本内容,明确西部制造业转型升级的目标,才能在高层次开放的背景下,科学地、有针对性地探讨西部传统制造业的技术创新路径。根据技术创新是经济系统内生的理论观点,西部当前的人均收入水平、产业结构形态、传统制造业自身的效率和社会经济发展状态,都会对西部传统制造业技术创新产生重大影响。本章简述了新工业革命的内涵,描述了西部经济体系和传统制造业的效率特征,并指出西部传统制造业的技术创新路径。

4.1 新工业革命的内涵与特征

4.1.1 新工业革命的内涵

工业革命是工业生产体系用新的技术经济范式扬弃原有技术经济结构,逐渐主导工业资源配置方式的过程,结果是工业资源的总体利用效率大幅度提高、技术基础更加现代化,生产规模相应扩大。世界制造业发展史表明,产业技术创新的内容与方式总是主导着产业结构升级的方向,也推动着产业体制的变迁。区域内要素的禀赋结构、制造业的现状和产业结构又会影响新一轮技术创新的路径。第一、二次产业革命后的资源配置方式主要是资本(机器)对劳动的雇用,资本设备成为最主要的投入要素。那么,在信息化时代,数据、信息也将作为新的生产要素,开始对生产可能性边界的扩张起到关键作用。

(1)新工业革命内涵的文献。经历200多年间的数次技术革命,工业生产涉及的内容已经非常广泛,生产体系也更加复杂,社会分工细化到产品内分工,产业技术创新点也出现多维性和多环节性。学者们很难像总结第一、二次工业革命那样,从内容上简单明了地概括、提炼当代新工业革命的内涵,理论界论证新工业革命的核心内容和主导技术的侧重点也不尽相同。

杰里米·里夫金(2012)首先提出,可再生能源、互联网技术和资源共享相结合,形成了第三次工业革命的强大基础[①];阿兰·格林斯潘专门用计算机、电信和互联网等技术解释美国20世纪最后20年的经济增长;也有学者根据技术体系描述了当代的新工业革命的主导技术群,认为第三次工业革命包括信息通信技术、微电子、新材料、可再生能源与原材料、清洁技术、生态技术、再循环技术等(马丁·雅尼克和克劳斯·雅各布,2013),会在以下三个方面导致经济体系发生变化:第一,数据成为核心的投入要素;第二,以互联网技术为基础的通信设施的支撑作用超过交通基础设施;第三,新一代网络技术正在驱动制

---

① 参阅:杰里米·里夫金(2012)的第二章"第三次工业革命的新构想"第一节"第三次工业革命的五大支柱"。

造业的智能化(中国社会科学院工业经济研究所，2017)。布朗尼·杰弗森认为，将新工业革命聚焦于制造业，人类正在经历由数字技术进步所驱动的"第二次机械时代"(黄群慧等，2014)。

关于21世纪上半期中国应对新工业革命的战略研究，学术界的观点也分为两类：第一类是将新工业革命拓展到整个经济体系，新工业革命是以制造业数字化、网络化和智能化为核心，以物联网和服务网络为基础设施，结合新能源、新材料等方面的突破而引发的新一轮产业变革，是数字技术与实体制造的渗透与融合及深度的应用，其核心表现为数字化、智能化过程(吴晓波和朱克力，2015)，是多种科学技术进步的一个集合，生物科学、生命科学、材料科学等各种技术在新工业革命中将快速发展(王茂林，2016)；第二类是将新工业革命聚焦于制造业的观点，苗圩(2016)提出新工业革命是"以新一代信息、通信技术与制造业融合发展的新一轮科技革命和产业变革"。学者们也基于经济范式的概念提出新工业革命要顺应信息化、生态化这两大趋势，建立一种在互联网、新材料、新能源结合基础上的新经济发展范式(黄群慧和贺俊，2013；万钢，2017)。由此，新工业革命有3个特征：一是工业生态化发展；二是制造业和服务业高度融合；三是经济运行高度信息化(邓洲，2014)。本书以传统制造业的转型升级为立足点，认为新工业革命的核心是，用信息技术和互联网技术推动传统制造业的现代化。

(2)新工业革命的技术机会。科技革命的实质是依据科学理论完成最新科技成果，而制造业技术革命却是新技术体系对原有生产体系的颠覆与替代。新工业革命能否成功的关键是市场和经济体系对新技术、制造业新范式的认可度和兼容度。克里斯·弗里曼从供给角度提出，成本节约是历次工业革命的基本动机，也是新技术成功的最重要的条件："一些较早的创新，如棉纺织、钢铁制造、汽车和炼油领域，已经将成本削减了一个数量级，但是，微电子创新使存储、加工和传输信息的成本缩减了几个数量级"(克里斯·弗里曼和弗朗西斯科·卢桑，2007)。黄群慧和贺俊(2013)认为，"当前方兴未艾的'第三次工业革命'，由于人工智能、数字制造和工业机器人等基础技术的成熟和生产成本的下降，正以数字和智能制造为代表的现代制造技术对既有制造范式进行改造"。吕政(2006a)总结了推动中国新工业革命的基本动因：中国工业发展的主要任务是实现从工业大国到工业强国的转变，即从以数量扩张为主导转向以提高技术水平、要素素质和投入产出效益为主导，保持在中低端环节竞争力的前提下，在中高端环节与发达国家展开竞争。显然，新技术替代旧技术的条件是，新技术比旧技术能够给市场主体带来更多的剩余，即新技术必须能够更多地降低生产成本和商品价格。如果新技术不能降低资源消耗，那么新技术必须能够赋予产品更多的效用。

综上所述，新工业革命是以全球范围内的不可再生资源约束为背景，以新一代互联网技术、信息技术为产业基础设施和起点，实现新一代信息技术、数字技术、智能技术和新的可再生资源技术等在制造业的深度应用与扩散，由此构建一种新的经济范式。新工业革命能否成功，主要看信息技术、数字技术、智能技术和新的可再生资源技术是否能够降低产品成本，开发新的市场需求，提高制造业的资源配置效率。

4.1.2 新工业革命与第一、二次工业革命的异同点

(1) 新工业革命与第一、二次工业革命的共性如下：第一，新工业革命依然是最新科技成果引领并主导生产体系，使制造业的技术基础发生重大变革，即引导制造业完成技术体系的信息化、数字化和智能化改造；第二，技术体系的革命也必然引起产业的基础设施、生产体制、商业模式再次发生重大变化，形成新业态、新经济范式，并导致生产成本降低；第三，新工业革命的主导技术仍然以新技术"蜂拥"的技术集群方式出现，所不同的是当代新技术群包含的技术成果量更大，涉及的范围更加广泛。

(2) 新工业革命与第一、二次工业革命的区别在于：首先，主导技术已经向更多维和更高端升级，第一、二次工业革命的技术体系中主导技术是机械化和电气化，新工业革命的主导技术是数字技术、智能技术与可再生技术；其次，支撑第一次工业革命的基础设施是蒸汽动力、运河和公路，支撑第二次工业革命的基础设施升级为以电力为核心能源的电气化，运输设施升级为铁路和海洋运输，而新工业革命的基础设施是新一代互联网技术与软件技术；再次，第一、二次工业革命因为规模经济的要求，将工业与商业分开来，节约了生产成本，实现了生产体系的高度专业化，获得分工效率，而新工业革命中互联网技术使制造业与服务业再次高度融合，在实现分工效率的同时节约了交易成本；最后，第一、二次工业革命是将生产地点集中化，而新工业革命中互联网技术和包含3D打印技术在内的制造技术，可能实现生产地点再次由集中化转向分散化。

4.2 西部创新系统的效率

技术创新是经济系统内生的，西部传统制造业的技术创新路径是以高质量增长为目标，以新工业革命为导向，也受西部当前经济体系现状与动态效率等诸多因素的影响。

4.2.1 西部工业化进程加速，整体现代化程度相对较低

(1) 西部工业占全国工业的比例持续增加，工业化水平不断提高。进入21世纪后，西部工业增加值占全国的比例也逐年上升，由2000年的13.6%上升到2016年的18.6%。到2009年西部工业增加值占全国的比例达到峰值，这是国家2008年刺激性财政政策资金在西部地区的效应体现，见表4-1和图4-1。

表4-1 西部工业增加值占全国的比例(%)

年份	2000	2001	2002	2003	2004	2005	2006	2007
比例	13.6	13.5	13.7	14.1	14.9	15.6	16.6	17.2
年份	2008	2009	2010	2011	2012	2013	2015	2016
比例	18.6	19.3	17.8	18.6	19.1	18.1	18.8	18.6

资料来源：《中国统计年鉴》相关年份。注：西部包含内蒙古、青海、新疆、西藏、广西、云南、四川、重庆、宁夏、贵州、甘肃、陕西12个省级行政区。

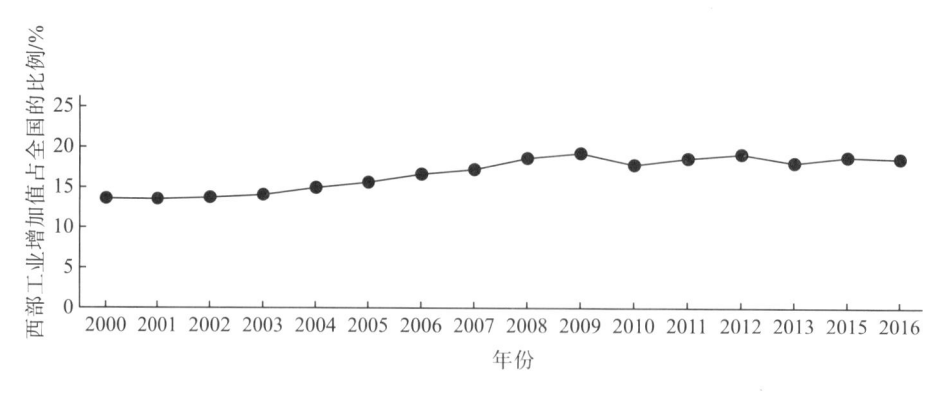

图 4-1 西部工业增加值占全国的比例

(2) 工业增加值占西部 GDP 的比例也在上升，工业化进程加快。如表 4-2 和图 4-2 所示，2001～2016 年，我国西部大开发战略的实施加快了西部工业的投资速度，与此同时东部的产业转移战略，也促进了东部工业向西部地区扩散。工业增加值占西部 GDP 的比例由 2001 年的 31.3%上升到 2011 年的 43.0%。但是，从 2012 年起，我国实施经济增长方式转变战略，一方面西部地区大力发展第三产业，另一方面宏观层面的节能减排战略，影响了全国对西部传统能源的需求。特别是针对产能过剩行业的治理，限制了过剩产能行业的能源需求，能源工业比例较高的西部地区工业占 GDP 的比例又经历了新一轮下降，到 2016 年下降到 33.9%。

表 4-2 西部工业增加值占西部 GDP 的比例(%)

年份	2001	2002	2003	2004	2005	2006	2007	2008
比例	31.3	31.3	32.5	34.0	35.8	38.0	39.1	40.6
年份	2009	2010	2011	2012	2013	2014	2015	2016
比例	39.7	42.2	43.0	42.0	39.9	38.7	35.6	33.9

资料来源：同表 4-1。

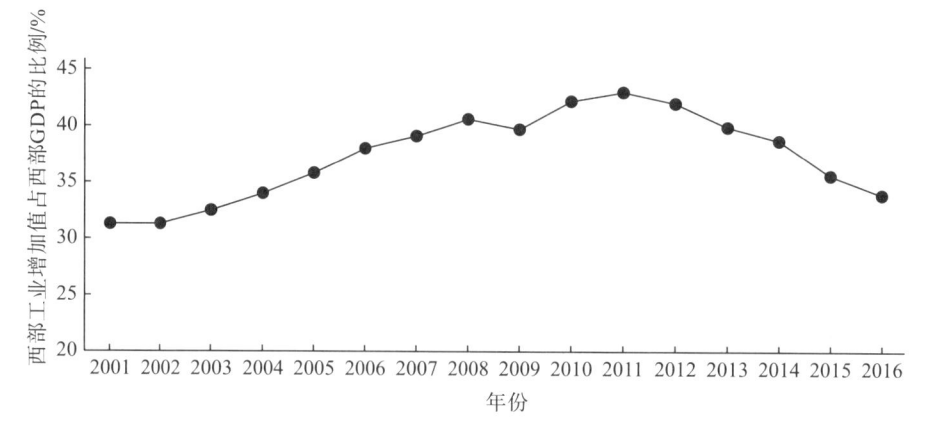

图 4-2 西部工业增加值占西部 GDP 的比例

(3) 西部制造业占工业比例相对较低,高技术产业比例相对较低。制造业是产业技术进步的主要载体和技术创新的主导力量,研究期内,从工业内部结构看,虽然西部制造业占工业的比例在上升,但是低于全国平均水平,说明西部工业高加工度化程度相对较低,没有越过工业现代化所需的基本阈值,这也是西部工业应对宏观需求变化能力弱的原因之一,见表4-3。

表4-3 按销售产值测算的各类产业产值及制造业占工业的比例

年份	地区	采掘业销售产值/亿元	制造业销售产值/亿元	工业销售产值/亿元	制造业占工业的比例/%
2013	全国	62615.49	895412.20	958027.69	93.46
	西部	20667.43	110936.63	131604.06	84.30
2016	全国	46200.00	1041824.16	1088024.16	95.75
	西部	19562.69	139414.40	158977.10	87.69

资料来源:根据历年《中国工业经济统计年鉴》计算。省份的统计口径与表4-1相同。

(4) 到2016年西部高技术产业占制造业的比例低于全国水平,制造业整体现代化程度相对较低,见表4-4。表4-3和表4-4显示,制造业是西部工业化进程中的主导力量。

表4-4 按主营业务收入测算的2013年、2016年工业构成(%)

工业构成	2013年 西部	2013年 全国	2016年 西部	2016年 全国
高技术产业占制造业的比例	12.90	12.76	11.60	14.68
传统制造业占工业的比例	87.10	87.24	88.40	85.32

资料来源:根据《中国工业经济统计年鉴》《中国高技术产业统计年鉴》整理、计算。

4.2.2 经济活动向东部集聚,经济系统对西部技术创新的支撑减弱

从创新的系统论和技术创新内生的观点看,如果经济活动和经济要素向东部发达地区流动,就会阻碍创新资源在西部积蓄,西部可能面临创新所需的要素短缺、创新系统不稳定等问题,难以达到产业连续创新要求的最低阈值,具体表现在以下两个方面。

(1) 资产、技术等关键的供给侧要素比例较低。西部地区年末人口数量没有增加,但是规模以上工业企业数增加了,有效发明专利数增加幅度较小。与全国相比,西部呈现当年年末常住人口占比>工业固定资产合计占比>规模以上工业企业数占比>规模以上工业企业有效发明占比的状态,即西部人均工业化水平相对较低,企业资产规模相对较大,资本密集的特征显著,创新水平相对较低(表4-5)。

表4-5 西部常住人口、规模以上工业企业数、工业固定资产和专利占全国的比例(%)

年份	当年年末常住人口占比	规模以上工业企业数占比	工业固定资产合计占比	规模以上工业企业有效发明专利占比
2010	27.04	10.87	20.33	8.50(2009年)

续表

年份	当年年末常住人口占比	规模以上工业企业数占比	工业固定资产合计占比	规模以上工业企业有效发明专利占比
2012	27.03	12.36	22.33	8.07
2014	27.04	12.82	23.80	9.47
2016	27.11	13.84	25.12	9.19

数据来源：根据国家统计局网站发布的相关年份数据计算。因2010年专利数据缺失，有效发明专利采用2009年专利数据。

(2) 人均收入水平相对较低，最终需求相对较小，经济系统活力相对不足。如果非均衡度系数 C 为零，则东西部间是均衡的。西部与全国的非均衡度拉大，需求向有利于东部地区的方向发展，见表4-6。

表4-6　我国西部与东部地区人均可支配收入与非均衡度系数

地区	2013年 人均可支配收入/元	2013年 非均衡度系数	2015年 人均可支配收入/元	2015年 非均衡度系数	2018年 人均可支配收入/元	2018年 非均衡度系数
东部	23658.4	0.412	28223.3	0.402	36298.2	0.396
西部	13919.0		16868.1		21935.8	

非均衡度系数：$C=1-(L/M)$。L 为西部12省份相关指标之和；M 为东部10省份相关指标之和。其中，西部包括四川、重庆、云南、陕西、内蒙古、贵州、广西、甘肃、宁夏、西藏、贵州和青海12个省份；东部包括北京、天津、河北、上海、江苏、浙江、福建、山东、广东和海南10个省份。

4.2.3 高技术产业各类创新指标强度小，对传统制造业的溢出效应弱

高技术产业是经济体系对高技术产品需求增加后，从原有产业中分离出来的独立产业，是社会分工发展到一定程度、技术演进和需求扩大的结果。高技术产业的最大特征就是技术密集度高，其研发活动和技术成果，能够通过关联效应将最新的技术标准和技术参数向传统产业扩散，带动传统制造业转型升级。接下来从分项统计指标看西部高技术产业的研发活动情况。

(1) 西部高技术产业中的研发机构个数在全国的占比整体呈减小趋势，见表4-7。

表4-7　西部高技术产业中的研发机构个数在全国的占比

地区	2000年	2005年	2013年	2014年	2015年	2016年	2016年/2000年
东部/个	762	1042	3507	3650	4249	5026	6.596
中部/个	212	214	571	590	741	841	3.967
西部/个	277	268	380	419	473	480	1.733
东北部/个	128	95	125	104	109	109	0.852
全国/个	1379	1619	4583	4763	5572	6456	4.682
西部/全国	0.201	0.166	0.083	0.088	0.085	0.074	—

资料来源：《中国高技术产业统计年鉴(2015)》《高技术产业统计年鉴(2017)》。统计口径为大中型企业。

(2) 西部地区高技术产业的从业人员增长速度低于东部,见表4-8。

表4-8　2000~2016年东、中、西、东北部高技术产业的从业人员情况　　（单位：人）

地区	2000年	2005年	2010年	2011年	2013年	2016年	2016年/2000年
全国	3913875	6633422	10922252	11469153	12936870	13418185	3.43
东部	2385858	5171091	8644117	8805608	9388752	9295893	3.90
中部	523438	569739	1130945	1378481	1855971	2286015	4.37
西部	658980	588365	754912	885502	1238387	1448182	2.20
东北部	345599	304227	392278	399562	453760	388095	1.12
西部/全国	0.168	0.089	0.069	0.077	0.096	0.108	—

资料来源：同表4-7。

(3) 西部地区高技术产业各类技术进步经费支出增速低于全国平均水平,在全国的比例动态趋小。

第一,反映"干中学"效应的技术改造经费西部比例与增速都低于东部和中部,也低于全国平均水平,见表4-9。

表4-9　东、中、西、东北部高技术产业中大中型企业技术改造经费　　（单位：万元）

地区	2000年	2005年	2013年	2014年	2015年	2016年	2016年/2000年
东部	569560	919104	2680805	1809778	2122649	2951597	5.18
中部	95484	158537	402335	397443	489269	473352	4.96
西部	231467	295319	382434	590420	574459	431240	1.86
东北部	150967	217254	205692	367701	169344	171880	1.14
全国	1047478	1590214	3671266	3165342	3355721	4028069	3.85
西部/全国	0.221	0.186	0.104	0.187	0.171	0.107	—

资料来源：同表4-7。

第二,技术引进经费支出增长幅度在西部也较低,见表4-10。

表4-10　东、中、西、东北部高技术产业中大中型企业技术引进经费　　（单位：万元）

地区	2000年	2005年	2013年	2014年	2015年	2016年	2016年/2000年
东部	320932	797643	489657	537142	683531	945207	2.95
中部	27460	11339	24961	11456	22808	27622	1.01
西部	102037	24803	14975	13276	10890	25130	0.25
东北部	20034	14399	2537	5104	192	—	—
全国	470463	848184	532130	566978	717421	997959	2.12
西部/全国	0.217	0.029	0.028	0.023	0.015	0.025	—

资料来源：同表4-7。

第三，技术消化吸收经费中西部增长幅度低于东部，也低于全国平均水平，见表4-11。

表4-11 东、中、西、东北部高技术产业中大中型企业技术消化吸收经费 （单位：万元）

地区	2000年	2005年	2013年	2014年	2015年	2016年	2016年/2000年
东部	20561	265981	109377	115900	89006	64799	3.15
中部	1960	3603	13748	25762	7778	9380	4.79
西部	2345	2471	3730	6552	27779	2996	1.28
东北部	8819	2917	3226	970	4698	770	0.09
全国	33685	274972	130081	149184	129261	77945	2.31
西部/全国	0.070	0.009	0.029	0.044	0.215	0.038	—

资料来源：同表4-7。

第四，购买国内技术经费中西部份额高于中部和全国，说明西部购买国内技术，通过技术在国内扩散实现创新的特征非常明显，见表4-12。

表4-12 东、中、西、东北部高技术产业中大中型企业购买国内技术经费支出 （单位：万元）

地区	2000年	2005年	2013年	2014年	2015年	2016年	2016年/2000年
东部	27678	70402	262408	311659	538695	716136	25.87
中部	7373	11196	19090	113345	24151	17388	2.36
西部	3143	12246	27770	32118	22005	38559	12.27
东北部	33905	1515	3299	9960	3207	2541	0.07
全国	72099	95359	312567	467082	588058	774624	10.74
西部/全国	0.044	0.128	0.089	0.069	0.037	0.050	—

资料来源：同表4-7。

从表4-7~表4-12所反映的高技术产业的科研活动数据看，西部无论在总量上，还是在动态增长速度上都相对低于东部。科研投入力度下降会使高技术产业失去引领工业体系转型升级的作用，特别是失去引领传统制造业创新的能力与作用，使创新系统核心产业层的创新要素的凝聚力下降。特别是技术改造经费下降更快，反映出西部通过"干中学"效应积累技术的演进理念需要提升，技术进步的沉淀和积累相对不足。

西部高技术产业在全国上升最快的项目是购买国内技术经费，其次是技术消化吸收经费。这综合反映出高技术产业发展过程也更偏重购买国内技术，技术进步路径偏重对成熟的技术进行引进吸收创新。很显然，西部大开发和产业转移没有完全改变西部注重模仿创新的路径偏好。

4.3 西部传统制造业的效率

本节选取西部食品加工制造业、纺织业、造纸及纸制品制造业、石油加工炼焦及核燃料、化学原料和制品、化学纤维制造、黑色金属冶炼和压延、通用设备制造、专用设备制造、电气机械和器材制造共10个典型特色传统制造业的样本,从市场、要素投入和需求的角度,比较分析西部传统制造业的效率特征,分析创新的优势路径和机会。

4.3.1 西部传统制造业的静态效率特征

(1)西部传统制造业的市场规模占全国的比例低于西部工业增加值占全国的比例,西部传统制造业在国内市场竞争力相对较弱。从表4-1的数据看,2008年以来西部工业增加值占全国的比例已达18.6%~19.3%。而在2001年、2007年、2013年和2016年这4个抽样年份中,西部传统制造业10个样本产业在全国的市场份额虽然稳中有增,但是如表4-13所示,到2016年只有食品加工制造业、石油加工炼焦及核燃料、黑色金属冶炼和压延3个初级产业的工业销售产值所占比例超过13%,其他7个传统制造业在全国的市场份额都小于13%,特别是纺织业、化学纤维制造、通用设备制造、专用设备制造、电气机械和器材制造等加工度较高和加工技能要求高的产业,以及技术创新关联效应高的制造业和装备制造业,西部占全国的比例均在10%以下。表4-13说明西部工业体系的动态效率对低端的资源性工业和初级加工及延伸产业支撑依赖仍较大。

表4-13　10个样本产业的工业销售产值在西部占全国的比例(%)

年份	食品加工制造业	纺织业	造纸及纸制品制造业	石油加工炼焦及核燃料	化学原料和制品	化学纤维制造	黑色金属冶炼和压延	通用设备制造	专用设备制造	电气机械和器材制造
2001	10.07	5.60	8.42	11.98	11.29	3.80	14.38	7.56	7.65	4.79
2007	8.50	5.36	6.47	15.55	11.05	3.08	12.92	6.90	10.07	5.08
2013	15.80	6.10	10.49	19.31	12.02	4.22	16.10	7.80	8.86	6.91
2016	16.72	6.74	11.36	17.51	12.70	4.85	16.90	9.06	9.88	8.08

资料来源:根据相关年份《中国工业经济统计年鉴》计算。

注:2014年《中国工业经济统计年鉴》更名为《中国工业统计年鉴》。

(2)样本产业的两大要素投入占全国的比例高于工业销售产值占全国的比例,即西部传统制造业的要素消耗水平高于全国。

第一,资本使用效率低于全国平均水平。如表4-14所示,西部传统制造业产业的固定资产占比较低,资本利用效率低。

表4-14　10个样本产业的固定资产在西部占全国的比例(%)

年份	食品加工制造业	纺织业	造纸及纸制品制造业	石油加工炼焦及核燃料	化学原料和制品	化学纤维制造	黑色金属冶炼和压延	通用设备制造	专用设备制造	电气机械和器材制造
2001	13.34	10.34	11.66	14.23	16.82	6.74	11.29	4.53	13.34	8.08
2007	15.26	6.28	7.68	21.3	16.96	4.61	10.08	6.98	15.90	6.78
2013	20.36	2.49	11.33	30.45	24.56	6.42	16.84	7.18	11.37	8.58
2016	18.13	9.15	14.28	37.73	27.5	7.76	18.44	8.11	10.87	6.78

资料来源:同表4-13。

第二，样本产业的劳动投入强度也高于全国平均水平。如表 4-15 所示，除电气机械和器材制造产业外，西部其他 9 个产业的劳动投入占全国的比例高于市场份额占比。这说明西部传统制造业的劳动投入强度高于全国水平，劳动生产效率低于全国。

表 4-15　10 个样本产业劳动投入在西部占全国的比重（%）

年份	食品加工制造业	纺织业	造纸及纸制品制造业	石油加工炼焦及核燃料	化学原料和制品	化学纤维制造	黑色金属冶炼和压延	通用设备制造	专用设备制造	电气机械和器材制造
2001	12.96	11.44	13.61	26.92	19.68	5.96	23.26	12.93	14.05	13.94
2007	14.34	7.54	12.48	20.51	18.84	8.48	20.6	8.44	12.40	7.51
2013	16.83	6.80	12.83	35.34	18.35	6.10	19.44	8.30	9.91	5.79
2016	17.80	7.180	12.63	27.50	17.84	6.06	17.74	8.73	8.56	6.50

资料来源：同表 4-13。

（3）西部多数样本产业的利润率占比都低于从业人员和固定资产占比，优势产业的效益也相对较低。占比较大的食品加工制造业、纺织业、石油加工炼焦及核燃料、化学原料和制品业、黑色金属冶炼和压延等优势产业的利润水平相对较高，但是西部所占比例依然低于销售产值所占比例，见表 4-16。

表 4-16　10 个样本产业利润总额在西部占全国的比例（%）

年份	食品加工制造业	纺织业	造纸及纸制品制造业	石油加工炼焦及核燃料	化学原料和制品	化学纤维制造	黑色金属冶炼和压延	通用设备制造	专用设备制造	电气机械和器材制造
2001	5.12	—	2.9	—	8.98	3.36	11.29	4.53	—	3.16
2007	16.07	4.60	3.72	5.30	12.85	5.98	10.08	6.98	7.56	5.84
2013	14.24	7.80	22.57	26.52	9.60	—	5.47	7.18	13.9	6.77
2016	17.30	7.36	10.83	14.12	5.46	6.68	-4.36	6.66	9.47	7.18

资料来源：同表 4-13。"—"表示数据缺失。

4.3.2　西部传统制造业要素的动态效率特征

虽然西部 10 个样本产业总体上要素的静态效率低于全国，但是西部与全国比较要素的动态效率又是不断提高的。

（1）如表 4-17 所示，除石油加工炼焦及核燃料、化学原料和制品、化学纤维制造三个产业外，样本行业中多数产业资本产出弹性系数都高于全国，说明西部产业发展还未进入资本要素报酬加速递减阶段，符合生产率上升基准原则，产业结构升级中的结构效益还存在，西部通过增加投资实施"平推式"工业化战略消化我国过剩产能，仍然存在巨大的技术和经济机会。

表 4-17　2001~2016 年 10 个样本产业在西部及各全国的资本产出弹性系数

地区	食品加工制造业	纺织业	造纸及纸制品制造业	石油加工炼焦及核燃料	化学原料和制品	化学纤维制造	黑色金属冶炼和压延	通用设备制造	专用设备制造	电气机械和器材制造
西部	3.27	3.65	2.90	0.82	1.47	3.52	2.39	4.58	3.58	3.47
全国	2.16	2.67	2.46	1.76	2.24	3.55	2.29	2.33	2.02	1.91

注：资本产出弹性系数=产业销售产值增长率/产业固定资产增长率。

注：因为销售产值的统计数据缺失量大，故本书用销售产值替代生产产值。

(2) 劳动生产率弹性高于全国平均水平。除石油加工炼焦及核燃料、黑色金属冶炼和压延两个产业的劳动生产率弹性西部处于边际递减时，其他 8 个产业的劳动产出弹性西部高于全国，2001~2016 年 10 个样本产业在西部及全国的劳动生产率弹性见表 4-18。

表 4-18　2001~2016 年 10 个样本产业在西部及全国的劳动生产率弹性

地区	食品加工制造业	纺织业	造纸及纸制品制造业	石油加工炼焦及核燃料	化学原料和制品	化学纤维制造	黑色金属冶炼和压延	通用设备制造	专用设备制造	电气机械和器材制造
西部	13.32	-19.15	782.7	4.95	40.58	46.9	-5575.53	139.5	166.26	25.37
全国	10.80	-74.66	63.60	13.50	25.80	39.90	31.61	20.40	18.61	7.37

注：产业劳动生产率弹性=产业销售产值增长率/产业从业人员增长率。

4.3.3　西部传统制造业的需求收入弹性特征

10 个样本传统制造业的需求收入弹性全部高于全国，说明传统制造业的发展与全国经济增长水平的相关度高。虽然抽取样本所在时间段中，西部传统制造业总体效率低于全国，但是成长性高于全国，产业规模扩张的动力与机会也高于全国，实施创新驱动增长方式和高质量增长道路的压力比全国要小（表 4-19）。

表 4-19　2001~2016 年样本产业西部及全国的收入需求弹性

地区	食品加工制造业	纺织业	造纸及纸制品制造业	石油加工炼焦及核燃料	化学原料和制品	化学纤维制造	黑色金属冶炼和压延	通用设备制造	专用设备制造	电气机械和器材制造
西部	3.72	1.43	1.82	1.74	2.61	1.61	2.02	2.82	3.61	4.10
全国	2.74	1.13	1.30	1.14	2.30	1.23	1.70	2.33	2.75	2.27

注：产业收入需求弹性=产业销售产值增长率/全国 GDP 增长率。考虑到全国市场一体化，该指标计算中产业收入需求弹性中 GDP 的增长率，采用的也是全国 GDP 的增长率。

4.4　西部科技创新水平的实证研究

西部科技进步的综合水平与要素禀赋，是直接影响西部是否有能力进行自主创新的重要基础，也是考察西部传统制造业技术创新路径的第一维度。

4.4.1 西部科技创新的综合指数排序

从第二次产业革命开始,科技成果就成为产业创新的主要技术来源。从产业创新的历史视角看,产业创新与转型升级的区域总是紧随科技中心区域轮动。研究期内,西部各省份中,除陕西、重庆和四川的技术进步综合指数维持在全国中上水平外,其余各省基本上都排在 20 名之后。表 4-20 显示了西部各省份在全国科技进步中的综合排名。

表 4-20 西部各省份科技进步综合指数部分年份在全国的排名

省份	2017 年	2015 年	2013 年	2011 年	2009 年	2005 年	2002 年
陕西	9	9	8	7	8	8	10
重庆	7	8	11	13	12	10	18
四川	12	11	14	15	16	16	13
青海	27	27	22	22	24	25	30
宁夏	22	22	21	27	19	28	29
内蒙古	24	23	18	18	21	24	26
甘肃	23	18	20	17	23	23	27
广西	25	25	27	28	28	26	20
新疆	30	30	28	23	17	20	19
云南	26	28	29	29	29	30	25
贵州	28	29	30	30	30	29	28
西藏	31	31	31	31	31	31	31

注:历年科技部《中国区域科技创新评价报告》(原名《全国及各地区科技进步统计监测结果》)[1]。到 2015 年,该评价体系一级指标达到 5 个;二级指标为 12 个;三级指标为 38 个。

4.4.2 西部科技进步分项指标与排序

从技术创新的内生性考量,本书分别列出了由科技部战略研究室测算的 2002~2017 年全国各地科技进步的环境、投入、产出和高技术产业化的分项指数位列情况及科技成果产业化和科技进步促进经济社会发展的状况。为了简化,只展示部分年份的指数。

(1)西部各省份科技进步环境指数在全国排序相对靠后。按照系统内生创新动力和能力的理论,科技环境是科技创新中最为重要的维度。科技进步环境指数主要是与科技活动相关的主要要素、资源存量指标,包括人均文化程度、人均研发设备和科学研究的强度等。但是该指标不反映总量情况,所以除陕西外,新疆、内蒙古和青海等人口稀少地区曾经出现过排序靠前的情况。2010 年之后,随着这些省份经济活动量减小,这些省份的科技进步环境开始弱化了。相反,人口较多、高校和科研院所集中的陕西、重庆和四川,科技进步环境开始改善(表 4-21)。

---

[1] 2016~2017 年因为指标的调整,该统计监测结果更名为《中国区域科技创新评价报告》。但是 2014 年按照新的指标体系计算的排序与原有指标体系有差异,为保持动态指标的一致性,故部分表中 2014 年的数据依然采用原有旧指标体系计算。此外,2002 年之前的"科技基础"指数与 2003 年之后的"科技环境指数"所包含的指标基本一致,表 4-20 都按照"环境指数"考虑。指数计算是以上一年份作为基期。

表 4-21 西部各省份科技进步环境指数部分年份在全国的排名

省份	2017年	2015年	2013年	2011年	2009年	2005年	2002年
陕西	8	8	9	5	5	8	8
重庆	11	11	10	10	23	15	15
四川	18	14	16	22	24	13	13
青海	25	25	15	14	10	20	20
宁夏	17	22	22	18	14	19	19
内蒙古	20	16	18	9	11	18	18
甘肃	19	21	20	21	21	29	29
广西	30	29	29	27	29	24	24
新疆	26	24	21	15	7	4	4
云南	29	28	28	29	28	30	30
贵州	27	31	30	31	30	31	31
西藏	31	30	31	30	31	26	26

(2) 西部各省份科技活动投入指数在全国排序靠后。科技活动投入主要是指经济活动中研发活动的强度和研发经费占总支出的比例,既包括地方政府的投入,也包括企业的研发投入。从数据看,西部排在前三位省份的依然是陕西、重庆和四川(表4-22)。

表 4-22 西部各省份科技活动投入指数部分年份在全国的排名

省份	2017年	2015年	2013年	2011年	2009年	2005年	2002年
陕西	13	11	11	8	8	3	4
重庆	10	12	14	13	10	13	18
四川	15	14	13	17	17	12	10
青海	28	30	27	25	29	18	28
宁夏	17	16	23	24	15	16	26
内蒙古	22	21	21	22	23	25	27
甘肃	24	23	20	18	21	21	22
广西	27	27	24	27	28	27	21
新疆	29	29	28	26	26	28	29
云南	26	26	29	29	27	29	24
贵州	25	25	26	28	25	26	23
西藏	31	31	31	31	31	31	31

(3) 西部各省份科技活动产出指数在全国的排序。该指标主要是统计专利、论文、获奖和技术交易等技术进步的成果情况,与科技投入相关,陕西、重庆和四川三省的科技产出排名靠前(表4-23)。

表 4-23　西部各省份科技活动产出指数部分年份在全国的排名

省份	2017 年	2015 年	2013 年	2011 年	2009 年	2005 年	2002 年
陕西	4	4	6	4	7	13	7
重庆	15	12	12	7	6	4	13
四川	10	11	11	16	21	26	19
青海	23	17	18	9	8	19	30
宁夏	27	27	22	21	16	30	29
内蒙古	30	29	17	28	30	25	26
甘肃	18	14	13	11	9	15	22
广西	22	30	29	26	25	28	21
新疆	28	23	28	14	11	8	2
云南	20	22	21	22	26	23	24
贵州	26	28	30	23	22	16	27
西藏	31	31	31	31	31	27	31

(4)西部各省份高新技术产业化指数在全国的排序。该项指标主要从产业来统计,包括新产品销售收入、知识密集型产业增加值的比例、高技术产业的劳动生产率等。高新技术的产业化就是产业转型升级的内核,重庆和四川依然是该方向西部表现最好的省份。重庆和四川该项指标的排序超过前三项指标,是因为含有高技术的产业转移改善了该项数据,也说明这两个省份拥有科技创新的广阔天地(表4-24)。

表 4-24　西部各省份高新技术产业化指数部分年份在全国的排名

省份	2017 年	2015 年	2013 年	2011 年	2009 年	2005 年	2002 年
陕西	14	17	17	13	17	9	10
重庆	3	4	5	8	10	8	9
四川	7	6	6	9	7	11	8
青海	25	30	30	27	28	26	31
宁夏	26	31	29	31	29	31	29
内蒙古	24	25	25	24	23	17	26
甘肃	18	18	26	28	26	24	28
广西	8	9	14	20	19	14	17
新疆	30	29	31	29	30	30	30
云南	23	23	19	22	16	23	20
贵州	22	11	18	19	21	16	25
西藏	31	24	15	17	13	10	23

(5)西部各省份科技促进经济社会发展指数在全国的排序。该项指标主要通过要素效率提高水平,反映科技进步对生产方式转变的影响。表 4-25 显示,西部相对发达的陕西、重庆和四川该项指数的排名落后于其他指标。再一次证明,产业创新水平与经济、社会发展水平是相互促进的(表 4-25)。

表 4-25　西部各省份科技促进经济社会发展指数在全国的排名

省份	2017 年	2015 年	2013 年	2011 年	2009 年	2005 年	2002 年
陕西	10	16	15	18	18	24	25
重庆	6	6	16	24	20	22	21
四川	9	12	21	23	24	21	22
青海	25	24	20	29	28	29	28
宁夏	20	13	17	26	22	27	29
内蒙古	22	23	19	10	16	23	24
甘肃	27	26	26	25	29	28	27
广西	24	21	25	19	23	15	13
新疆	29	25	18	22	17	25	20
云南	28	31	31	27	27	26	23
贵州	30	29	30	30	31	30	30
西藏	31	30	29	31	30	31	31

表 4-21～表 4-25 的资料来源：科技部网站(www.most.gov.cn)与《中国区域科技创新评价报告 2019》。

4.4.3　西部科技投入与科技产出应用效果的实证分析

本节以科技部公布的 2002～2017 年《全国及各地区科技进步统计监测结果》(2016年后更名为《中国区域科技创新评价报告》)的数据，首先分析全国与西部地区科技投入、科技环境与科技产出的关系，考察西部科技活动的效果，然后分析西部科技产出与科技成果产业化的关系。

1. 科技投入、科技环境与科技产出的关系

(1)模型假设。假定科技环境、科技投入与科技产出呈正相关关系，分别验证西部地区以及全国的科技投入对科技产出的影响[①]。

模型设定：设 output 为科技产出变量；input 为科技投入变量；environment 为科技环境变量。根据内生增长理论(即创新产出是创新系统中科技投入和科技环境的函数)，科技环境指数越高，越有利于科技产出的增长。科技创新与产业创新活动都是有风险的，科技产出具有不确定性。在一个技术长波中，科技投入与科技产出之间的关系是边际递减的。

设科技投入指数与科技产出指数之间的关系为

$$\text{output}_{i,t} = \sqrt{\text{input}_{i,t}} \tag{4-1}$$

科技环境指数与科技产出指数的关系为

$$\text{output}_{i,t} = \beta_2 \text{environment}_{i,t} \tag{4-2}$$

综合考虑科技投入指数、科技环境指数与科技产出指数之间的关系，采用 Aspremont 和 Jacquemin 的科技活动函数，定义科技投入指数、科技环境指数对科技产出指数影响的

---

① 由于篇幅所限，本书没有将全国各地的数据列出。

初始模型形式为

$$\text{output}_{i,t} = \alpha_i + \beta_1 \sqrt{\text{input}_{i,t}} + \beta_2 \text{environment}_{i,t} + \varepsilon_{i,t} \tag{4-3}$$

(2) 关于模型的滞后期与角标设置。科技活动的复杂性决定了不同科技创新活动周期的长短不一致，特别是大型的科技活动投入与科技产出间的周期较长。基于这一点修订初始模型，加入滞后周期，分别为滞后 1 期、滞后 2 期、滞后 3 期进行验证。修正后模型的最终形式为

$$\text{output}_{i,t} = \alpha_i + \beta_1 \sqrt{\text{input}_{i,t-1}} + \beta_2 \sqrt{\text{input}_{i,t-2}} + \beta_3 \sqrt{\text{input}_{i,t-3}} + \delta \text{environment}_{i,t} + \varepsilon_{i,t} \tag{4-4}$$

(3) 数据来源。本书依然采用科技部公布的 2002~2017 年我国各省（区、市）科技进步环境指数、科技活动投入指数、科技活动产出指数，作为衡量在该时间段内科技研发环境、投入与产出技术产业化水平的指标。

(4) 模型实证。本节利用 Eviews 软件，依据所建模型，对全国样本数据与西部样本数据分别进行回归。

根据豪斯曼检验结果，本节选择固定效应模型进行回归分析，回归结果见表 4-26。表 4-26 的回归结果显示，在全国与西部两个样本群下，β_1、β_2 与 β_3 的值均不能拒绝为零的原假设，说明科技活动投入（平方根）对科技活动产出的影响并不显著；而 δ 均可通过置信水平为 99% 的显著性检验，且均为正值，表明无论是在全国范围内还是在西部范围内，科技环境的改善对科技活动产出都存在正面影响，科技进步是系统内生的。另外，西部 δ 的值低于全国，说明西部科技环境的变化对西部科技产出的影响要小于全国，也有可能西部的科技创新更多来自外生技术进步。

表 4-26　豪斯曼检验结果（一）

地区	α	β_1	β_2	β_3	δ
全国	−13.74220	2.659119	−2.745550	1.339553	0.841935
西部	−0.224095	3.545135	−3.313900	−1.132903	0.764092

资料来源：历年科技部《全国及各地区科技进步统计监测结果》[①]。

注：全国的实证结果来自 2550 个样本，而西部 12 省份是其中的 1020 个样本。

2. 西部地区科技产出与科技成果产业化的关系

(1) 模型假设。科技产出与高新技术产业化呈正相关关系，分别验证西部地区以及全国的科技投入对科技产出的影响。

模型设定：industry 为高新技术产业化变量；如果科技成果大多数的市场化率高，那么科技产出与高新技术产业化水平高度相关。两者之间的关系为

$$\text{industry}_{i,t} = \theta_i + \gamma \text{output}_{i,t} + \mu_{i,t} \tag{4-5}$$

(2) 数据来源。本节依然采用科技部公布的 2002~2017 年《全国及各地区科技进步统

---

① 2016~2017 年为指标的调整年，该统计监测结果更名为《中国区域科技创新评价报告》，评价报告的数据只到 2015 年。但是 2014 年按照新的指标体系计算的排序与原有指标体系有差异，为了保持动态指标的一致性，故本节依然采用原有旧指标体系计算。此外，2002 年之前的"科技基础"指数与 2003 年之后的"科技环境指数"所包含的指标基本一致，都按照"环境指数"考虑。指数计算是以上一年份作为基期。

计监测结果》(2016年起更名为《中国区域科技创新评价报告》)的数据;利用 Eviews 软件,依据所建模型,对全国样本与西部样本分别进行回归,根据豪斯曼检验结果,选择固定效应模型进行回归,回归结果见表 4-27。

表 4-27 豪斯曼检验结果(二)

地区	θ	γ
全国	25.96467	0.467552
西部	28.56394	0.305533

表 4-27 表明,科技活动产出水平的上升对高新技术产业化有显著的正面影响,说明科技产出是产业创新的源泉,对于已经存在的科技成果,产业化过程的阻力较小。但是西部地区与全国相比,西部科技成果产业化的水平又低于全国,高新技术产业化的能力薄弱,即科研成果转化为生产力的系统性障碍,西部要大于全国。

4.5 西部传统制造业技术创新的路径

4.5.1 技术创新路径的内涵

工业革命史上的每一次技术创新都是众多因素综合作用的结果,技术进步路径都经过调整,而且不同国家也因时间、禀赋条件和产业基础的差异,最终表现为不同的技术演进路径。西部传统制造业的技术创新路径也会因为环境变化、系统因素的调整而不断修正,表现出自身的特殊性。从供给方看,以效率为基础的技术创新是经济持续增长的基础,而节约成本是产业微观主体创新的动力。如果资源约束导致原有技术体系的生产成本上升,影响了竞争力,企业便有从技术上突破、寻找新的资源配置方式以降低成本的动机。如果新技术能够与原有生产体系兼容,则技术基础就发生了演进。

在经济全球化和国际分工深化的背景下,扩大开放、融入全球经济体系无疑是拓展经济发展空间的必然选择。但是,技术体系与价值链一旦形成,分工参与者只有主动适应或被动遵循既有技术体系与基础参数,才能通过价值链上的技术融合获得经济机会。后发经济体为适应主导技术体系,只能使自身技术参数沿着背景技术范式和现有技术标准不断自我强化。后发经济体参与分工不仅要考虑对技术演进机会的获取,还必须要考虑对技术锁定的规避与突破,最终形成能够进入原始创新良性循环通道的技术进步路径。

4.5.2 技术创新路径的分类

《国家中长期科学和技术发展规划纲要(2006—2020 年)》指出:"自主创新,就是从增强国家创新能力出发,加强原始创新、集成创新和引进消化吸收再创新。"

(1)原始技术创新。原始技术创新是指创新系统中的创新主体运用系统积蓄的科学技术资源,在系统内完成技术成果突破,攻破技术应用难关,并依靠自身的技术活动推动创新的后续环节,完成技术成果的商业化(傅家骥,1998)。原始创新的特征是创新主体控制了产品生产的核心技术,并拥有自主知识产权,技术成果具有内生性和主动性的特点

(Arimoto，1984)，其路径如下：技术发展信息搜寻与汇集→关键性的科学技术突破→原始创新→市场反馈→修改与完善技术→拥有自主知识产权→形成核心技术和核心产品体系→完成主导设计→增强产业系统的自组织和自适应能力及核心竞争力→技术扩散→产业升级。对于原始创新过程描述最为细致的是克莱恩和罗森伯格的链环-回路(Chain-Linked model)模型(植草益等，2000)。该模型修正了大多数原发性创新的基础研究—应用研究—开发研究的单向线性路径，将新技术的技术创新过程，结合了市场需求因素，将主导设计描述成了包含设计与市场多个反馈阶段的成形过程，而且技术改进的过程，不止于研发部门，只要核心技术完成，也可以从中间阶段开始，即非原发研究的新企业只要获得核心技术，也可以从中间阶段的差别化创新实现进入。

但是，原发性创新存在研发失败和技术成果商业化失败两类风险，在经济上难以通过技术实现赶超。从克里斯·弗里曼和卢克·苏特的四阶段和四要素分析理论看，走原始创新道路，需要较高的地区经济优势和相关的技术经验积累，才能完成链环-回路模型中的反馈过程，否则，落后地区和国家使用这种路径将付出较大的代价。例如，英国棉纺工业革命前期的一系列新技术都因为市场不接受而失败。

(2) 引进吸收再创新。引进吸收再创新是指创新主体通过模仿原发性创新者的技术思路和应用过程，吸取率先创新者的经验和教训，通过引进和破译核心技术秘密和技术诀窍，并在此基础上改善和进一步研发(傅家骥，1998)，达到产业技术创新的目的。其路径如下：技术选择→技术引进→学习模仿→消化吸收→二次创新→提高研发、经营管理水平→技术普及→产业升级。从率先创新者看，有关引进吸收再创新的讨论有以下观点。Lall(1987)认为，后发国家和地区学习先进技术不是简单地买和做，需要投资和努力才能获得技术，即技术知识产权拥有者有意识地扩散和技术引进方的主动学习。Bell 和 Pavitt(1993)从企业视角出发认为，引进吸收再创新的内部条件是企业要将学习的技术转化成自身的资源，并根植于企业，将新技术作为获取利益而进行的投资。引进吸收再创新一般表现为引进者只有较少的自主知识产权，难以掌握核心技术秘密。因此引进者只有通过不断购买其他国家的技术专利来实现本国的产业升级。

引进吸收再创新的好处如下：第一，不需要大规模研发投资，研发风险低、代价小；第二，如果以引进设备的方式引进吸收再创新，则技术已经物化于生产设备中，所购买的设备已经是私人物品，不会有溢出效应；第三，示范效应已经使市场对技术成果产生需求，也没有技术成果市场化的风险，所以大多数的发展中国家都以引进吸收再创新为途径实施赶超战略。

在引进吸收再创新路径下，技术进步所需的核心技术源于技术创新主体之外，具有外生性、被动性和跟随性的特点。但是，世界范围内的技术标准化趋势，特别是成熟技术中的技术资料大都已经物化于资产设备之中，如果引进国家和地区没有足够的技术能力和研发资金储备，则不能破解技术秘密呈现出自己的特质，容易陷入重复引进。从技术引进国的长期发展看，以市场换技术的战略还可能形成对本土企业技术进步的排斥和抑制(吕政，2006b)。虽然引进吸收再创新、原始创新都能促使技术扩散和推动产业结构升级。但是这两种技术创新的路径不同，技术源泉不同，导致产业升级过程也具有不同的互促机理。

4.5.3 西部传统制造业技术创新路径：引进吸收再创新与原始创新结合

西部传统制造业转型升级的目标就是制造业的数字化、网络化和信息化。西部地区的技术创新路径应当是按照因地制宜的原则，相对落后的产业和地区以引进吸收再创新为主，具备条件的城市和优势产业积极走原始创新的路径。西部传统制造业技术创新路径总体上以引进吸收再创新为主的具体原因如下。

(1)西部经济赶超战略模式，引进吸收再创新的效率发展机会高于原始创新。引进吸收再创新主要是引进，无论引进的是技术还是经济范式，都是先发地区已经证实能够与经济体系兼容的，不存在新技术能否市场化的风险。根据经济长波论，后发地区如果借助于当代先进的主导技术体系，对先进的技术范式总体模仿，则能够尽快融入国际分工体系，不仅创新速度快，而且风险小、研发投入少，发展的成本远低于原始创新，这就是后发优势。西部地区如果靠原始创新逐步建立经济范式，演进所需的时间太长，而且会被边缘化。无论是立足于赶超战略，还是从创新驱动的角度看，西部地区只有先实行引进吸收，迅速进入一个能够与经济体系迅速互动的状态和阶段，建立起原始创新的基本平台和条件，才能最终走向原始创新的道路。

(2)经济理论表明，如果是市场配置资源，经济一体化和地域间的非均衡力，会使经济高地不断抽吸可流动性要素，导致小规模经济区损失可流动性要素。只有外生力量才能阻止这个状况的发生(安虎森和何文，2012)。从创新系统不完善和创新链条的非连续性看，西部引进吸收再创新相对具有比较优势，更适合通过引进技术相对成熟的设备，实现引进吸收再创新。

(3)资本密集特征明显的西部产业结构，决定了西部原始创新的"沉没成本"高于其他地区。首先，西部的优势产业是资本密集度高的重化工业，西部传统制造业与全国相比，固定资产占全国的比例高于同口径销售产值占全国的比例，呈现资本相对密集倾向。西部产业体系中冶金、石油化工等资本密集型产业的大型、成套专用性设备的投资远高于其他产业，一旦实施技术创新，这类产业的原有设备费用就成为沉没成本，降低企业创新的动力。此外，企业积累的人力、经验和熟练程度等效应，即阿罗在技术进步中提到的"干中学"效应会损失，所以高资本密集度将影响西部的原始创新。其次，重化工业的生产过程和生产工艺与科学原理紧密结合，需要建立专门的科研机构，投入专门的研究设备，简单的"干中学"无法完成创新；而且在技术成果商业化实验中，技术设备的系统性、复杂性强，需要独立的试验系统，批量试验耗费的设备极为昂贵，还需要大量的研发人员参与，存在创新的进入壁垒。

(4)产业结构影响西部创新要素和能量的积累。特定产业的收益还取决于其在产业链中的地位、控制权和市场结构。市场主导的产业体制下，处于主导、控制地位的产业在收益分配上占优势。威廉姆森认为，进行专用性投资的一方，为保证自身权利，必须在投资前与交易对象签订有利于自身的合约。而原材料工业特别是资源工业，处于产业链的上游，必须先完成专用性投资。因此，大部分原材料工业在争夺可占用性准租方面都处于被动地位，在这个意义上，加工业对原材料工业具有一定的控制力，原材料工业在产业链上的收益偏低。Gereffi(1999)和Henderson(2005)的研究也证明了在产业链上下游博弈的过程中，具有控制权的一方将具有较大的收益。产业结构升级过程是要素由报酬低的初级产业向报酬高的高加工度产业转移的结果。西部原材料工业占比高，地区人均收入水平低于东部沿海地区，很大程度上也是原材料工业利益少于加工工业在地域上的表现。

4.6 基本结论

第一，西部产业转型升级的目标是信息化、数字化和智能化。

第二，西部原始创新的系统能力相对薄弱，传统制造业原始创新实现信息化、数字化和智能化路径的条件不充分。首先，创新系统相关要素不断流出，达不到创新系统内生技术成果的基本阈值。其次，西部传统制造业自身技术基础和效率低下，不能积累原始创新所需要的资金，无法完成技术的无限边际改进。最后，西部科技创新系统的综合运行效率相对较低，难以支撑西部的原始创新路径。

第三，西部传统制造业的成长性高于东部地区，存在通过投资加速工业化进程的空间。如果采用资本化技术，就能够兼容西部工业化与创新发展的双重目标，所以引进吸收再创新是西部经济发展中的技术机会和效率选择。

第四，西部地区的经济社会现状和复杂性决定了西部传统制造业转型升级的路径是引进吸收再创新与原始创新结合，因此要在科技创新比较好的西部省份(如陕西、重庆和四川)和产业尽早增强原始创新能力，才能为西部其他省份创新过程中的消化吸收提供技术支持，将重复引进的状态转换为真正意义上的引进吸收再创新。

机制篇

第 5 章　过度进入、技术设备专用性与创新投资效应

对现有企业进行信息化、数字化和智能化改造，成为传统制造业转型升级中技术创新的重要途径。第 3 章已经分析过，现代工业的技术进步方向是资本替代劳动，产业的技术进步要靠大量的研发投资和技术成果转化经费来实现，而高效的专用性技术和设备是技术进步的标志之一。我国西部正处于工业化和分工深化的进程中，传统制造业的技术基础大都是专用性资产，技术体系的路径依赖决定了新增创新投资也有专用性资产特征。本章将依据理论模型，从创新投资的专用性角度分析，增加创新投资能否引发过度进入，如何避免创新发展中的新一轮产能过剩，然后分析增加创新投资对企业、产业的状态和利润有什么影响，在创新发展中应当如何降低新一轮产能过剩的风险。

5.1　技术创新的阶段选择理论

5.1.1　技术的生命周期理论

Abernathy 和 Utterback(1978)应用生命周期的概念，构建了创新领域的技术生命周期模型(technology life cycle model，简称 A-U 模型)的基本思路与框架。Nelson 和 Winter(1982)提出新技术在应用过程中，通过与市场的相互反馈不断得到改良与进化，所以新企业在技术生命周期的任何阶段采用技术，事实上获取的技术都是有过改进的最新技术。技术的每一次进化，都是在原有基础上追加了研发投资，这些针对特定技术设备的研发投资都有专用性特征，能够使特定生产过程或生产环节的运营成本下降。Gort 和 Klepper(1982)通过对 46 个产品 73 年的时间序列数据，按产业中的厂商数目和产品生命周期进行划分，创建了产业生命周期理论 G-K 模型(Nelson and Winter，1977)。该模型将创新过程与产业生命周期的理念相结合，将技术的应用过程划为厂商引入期、大量厂商进入期、厂商数目稳定期、大量厂商退出期和技术成熟期 5 个阶段。在第五阶段技术成熟期，由于诸多企业已经被淘汰，产业内并购行为导致产业集中度提高，由大企业主导的寡头竞争格局和主导技术体系形成，直至有重大技术变革或重大需求变动，技术体系的主导地位才被打破。

5.1.2　四维度-四阶段模型

克里斯·弗里曼和卢克·苏特(2004)在总结技术生命周期理论和产业生命周期理论的基础上，提出了影响技术和产业生命周期的要素主要有 4 项：①科学技术水平；②与人力资本相关的生产经验和技能；③以基础设施建设、人均收入水平为主要指标的地区优势状况；④固定资产投资所必需的资本积累能力。这 4 个要素在技术生命周期的不同阶段，对

企业采用技术扩散的影响是有差异的。从技术使用方来看，在技术生命周期的不同阶段，使用新技术的各个因素的"阈值"也会变化。这就造成了经济发达程度不同的区域或经济体，在不同阶段采用新技术也具有不同的比较优势，具体的区域创新系统引入新技术的最佳时期也不同。如果这4个要素的积累量不能达到采用先进技术的最低阈值，那么采用新技术的效率就很低，影响产业技术创新。

图5.1显示了在克里斯·弗里曼和卢克·苏特的四阶段技术模型中，4种要素在Ⅰ、Ⅱ、Ⅲ和Ⅳ这4个不同阶段的最低阈值和变化倾向。

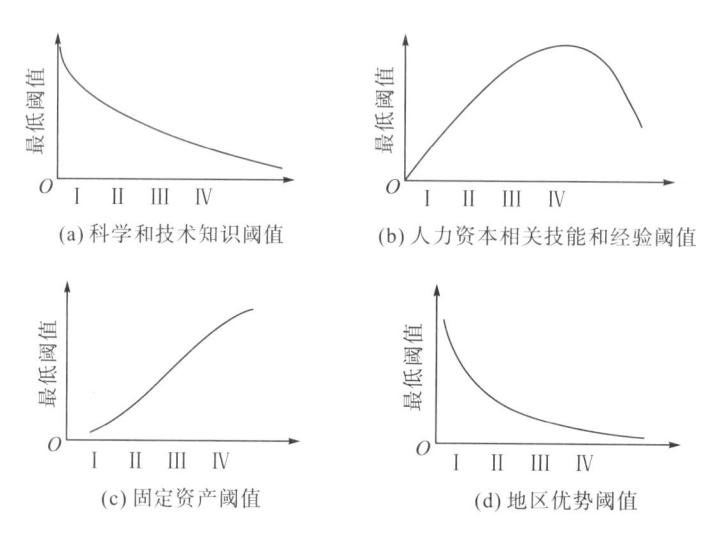

图5.1 四阶段技术模型中4种要素的最低阈值和变化倾向

(1)阶段Ⅰ。采用新技术的条件是高科学技术知识阈值、低相关经验技能阈值、低固定资产投资额阈值、高区域优势阈值。这个阶段，是对科技成果的探索性应用，技术的效率具有极高的不确定性。如果没有较高的科学技术积累和研发水平，技术研发活动很难成功，研发投入就会沉没。特别地，由于市场尚未认可，采用新技术降低生产成本的相关实验结果还未完善，产品成本、产品价格都比较高，相关的经验技能的阈值比较低。由于新产品还处于不断调试与改进中，技术和工艺生产标准还未确立，实验在原有设备上完成，投资阈值也很低。但是对于基础设施建设、经济系统的协调性和反馈能力，以及地区经济发展水平的要求较高，即地区优势阈值要求很高，所以只有人均收入较高的发达地区能够采用新技术，并在小范围内推广。

(2)阶段Ⅱ。引入新技术的条件是知识阈值、地域优势阈值有所下降，但是相关经验技能阈值和固定资产投资额阈值有所提高。在该阶段核心技术标准基本确定，产品的成长能力已经确定，新的科学研究对新技术的支撑作用要求已经降低了。工程师的改进型设计成为创新的主要环节。原发创新厂商开始尝试采用专业化设备进行大批量生产。由于是新技术，上市推广技能要求高，对生产过程关于技能和经验的阈值要求开始提高了。模仿者尚不具备在产品生产、工艺技术方面的综合性知识，但是产品已经得到市场的基本认可，产品扩散的地区优势要求也降低了。

(3)阶段Ⅲ。该阶段只需要较低的科学技术知识阈值、较低的地域优势阈值、高度的相关经验技能阈值和较高固定资产投资额阈值。该阶段新技术的主导设计已经形成,研发投资已经进入边际回报递减期,许多企业都可以通过购买新技术专利后实现进入。由于技术已经工程化、图纸化,此时科技能力较高的模仿者,有能力通过解读技术信息实施"反求工程"进入产业。厂商的重点转到维持和扩大市场份额,对管理与经营产品的相关经验、技能阈值达到最高位。由于新产品成为主流产品,示范效应诱发市场规模扩大,模仿者的剩余市场出现,产业大规模进入开始。

(4)阶段Ⅳ。最低的科学技术知识阈值;低地域优势阈值;低相关经验技能阈值;高的固定资产投资额阈值。该阶段,新技术和工艺已经物化在专用性设备中,工艺过程和零部件已经标准化、操作简单化,只要购买技术设备就能够进入。示范效应使市场范围扩大到很多地区,产品推广对地区优势的要求降低。相关经验、技能要求的最低阈值也开始降低。由于更新一代技术研发开始,研发厂商会竞相出售这类成熟技术,技术价格也降低了。厂商的重点在于将厂址向具有最低投入要素价格的地区转移。但是,如果技术买方的创新系统不能够支撑,仍然不能实现有效生产。

对于创新系统特别是科技能力弱、工业化尚未完成的欠发达地区来说,因为市场需求有限,产业内熟练工人与管理队伍缺失,所以具有比较优势的进入时期是阶段Ⅳ。该阶段技术价格、产品价格均降低了,前期的示范效应拓展了市场空间,只要能够获得外生性融资支持,就能够通过引进设备达到引进适宜性技术的目的。因此,实施赶超战略的发展中国家和地区大多数都在阶段Ⅳ进入,而且技术引进大都表现为设备引进。

从我国工业的技术进步历程看,1949~1979年,我国成套设备和关键设备的合同金额占引进费用的90%以上,主要是纺织、钢铁、化学等产业。1979~1991年,该指标为84.2%,主要集中在能源、机电、石油化工等行业。2005年该数据虽然只有28%,但仍然主要集中在电子通信设备制造、交通运输设备制造、金属冶炼压延、电力等工业,而船舶制造设备、光纤通信设备、成套大型化工设备、高端机械装备、成套制造设备等主要依赖进口(中国社会科学院工业经济研究所,2010)。显然,我国技术引进的产业主要集中在研发成本高的资本密集型行业。表5-1印证了克里斯·弗里曼和卢克·苏特的技术进入阶段选择观点。

表5-1 抽样年份中国主要设备进口额及其占进口总额的比例 (单位:万美元)

设备	2016年	2014年	2010年	2005年
制冷设备压缩机	91958	116445	106683	101309
金属加工机床	751350	1081808	942439	649615
医疗仪器及器械	897957	830020	463623	221666
机电产品	77138530	85408610	66031255	35037841
高新技术产品	52362058	55123626	41267310	19770797
合计/亿美元	13124.2	14256.1	10881.1	5578.1
进口总额/亿美元	15879.3	19592.4	13962.5	6599.5
合计占进口总额的比例/%	82.65	72.76	77.93	84.52

资料来源:根据历年《中国统计年鉴》整理计算。

5.2 技术设备专用性与产业过度进入

5.2.1 技术设备专用性理论与产业进入简述

5.1节研究的基本观点是,欠发达地区的技术创新路径应当是引进吸收再创新,而且大都在技术生命周期的第四阶段引进成套专用性设备,这是技术与生产体系同时发展的技术进步方式。在制造业分工生产的背景下,成套应用型设备都具有专用性特征。关于资产的专用性的含义,本书采用奥利弗·威廉姆森的概念:"在不牺牲生产价值的条件下,资产可以用于不同用途和由不同使用者利用的程度"(Williamson,1985)。专用性资产也是为支持某种经济活动而进行的耐久性投资,必须通过创新项目回收。投资一旦形成,设备投资就会锁定在一定的形态和功能上,如果转换用途,部分资产就会沉没。资产的专用性由两个方面构成:一是由物理性技术特征决定的使用价值,投资一旦形成,在物理和技术形态上不可能进行调整;二是由交易特征决定,即该设备的交易对象很少,一旦退出交易关系,资产的市场价值就会降低。技术资产供给方对退出交易后专用性资产贬值的预期,会导致争夺可占用性准租的行为出现,从而形成高额的交易费用,阻止交易的形成。从这个意义看,资产专用性程度越高,退出时的沉没成本越大,企业进行专用性投资的激励越小。

但是,从动态角度看,根据熊彼特技术创新的"创造性毁灭"的观点,一旦创新成功,新技术发展成为产业的主导技术,产业的技术标准由新技术主导,向产业体系扩散,技术标准通过产业链的前、后向联系激发,市场对技术专用性设备的需求也会增加。市场扩大会弥补或降低资产的专用性,经济规模就扩大了。虽然在技术特征和使用功能上资产仍然是专用的,但是专用性设备的通用性程度就会提高。这就能解释为什么发展中国家大规模引进专用性设备,甚至出现引进设备的"潮涌现象"(林毅夫,2007),也能解释分工深化到国际分工。

欠发达地区在技术生命周期的第四阶段引进技术,引进专用性资本化技术更为"适宜",所以从经济成本和比较优势视角看,引进专用性设备也是欠发达地区制造业转型升级的技术创新路径。接下来要研究的是,资产的专用性是否会影响过度进入?如果不影响,那么为什么会形成产能过剩?

"进入"是指产业中有了新的企业进行生产。冯·威泽克的观点是,产业内现有企业与新进入者之间的区别在于,现有企业拥有这个产业特定的工厂和设备,借此它们可以在这个产业继续经营,而潜在进入者却必须支付一笔固定设备费用才能参与竞争,这笔固定费用就成为新进入者的进入壁垒。接下来,本节将依据冯·威泽克的进入模型,分析专用性技术设备如何导致产业的过度进入。

5.2.2 进入模型的设定

设:有 m 个具有相同技术水平的同质企业供应一个传统制造业市场。企业 i 的产量为 x_i,产业市场供给量为 X,且 $X = x_1 + x_2 + \cdots + x_m = \sum_{i=1}^{m} x_i$,市场需求函数为 $p = a - bX$。产业内原有企业间进行古诺竞争,每个古诺企业都有相同的线性成本函数 $C_i(x) = A + cx_i$,其中 A 为固定费用;每家企业的边际成本均为定常成本 c。显然,这些企业在任何产量规模上都存在实现规模经济的机会。由于产业处于工业化分工体系内,企业资产都有专用性特征,固定费用 A 中的一部分必然是专用性的。设:固定费用 A 的专用性系数为 λ,且 $0<\lambda<1$。那么,潜在进入企业为了进入,不仅要支付为进入产业必须发生的沉没固定费用 $A\lambda$,在进入后还要通过收入弥补非沉没固定费用 $A(1-\lambda)$。产业内原有企业为稳固市场份额,有阻止新企业进入的动机,即有策略性行为倾向。

设定两阶段博弈考察技术设备的专用性程度对进入均衡的影响(Val et al.,1991),第一阶段产业内原有企业按照古诺竞争均衡产量进行生产;第二阶段产业内原有企业维持新企业进入前的古诺产量,新企业进入,并按照动态最优反应产量生产。

5.2.3 产业的古诺均衡与产业的过度进入

先分析第一、二阶段中产业内原有企业的古诺生产决策。

1. 第一阶段产业内原有企业的古诺生产决策与均衡结果

(1) 单个企业的利润函数为

$$\begin{aligned}\pi_i &= (a-bX-c)x_i - A \\ \Rightarrow \pi_i &= [a-b(x_1+x_2+\cdots+x_i+\cdots+x_m)-c]x_i - A\end{aligned} \quad (5.1)$$

产业处于新古诺长期均衡时满足 $p=c$,即 $p = c = a - bX \Rightarrow X = \dfrac{a-c}{b}$,此时市场容量 X 达到最大。令产业最大的容量为 S,即

$$S = \frac{a-c}{b} \quad (5.2)$$

根据式(5.1),企业 i 有关产量的最优反应产量函数为

$$\frac{\partial \pi_i}{\partial x_i} = 0 \Rightarrow x_i = \frac{a-c}{2b} - \frac{x_1+x_2+\cdots+x_{i-1}+x_{i+1}+\cdots+x_n}{2} \quad (5.3)$$

若产业内企业是同质的,则古诺均衡时满足 $x^c_1 = x^c_2 = \cdots = x^c_m$,那么根据式(5.3),推导出单个古诺企业均衡产量为

$$\begin{aligned}x_i &= \frac{a-c}{2b} - \frac{x_1+x_2+\cdots+x_{i-1}+x_{i+1}+\cdots+x_m}{2} \\ \Rightarrow 2x_i &= S - (m-1)x_i \Rightarrow S = (m+1)x_i \\ \Rightarrow x_i &= \frac{S}{m+1}\end{aligned} \quad (5.4)$$

那么,古诺均衡时有以下均衡结果。

(2) 单个企业均衡产量为

$$x^c_i = \frac{S}{m+1} \quad (5.5)$$

(3) 整个产业均衡产量为

$$X^c = mx_i = \frac{mS}{m+1} \quad (5.6)$$

(4)古诺均衡映射价格为

$$p^c = a - b\frac{mS}{m+1} = c + \frac{a-c}{m+1} \tag{5.7}$$

(5)均衡时单个企业的毛利润为

$$G^c\pi_i(m) = (p^c - c)x_i^c = \left(c + \frac{a-c}{m+1} - c\right)\frac{S}{m+1} = \frac{(a-c)\dfrac{a-c}{b}}{(m+1)^2} = bx_i^2 \tag{5.8}$$

$$\Rightarrow G^c\pi_i(m) = b\left(\frac{S}{m+1}\right)^2$$

2. 产业内古诺长期均衡时容纳的最大企业数目

(1)古诺长期均衡的条件。从长期均衡考虑,企业的毛利润正好等于企业的固定成本A时,企业净利润为零,就达到了古诺长期均衡,不再有新企业进入,即

$$G\pi_i(m) = b\left(\frac{S}{m+1}\right)^2 = A \tag{5.9}$$

(2)古诺产业长期均衡的企业数目。满足公式(5.9)时,新企业将不再进入,此时产业内企业数也达到古诺竞争时的最大数目。由公式(5.9)可知古诺长期均衡时产业内企业的容量为

$$m_{\max} = \frac{S}{\sqrt{\dfrac{A}{b}}} - 1 \tag{5.10}$$

3. 第二阶段新企业进入后的均衡状态

现在考察在第二阶段新企业进入该产业后的状况。假定产业内现有古诺企业数目m小于最大数目,即$m<m_{\max}$,那么一定存在$G^c\pi_i(m) = b\left(\dfrac{S}{m+1}\right)^2 > A$,产业内现有企业的净利润为正,新企业的进入不可避免。面对第$m+1$个潜在进入企业,产业内原有m个企业为维护当前的市场份额采取合作限制新企业进入的策略性行为,即如果第$m+1$个企业进入,则原有m个企业依然生产由公式(5.5)所表示的古诺均衡产量$x_i^c = \dfrac{S}{m+1}$,而不是容纳新企业进入后的古诺均衡产量$x_i^c = \dfrac{S}{(m+1)+1}$,那么第$m+1$个企业就成为后进入者,只能在剩余市场需求中寻找最优反应产量,并与前m个企业形成动态产量竞争[①]。

(1)新进入者的利润函数由公式(5.11)给出:

$$\pi_{m+1} = \left[a - b\left(x_{m+1} + mx_i^c\right) - c\right]x_{m+1} - A = \left[a - c - b\left(x_{m+1} + \frac{mS}{m+1}\right)\right]x_{m+1} - A \tag{5.11}$$

(2)进入者的最优反应产量。

一阶条件为

---

① 注意:这里是将后进入者的产业,按照斯塔克尔伯格动态产量博弈模型进行分析。

$$\frac{\partial \pi_{m+1}}{\partial x_{m+1}} = a - c - 2bx_{m+1} - mb\frac{S}{m+1} = 0$$

第 $m+1$ 个企业的最优反应产量为

$$x_{m+1} = \frac{1}{2}\frac{S}{m+1} \tag{5.12}$$

(3) 由于原有 m 个企业维持原有产量不变，市场总产量增加到

$$X_{m+1} = \frac{1}{2}\frac{S}{m+1} + m\frac{S}{m+1} = \frac{S(1+2m)}{2(m+1)} \tag{5.13}$$

(4) 动态产量新均衡格局下的产品均衡价格。将公式(5.13)代入反需求函数，第 $m+1$ 个企业进入后的市场均衡价格为[①]

$$P = a - bX_{m+1} = \frac{bS}{2(m+1)} + c \tag{5.14}$$

(5) 新进入者的毛利润与过度进入分析。此时，第 $m+1$ 个企业的毛利润为

$$G(\pi_{m+i}) = (p-c)x_{m+1} = \left[\frac{bS}{2(m+1)} + c - c\right]\left(\frac{1}{2}\frac{S}{m+1}\right) = \frac{1}{4}b\left(\frac{S}{m+1}\right)^2 \tag{5.15}$$

①进入后进行生产的条件。如果进入者的毛利润能够弥补非沉没固定成本 $(1-\lambda)F$，即满足：

$$\pi_{m+1} = \frac{1}{4}b\left(\frac{S}{m+1}\right)^2 > (1-\lambda)A$$

这时，进入者将进行生产，而且还有第 $m+2$ 个进入者准备进入。

②进入后不生产的条件。如果最新进入者进入后的毛利润不能弥补非沉没成本 $(1-\lambda)A$，即满足：

$$\pi_{m+1} = \frac{1}{4}b\left(\frac{S}{m+1}\right)^2 \leqslant (1-\lambda)A \tag{5.16}$$

那么进入者只能选择零产量，也不发生固定成本 $(1-\lambda)A$，产业出现第 $m+1$ 个企业过度进入和产能过剩现象。

(6) 产业容纳的最小企业数目。公式(5.16)变形为公式(5.17)，得出产业容纳的最小企业数目为

$$\begin{aligned}&\frac{1}{4}b\left(\frac{S}{m+1}\right)^2 \leqslant (1-\lambda)A \\ &\Rightarrow m \geqslant \frac{S}{2\sqrt{1-\lambda}}\sqrt{\frac{b}{A}} - 1\end{aligned} \tag{5.17}$$

即，当产业内已有企业数 m 满足公式(5.17)时，进入企业将选择零产量。将公式(5.10)代入公式(5.17)，得到用最大企业数目测定的最小企业数目：

[①] $p = a - bX = a - b\frac{S(1+2m)}{2(m+1)} = a - c - b\frac{a-c}{b}\frac{(1+2m)}{2(m+1)} + c = (a-c)\left[1 - \frac{(1+2m)}{2(m+1)}\right] + c$
$= (a-c)\left[\frac{2(m+1)-(1+2m)}{2(m+1)}\right] + c = (a-c)\frac{1}{2(m+1)} + c = \frac{bS}{2(m+1)} + c$

$$m \geqslant \frac{1}{\sqrt{1-\lambda}} \frac{m_{\max}+1}{2} - 1 \quad (5.18)$$

即产业内的现有企业数一旦超过公式(5.18)，第 $m+1$ 个企业一进入就是亏损的，就不会再进入，产业内的企业数维持在 m。对公式(5.18)取等号，就是产业内最小均衡企业数目，即

$$m_{\min} = \frac{1}{\sqrt{1-\lambda}} \frac{m_{\max}+1}{2} - 1 \quad (5.19)$$

5.2.4 新技术设备进入时专用性对过度进入的影响

根据上述模型推导，实际上产业均衡时企业均衡数目的区间为 $m \in [m_{\min}, m_{\max}]$。$m_{\max}$ 所描述的是产业内企业进行古诺竞争时容纳的最大企业数目；而 $m_{\min}$ 是产业内原有企业实施古诺产量联盟，阻断新企业进入的企业数目，此时最新进入者利润为零，原有企业利润为正。

本书要关注的是，$m_{\min}$ 与 $m_{\max}$ 之间的差额很大程度上由产业的资产专用性程度决定。用动态产量博弈分析新进入者定产的条件下，如果资产的专用性程度 λ 很高，虽然进入后大部分固定成本会沉没，但是进入后要弥补的固定费用少，进入企业容易产生边际利润，企业会积极生产，产业内的企业数 $m_{\min}$ 就会接近 $m_{\max}$，即技术设备的专用性 λ 越大，产能过剩的机会越少。相反，如果技术设备的专用性系数 λ 越小、通用性系数 $1-\lambda$ 越大，$m_{\min}$ 与 $m_{\max}$ 的差距就越大，越容易发生产能过剩。例如，当 $m_{\max}=30$ 时，如果技术设备的专用性系数 $\lambda=0.19$，通用性程度高，则 $m_{\min} = \frac{1}{\sqrt{1-0.19}} \times \frac{30+1}{2} - 1 = 16.22 \approx 16$；如果 $\lambda=0.75$，则 $m_{\min} = \frac{1}{\sqrt{1-0.75}} \times \frac{30+1}{2} - 1 = 30$。

显然，在模型中强调的产能过剩是进入后由于预期利润小于待弥补的固定成本，只好不生产形成了过度进入。技术设备的专用性程度越高，沉没成本越大，进入后要弥补的通用性资产越少，企业越不容易过度进入和产能过剩。相反，技术设备专用性程度越低，企业进入后要弥补的固定成本越大，进入后选择不生产的可能性越大，过度进入就越容易发生。

推论 5.1：在产业链分工体系下，资产的专用性程度越高，越不容易出现过度进入。相反，通用性越高，进入后要弥补的成本费用越高，越容易发生产能过剩。

5.3 创新投资及其效应的模型

创新系统薄弱的欠发达地区，实现传统制造业转型升级的主要路径是，通过引进吸收再创新完成技术升级。分工经济下引进的高效技术设备总是有专用性的，使用专用性技术设备总是需要物质的和非物质的新增创新投资才能完成。特别是在资本替代劳动更加深化的技术创新路径上，技术设备的专用性程度越来越高。5.2 节已经证明在采用专用性程度高的新技术设备的情况下，发生过度进入的可能性比较小，所以大胆进行专用性创新投资

不会强化产能过剩。要进一步研究的是，增加企业专用性创新投资，是怎样影响微观和宏观经济效应的呢？

接下来将 Farrell 和 Shapiro(1990)的经济学模型[①]展开，考察企业增加专用性创新投资对产业市场结构及社会福利的影响。

5.3.1 模型主要变量和函数关系

依然设市场上有 m 个具有古诺预期的企业，供给一种同质产品。市场反需求函数为 $p = p(X)$，$X = x_i + X_{-i}$。x_i 是企业 i 的产量；X_{-i} 是除企业 i 外其他企业的产量之和。第 i 个企业的成本函数由产量 x_i 和企业拥有的专用性创新资产 k_i 决定，成本函数为 $C^i(x_i,k_i)$。假定增加创新投资的目的是降低边际成本 c，提高要素效率。令：交叉偏导数为 $c_{xk}^i = \partial^2 C^i(x_i,k_i)/\partial x_i \partial k_i < 0$，即企业的边际成本随创新投资的增加而减少；边际成本降低又使企业 i 的均衡产量增加。

(1) 企业 i 的利润函数为

$$\pi_i = p(X)x_i - C^i(x_i,k_i) \tag{5.20}$$

(2) 社会净福利为

$$\text{NSW}(x_1,x_2,\cdots,x_m;k_1,k_2,\cdots,k_m) = \int_{z=0}^{X} p(z)\mathrm{d}z - \sum_{i=1}^{m} C^i(x_i,k_i) \tag{5.21}$$

令：$\dfrac{\partial C^i(x_i,k_i)}{\partial x_i} = c_x^i(x_i,k_i)$，即在 k_i 给定的条件下，产量变动对企业 i 成本的影响。

(3) 企业 i 的最优反应产量函数。根据公式(5.20)，企业 i 有关产量的一阶条件可以写成

$$\frac{\partial \pi_i}{\partial x_i} = p(X) + x_i p'(X) - c_x^i(x_i,k_i) = 0 \tag{5.22}$$

公式(5.22)所隐含表达的最优反应函数可写成

$$x_i = \frac{c_x^i(x_i,k_i) - p(X)}{p'(X)} \tag{5.23}$$

5.3.2 创新投资、竞争对手产量和企业产量的变化

1. 分析影响企业边际产量变化的因素

将式(5.22)移项，改写为

$$p(X) + x_i p'(X) = c_x^i(x_i,k_i) \tag{5.24}$$

然后对式(5.24)两端全微分，得

[①] 该模型是将增加专用性投资对市场结果的影响改为增加创新投资的影响[参见：斯蒂芬·马丁(2003)。原始模型来源于 Farrell 和 Shapiro(1990)]。

$$p'(X)\mathrm{d}X + x_i p''(X)\mathrm{d}X + p'(X)\mathrm{d}x_i = c^i_{x_i x_i}(x_i, k_i)\mathrm{d}x_i + c^i_{x_i k_i}(x_i, k_i)\mathrm{d}k_i$$

$$\Rightarrow p'(X)\mathrm{d}X + x_i p''(X)\mathrm{d}X = c^i_{x_i x_i}(x_i, k_i)\mathrm{d}x_i + c^i_{x_i k_i}(x_i, k_i)\mathrm{d}k_i - p'(X)\mathrm{d}x_i$$

$$\Rightarrow \mathrm{d}X[p'(X) + x_i p''(X)] = \mathrm{d}x_i[c^i_{x_i x_i}(x_i, k_i) - p'(X)] + c^i_{x_i k_i}(x_i, k_i)\mathrm{d}k_i \quad (5.25)$$

$$\Rightarrow \mathrm{d}X[p'(X) + x_i p''(X)] - c^i_{x_i k_i}(x_i, k_i)\mathrm{d}k_i = \mathrm{d}x_i[c^i_{x_i x_i}(x_i, k_i) - p'(X)]$$

$$\Rightarrow \mathrm{d}x_i = \mathrm{d}X \frac{p'(X) + x_i p''(X)}{c^i_{x_i x_i}(x_i, k_i) - p'(X)} - \mathrm{d}k_i \frac{c^i_{x_i k_i}(x_i, k_i)}{c^i_{x_i x_i}(x_i, k_i) - p'(X)}$$

令：

$$\alpha_i = -\frac{p'(X) + x_i p''(X)}{c^i_{x_i x_i}(x_i, k_i) - p'(X)} \quad (5.26)$$

$$\beta_i = -\frac{c^i_{x_i k_i}(x_i, k_i)}{c^i_{x_i x_i}(x_i, k_i) - p'(X)} \quad (5.27)$$

将式(5.26)、式(5.27)代入式(5.25)，则式(5.25)可简写为

$$\mathrm{d}x_i = -\alpha_i \mathrm{d}X + \beta_i \mathrm{d}k_i \quad (5.28)$$

式中，右端第一项的系数 α_i，表达的是市场产量(主要是竞争对手产量)变化时，企业自身产量的直接反应程度；右端第二项的系数 β_i，是企业 i 增加创新投资时，自身产量的直接反应程度，β_i 取决于创新投资对减少边际成本的直接作用程度及间接影响产量的变化程度(因为在古诺均衡时，勒纳指数为 $L = \dfrac{p^c - c^i_k}{p^c} = \dfrac{s^i}{\varepsilon}$，即边际成本越低的企业，其市场份额越大，产量会高于竞争对手)。

2. 竞争对手产量、创新投资影响企业产量的进一步分析

为了清晰地观察公式(5.28)表达的经济学关系，通过变换公式，将公式(5.28)的内容显性化。

已知 $X = X_{-i} + x_i$，令：$p(X_{-i} + x_i) = p$，将公式 $p(X) + x_i p'(X) - c^i_x(x_i, k_i) = 0$ 左端的函数写成函数 F：

$F = p(X_{-i} + x_i) + x_i p'(X_{-i} + x_i) - c^i_x(x_i, k_i)$，再求 F 关于 X_{-i}、x_i 的偏微分，可得到企业 i 的最优反应产量的斜率：$\dfrac{\partial F}{\partial X_{-i}} = p' + x_i p''$；$\dfrac{\partial F}{\partial x_i} = 2p' + p'' x_i - c^i_{x_i x_i}$。根据数学分析 $\dfrac{\partial F}{\partial x} = -\dfrac{\mathrm{d}y}{\mathrm{d}x}$，

下式成立：

$$\frac{\dfrac{\partial F}{\partial X_{-i}}}{\dfrac{\partial F}{\partial x_i}} = -\frac{\mathrm{d}x_i}{\mathrm{d}X_{-i}} = \frac{p' + p'' x_i}{2p' + x_i p'' - c^i_{x_i x_i}} \quad (5.29)$$

又令：

$$R_i = \frac{\mathrm{d}x_i}{\mathrm{d}X_{-i}} = -\frac{p' + x_i p''}{2p' + x_i p'' - c^i_{x_i x_i}} \quad (5.30)$$

如此，公式(5.26)中的 α_i 项可以重新表示为[①]
$$\alpha_i = -\frac{R_i}{1+R_i} \tag{5.31}$$

将公式(5.30)和 $X = x_i + X_{-i}$ 代入公式(5.28)，重新整理得到[②]
$$dx_i = R_i dX_{-i} + (1+R_i)\beta_i dk_i \tag{5.32}$$

式中，$R_i dX_{-i}$ 是企业 i 应对竞争对手产量变化的产量反应；$(1+R_i)\beta_i dk_i$ 是企业 i 进行创新投资后的最优产量变化。

如此，对公式(5.28)的解释得到了印证。

5.3.3 创新投资与企业利润的变化

前面的分析中省略了创新投入的融资成本，现在将引入创新投入的融资成本进行分析。对利润函数 $\pi_i = p(X)x_i - C^i(x_i, k_i)$ 进行全微分，并增加 r 作为使用每单位创新投资的成本费用，则有

$$d\pi_i = x_i p'(X)dX + p(X)dx_i - c^i_{x_i}(x_i, k_i)dx_i - c^i_{k_i}(x_i, k_i)dk_i - r_i dk_i$$
$$\Rightarrow d\pi_i = x_i p'(X)dX + dx_i[p(X) - c^i_{x_i}(x_i, k_i)] - c^i_{k_i}(x_i, k_i)dk_i - r_i dk_i \tag{5.33}$$

根据一阶条件公式(5.22)，$p(X) - c^i_{x_i}(x_i, k_i) = -x_i p'(X)$，将 $dX_{-i} = dX - dx_i$ 代入公式(5.33)，则有

$$d\pi_i = x_i p'(X)dX - x_i p'(X)dx_i - c^i_{k_i}(x_i, k_i)dk_i - r_i dk_i$$
$$\Rightarrow d\pi_i = x_i p'(X)(dX - dx_i) - c^i_{k_i}(x_i, k_i)dk_i - r_i dk_i \tag{5.34}$$
$$\Rightarrow d\pi_i = x_i p'(X)dX_{-i} - c^i_{k_i}(x_i, k_i)dk_i - r_i dk_i$$

式中，右端的第一项是因竞争对手产量减少使企业 i 利润增加；右端的第二项是增加创新投资使企业 i 的边际成本减小，使产量增加后利润的增加量；右端的第三项是创新投资增加引起的成本费用增加导致的利润减少。

显然，只有当 $d\pi_i > 0$，即 $x_i p'(X)dX_{-i} - c^i_{k_i}(x_i, k_i)dk_i > r_i dk_i$ 时，企业才会增加创新投资。

---

①公式(5.31)的数学证明：
$$\alpha_i = -\frac{R_i}{1+R_i} = -\frac{-\dfrac{p' + x_i p''}{2p' + x_i p'' - c^i_{x_i x_i}}}{1 + \left(-\dfrac{p' + x_i p''}{2p' + x_i p'' - c^i_{x_i x_i}}\right)} = -\frac{\dfrac{-(p' + x_i p'')}{2p' + x_i p'' - c^i_{x_i x_i}}}{\dfrac{2p' + x_i p'' - c^i_{x_i x_i} - (p' + x_i p'')}{2p' + x_i p'' - c^i_{x_i x_i}}} = \frac{p' + x_i p''}{p' - c^i_{x_i x_i}} = -\frac{p' + x_i p''}{c^i_{x_i x_i} - p'}$$

②公式(5.32)的数学证明：$dx_i = -\alpha_i dX + \beta_i dk_i = -\left(-\dfrac{R_i}{1+R_i}\right)d(x_i + X_{-i}) + \beta_i dk_i = \dfrac{R_i}{1+R_i}(dx_i + dX_{-i}) + \beta_i dk_i$

$$\Rightarrow dx_i = \frac{R_i}{1+R_i}dx_i + \frac{R_i}{1+R_i}dX_{-i} + \beta_i dk_i$$
$$\Rightarrow dx_i\left(1 - \frac{R_i}{1+R_i}\right) = \frac{R_i}{1+R_i}dX_{-i} + \beta_i dk_i$$
$$\Rightarrow dx_i\left(\frac{1+R_i-R_i}{1+R_i}\right) = \frac{R_i}{1+R_i}dX_{-i} + \beta_i dk_i$$
$$\Rightarrow dx_i = R_i dX_{-i} + (1+R_i)\beta_i dk_i$$

5.3.4　企业增加创新投资对各方产量的影响

1. 对公式(5.28)进行变形处理

将公式(5.28)代表的所有企业的反应产量累加，令：$\alpha = \alpha_1 + \alpha_2 + \cdots + \alpha_m$，由全微分公式可知：$dX = \sum_{i=1}^{m} dx_i$，整理后可得市场的反应产量公式：

$$\begin{aligned}\sum_{i=1}^{m} dx_i &= -(\alpha_1 + \alpha_2 + \cdots + \alpha_m)dX + \beta_1 dk_1 + \beta_2 dk_2 + \cdots + \beta_m dk_m \\ &\Rightarrow dX + (\alpha_1 + \alpha_2 + \cdots + \alpha_m)dX = \beta_1 dk_1 + \beta_2 dk_2 + \cdots + \beta_m dk_m \\ &\Rightarrow (1+\alpha)dX = \beta_1 dk_1 + \beta_2 dk_2 + \cdots + \beta_m dk_m \\ &\Rightarrow dX = \frac{\beta_1 dk_1 + \beta_2 dk_2 + \cdots + \beta_m dk_m}{1+\alpha}\end{aligned} \quad (5.35)$$

将公式(5.35)代入公式(5.28)，得

$$dx_i = -\alpha_i \frac{\beta_1 dk_1 + \beta_2 dk_2 + \cdots + \beta_m dk_m}{1+\alpha} + \beta_i dk_i \quad (5.36)$$

2. 以企业1为例，讨论单个企业增加创新投资后的各种效应

假设：$dk_1 > 0, dk_2 = dk_3 = \cdots = dk_m = 0$。

(1)单个企业增加创新投资后对市场均衡产量的影响。

对公式(5.35)求关于 k_1 的偏导，得

$$\frac{\partial X}{\partial k_1} = \frac{\beta_1 dk_1 + \beta_2 dk_2 + \cdots + \beta_m dk_m}{1+\alpha} = \frac{\beta_1}{1+\alpha} > 0 \quad (5.37)$$

推论5.2：单个企业增加创新投资导致产业的古诺均衡产量增加。

(2)单个企业增加创新投资对产业中其他企业均衡产量的影响。

根据公式(5.28)和公式(5.37)得

$$\frac{dx_i}{dk_1} = \frac{-\alpha_i dX + \beta_i dk_i}{dk_1} = -\alpha_i \frac{\frac{\beta_1 dk_1 + \beta_2 dk_2 + \cdots + \beta_m dk_m}{1+\alpha}}{dk_1} + \beta_i \frac{dk_i}{dk_1}, \quad i \neq 1$$

因为 $dk_2 = dk_3 = \cdots = dk_m = 0$，所以上式变为

$$\frac{dx_i}{dk_1} = -\alpha_i \frac{\beta_1}{1+\alpha} < 0, \quad i \neq 1 \quad (5.38)$$

推论5.3：单个企业的创新投资增加导致产业内竞争对手产量下降。

3. 单个企业增加创新投资对企业自身均衡产量的影响

令：$i=1$，结合公式(5.38)，得

$$\frac{dx_1}{dk_1} = \frac{-\alpha_1 dX + \beta_1 dk_1}{dk_1} = \beta_1\left(1 - \alpha_1 \frac{dX}{dk_1}\right) \quad (5.39)$$

将公式(5.37)代入公式(5.39)，得

$$\frac{\mathrm{d}x_1}{\mathrm{d}k_1} = \beta_1\left(1 - \alpha_1\frac{\mathrm{d}X}{\mathrm{d}k_1}\right) = \beta_1\left(1 - \frac{\alpha_1}{1+\alpha}\right) > 0 \tag{5.40}$$

推论 5.4：单个企业的创新投资增加降低了边际成本，导致企业的古诺产量增加，从而市场份额增加。

综合推论 5.2、推论 5.3 和推论 5.4 发现，单个企业进行降低成本的创新投资，能够增加企业的核心竞争力，同时增加产业发展的潜力。

5.3.5 单个企业增加创新投资对各方福利的影响

1. 增加创新投资对自身利润的影响

以企业 1 为例，将式(5.37)、式(5.40)代入式(5.34)得

$$\frac{\mathrm{d}\pi_1}{\mathrm{d}k_1} = \frac{x_1 p'(X)\mathrm{d}X_{-1} - c_{k_1}^1(x_1,k_1)\mathrm{d}k_1 - r_1\mathrm{d}k_1}{\mathrm{d}k_1} = \frac{x_1 p'(X)[\mathrm{d}X - \mathrm{d}x_1] - c_{k_1}^1(x_1,k_1)\mathrm{d}k_1 - r_1\mathrm{d}k_1}{\mathrm{d}k_1}$$

$$\Rightarrow \frac{\mathrm{d}\pi_1}{\mathrm{d}k_1} = x_1 p'(X)\left(\frac{\mathrm{d}X}{\mathrm{d}k_1} - \frac{\mathrm{d}x_1}{\mathrm{d}k_1}\right) - c_{k_1}^1(x_1,k_1) - r_1 = x_1 p'(X)\left[\frac{\beta_1}{1+\alpha} - \beta_1\left(1 - \frac{\alpha_1}{1+\alpha}\right)\right] - c_{k_1}^1(x_1,k_1) - r_1$$

$$\Rightarrow \frac{\mathrm{d}\pi_1}{\mathrm{d}k_1} = x_1 p'(X)\beta_1\left(\frac{1 - 1 - \alpha + \alpha_1}{1+\alpha}\right) - c_{k_1}^1(x_1,k_1) - r_1$$

得到

$$\frac{\mathrm{d}\pi_1}{\mathrm{d}k_1} = -x_1 p'(X)\beta_1\left(\frac{\alpha - \alpha_1}{1+\alpha}\right) - c_{k_1}^1(x_1,k_1) - r_1 \tag{5.41}$$

因为公式(5.41)中 $p'(X) < 0$，而且 $\alpha > \alpha_1$、$\beta_1 > 0$，故右端的第一项为正，说明企业 1 增加创新投资导致企业 1 的产量 x_1 增加，竞争者产量 X_{-i} 减少，所以企业 1 的利润是增加的。公式(5.41)中右端第二项是企业 1 增加创新投资所减少的边际成本，从而利润也是增加的。右端第三项 r_1 是增加创新投资而增加的成本项，会冲减企业利润。因此，创新投资增加对企业利润增加的总体效应尚需要做进一步的分析。

如果要保证增加创新投资对利润的正效应，必须使公式(5.41)为正，即如下不等式成立：

$$\frac{\mathrm{d}\pi_1}{\mathrm{d}k_1} = -x_1 p'(X)\beta_1\left(\frac{\alpha - \alpha_1}{1+\alpha}\right) - c_{k_1}^1(x_1,k_1) - r_1 > 0$$

也就是必须满足

$$r_1 < -x_1 p'(X)\beta_1\left(\frac{\alpha - \alpha_1}{1+\alpha}\right) - c_{k_1}^1(x_1,k_1) \tag{5.42}$$

即创新投资的融资成本必须不超过均衡产量增加导致的利润增加与边际成本减少导致的利润增加之和。

2. 单个企业增加创新投资对社会净福利的影响

公式(5.42)给出了企业增加创新投资的融资成本条件。满足了公式(5.42)，企业就有

了创新投资的动力,企业就可基于创新驱动发展壮大。但是创新驱动的目标是高质量发展,如果企业盈利却导致了宏观资源配置效率降低,就与目标相悖。因此,必须考察企业增加创新投资对宏观资源配置效率的影响。本节以产业净福利作为考察宏观绩效的指标。

仍然以企业 1 为例,已知:$X = \sum_{i=1}^{m} x_i$,$x_i \in [0, X]$,产业净福利为

$$\text{NSW}(x_1, x_2, \cdots, x_m; k_1, k_2, \cdots, k_m) = \int_0^X p(X) \mathrm{d}x - \sum_{i=1}^{m} C^i(x_i, k_i) \tag{5.43}$$

对公式(5.43)求关于 k_1 的微分,并考虑创新投资成本,可得

$$\begin{aligned} \frac{\mathrm{dNSW}}{\mathrm{d}k_1} &= p(X)\frac{\mathrm{d}X}{\mathrm{d}k_1} - \left[\left(c_{x_1}^1 \frac{\mathrm{d}x_1}{\mathrm{d}k_1} + c_{k_1}^1\right) + \left(c_{x_2}^2 \frac{\mathrm{d}x_2}{\mathrm{d}k_1} + c_{k_1}^2\right) + \cdots + \left(c_{x_m}^m \frac{\mathrm{d}x_m}{\mathrm{d}k_1} + c_{k_1}^m\right)\right] - r_1 \\ &= p(X)\frac{\mathrm{d}X}{\mathrm{d}k_1} - \left(c_{x_1}^1 \frac{\mathrm{d}x_1}{\mathrm{d}k_1} + \sum_{i=2}^{m} c_{x_i}^i \frac{\mathrm{d}x_i}{\mathrm{d}k_1} + c_{k_1}^1\right) - r_1 \\ \Rightarrow \frac{\mathrm{dNSW}}{\mathrm{d}k_1} &= p(X)\frac{\mathrm{d}X}{\mathrm{d}k_1} - c_{x_1}^1 \frac{\mathrm{d}x_1}{\mathrm{d}k_1} - \sum_{i=2}^{m} c_{x_i}^i \frac{\mathrm{d}x_i}{\mathrm{d}k_1} - c_{k_1}^1 - r_1 \end{aligned} \tag{5.44}$$

将式(5.37)、式(5.38)、式(5.40)代入式(5.44),得

$$\begin{aligned} \frac{\mathrm{dNSW}}{\mathrm{d}k_1} &= p(X)\frac{\beta_1}{1+\alpha} - c_{x_1}^1 \beta_1\left(1 - \frac{\alpha_1}{1+\alpha}\right) + \sum_{i=2}^{m} c_{x_i}^i \alpha_i \frac{\beta_1}{1+\alpha} - c_{k_1}^1 - r_1 \\ &= p(X)\frac{\beta_1}{1+\alpha} - c_{x_1}^1 \beta_1 \frac{1+\alpha-\alpha_1}{1+\alpha} + \sum_{i=2}^{m} c_{x_i}^i \alpha_i \frac{\beta_1}{1+\alpha} - c_{k_1}^1 - r_1 \\ &= \frac{\beta_1}{1+\alpha}\left[p(X) - c_{x_1}^1(1+\alpha) + c_{x_1}^1 \alpha_1 + \sum_{i=2}^{m} c_{x_i}^i \alpha_i\right] - c_{k_1}^1 - r_1 \\ \Rightarrow \frac{\mathrm{dNSW}}{\mathrm{d}k_1} &= \frac{\beta_1}{1+\alpha}\left[p(X) - c_{x_1}^1(1+\alpha) + \sum_{i=1}^{m} c_{x_i}^i \alpha_i\right] - c_{k_1}^1 - r_1 \end{aligned} \tag{5.45}$$

将式(5.22)变形为 $c_{x_i}^i(x_i, k_i) = p(X) + x_i p'(X)$,再代入式(5.45)得

$$\begin{aligned} \frac{\mathrm{dNSW}}{\mathrm{d}k_1} &= \frac{\beta_1}{1+\alpha}\left[p(X) - c_{x_1}^1(1+\alpha) + \sum_{i=1}^{m} c_{x_i}^i \alpha_i\right] - c_{k_1}^1 - r_1 \\ &= \frac{\beta_1}{1+\alpha}\left\{p(X) - [p(X) + x_1 p'(X)](1+\alpha) + \sum_{i=1}^{m} [p(X) + x_i p'(X)]\alpha_i\right\} - c_{k_1}^1 - r_1 \\ &= \frac{\beta_1}{1+\alpha}\left\{p(X) - [p(X) + x_1 p'(X) + \alpha p(X) + \alpha x_1 p'(X)] + \sum_{i=1}^{m} [p(X) + x_i p'(X)]\alpha_i\right\} - c_{k_1}^1 - r_1 \\ &= \frac{\beta_1}{1+\alpha}\left[-x_1 p'(X) - \alpha p(X) - \alpha x_1 p'(X) + \sum_{i=1}^{m} p(X)\alpha_i + \sum_{i=1}^{m} x_i p'(X)\alpha_i\right] - c_{k_1}^1 - r_1 \\ &= \frac{\beta_1}{1+\alpha}\left[-x_1 p'(X) - \alpha p(X) - \alpha x_1 p'(X) + p(X)\alpha + \sum_{i=1}^{m} x_i p'(X)\alpha_i\right] - c_{k_1}^1 - r_1 \\ &= -p'(X)\frac{\beta_1}{1+\alpha}\left[(x_1 + \alpha x_1) - \sum_{i=1}^{m} x_i \alpha_i\right] - c_{k_1}^1 - r_1 \\ &= -p'(X)\frac{\beta_1}{1+\alpha}\left[x_1(1+\alpha) - \sum_{i=1}^{m} x_i \alpha_i\right] - c_{k_1}^1 - r_1 \end{aligned}$$

即

$$\frac{\mathrm{dNSW}}{\mathrm{d}k_1} = -p'(X)\frac{\beta_1}{1+\alpha}\left[x_1(1+\alpha) - \sum_{i=1}^{m} x_i\alpha_i\right] - c_{k_1}^1(x_1,k_1) - r_1 \tag{5.46}$$

式中，右端第一项是企业1增加创新投资引起产量格局变化，即企业1产量增加，而产业内其他企业产量减少的福利效应；第二项是企业1创新投资增加降低边际成本导致的福利效应，即投资增加造成的边际成本下降，使自身利润增加从而社会福利增加的效应；第三项是企业1增加创新投资引起的资本边际成本上升带来的社会福利负效应。

由于 $\alpha = \alpha_1 + \alpha_2 + \cdots + \alpha_m$，如果公式(5.47)

$$x_1 > \sum_{i=2}^{m} \alpha_i(x_i - x_1) \tag{5.47}$$

成立，则公式(5.46)等号右端第一项永远为正，证明如下：

$$\begin{aligned}
& x_1 > \sum_{i=2}^{m} \alpha_i(x_i - x_1) \Rightarrow x_1 > \sum_{i=2}^{m} x_i\alpha_i - x_1\sum_{i=2}^{m}\alpha_i \Rightarrow x_1 + x_1\sum_{i=2}^{m}\alpha_i > \sum_{i=2}^{m} x_i\alpha_i \\
& \Rightarrow x_1 + \alpha_1 x_1 + x_1\sum_{i=2}^{m}\alpha_i > \sum_{i=2}^{m} x_i\alpha_i + \alpha_1 x_1 \\
& \Rightarrow x_1 + x_1\left(\alpha_1 + \sum_{i=2}^{m}\alpha_i\right) > \sum_{i=1}^{m} x_i\alpha_i \Rightarrow (1+\alpha)x_1 > \sum_{i=1}^{m} x_i\alpha_i \\
& \Rightarrow (1+\alpha)x_1 - \sum_{i=1}^{m} x_i\alpha_i > 0
\end{aligned} \tag{5.48}$$

(1) 如果企业1是产业内最大的企业，不等式(5.47)永远成立，则式(5.48)也成立，创新投资对市场均衡产量的边际福利效应永远为正。

(2) 如果 $-c_k^1 - r_1 \geqslant 0$，即增加的创新投资造成的成本降低，能够抵补增加的投资成本，则创新投资就会增加社会净福利，也就是说产业内最大的企业增加创新投资，能够保证社会净福利永远增加。

(3) 如果 x_1 足够小，使不等式(5.47)不成立，即使增加创新投资降低了企业1的边际成本额，社会净福利也可能为负。

在本章采用的理论模型中，因为增加创新投资的作用是降低生产运营成本，根据古诺差异化企业均衡模型，边际成本越低、市场份额越大的原理，创新投资使产量格局从没有进行创新投资的企业向投资者转移。如果是低成本的大企业增加创新投资，那么这种市场份额的调整会降低产业总体的边际成本，增加产业净福利；如果是高成本的小企业增加创新投资，则有可能减少社会净福利。

推论5.5：大企业增加创新投资通常会增加社会净福利；小企业增加创新投资可能会减少社会净福利。

3. 企业创新投资激励分析

还是以企业1为例，用式(5.42)减去式(5.46)得

$$\frac{d\pi_1}{dk_1} - \frac{dNSW}{dk_1} = \left[-x_1 p'(X)\beta_1 \left(\frac{\alpha - \alpha_1}{1+\alpha}\right) - c_{k_1}^1(x_1, k_1) - r_1 \right]$$

$$- \left\{ -p'(X)\frac{\beta_1}{1+\alpha}\left[x_1(1+\alpha) - \sum_{i=1}^{m} x_i \alpha_i\right] - c_{k_1}^1(x_1, k_1) - r_1 \right\}$$

$$= -p'(X)\frac{\beta_1}{1+\alpha}\left\{ x_1(\alpha - \alpha_1) - \left[x_1(1+\alpha) - \sum_{i=1}^{m} x_i \alpha_i\right] \right\} \quad (5.49)$$

$$= -p'(X)\frac{\beta_1}{1+\alpha}\left(\sum_{i=2}^{m} x_i \alpha_i + x_1 \alpha_1 + x_1 \alpha - x_1 \alpha_1 - x_1 - x_1 \alpha \right)$$

$$\Rightarrow \frac{d\pi_1}{dk_1} - \frac{dNSW}{dk_1} = -p'(X)\frac{\beta_1}{1+\alpha}\left(\sum_{i=2}^{m} x_i \alpha_i - x_1 \right)$$

式(5.49)表明，如果 x_1 很小，式(5.49)右端括号内为正，那么企业 1 创新投资利润率将超过投资引致的社会净福利，企业 1 投资的积极性高。如果 x_1 足够大，使式(5.49)右端括号内为负，则投资形成的企业利润小于社会福利，对大企业创新投资的激励不高。

推论 5.6：大企业进行创新投资的激励相对较低；而小企业进行创新投资的激励相对较高。

因此，即使创新驱动，产业内还是存在小企业创新投资过度化的动机，结果会降低产业净福利。对相对成熟的产业市场，政府对于创新投资的管制应当以企业规模和成本效率为依据，制定准入标准，认真审核高成本小企业创新投资和过度进入。

5.4 基本结论

第一，根据技术生命周期的四阶段理论，在引进吸收再创新路径下，后发地区应当在技术的成熟期引进新技术。这一时期技术成果已经物化在设备中，因此引进型创新通常以引进技术设备的形式完成，即企业创新投资很大程度上是购买专用性设备。第二，当引进设备的资产专用性较低时，按照古诺竞争框架分析，产业内会出现过度进入，导致产能过剩状态出现，这是通过引进设备进行创新的一个难以避免的市场化结果。只有规避重复引进，提高创新投资的专用性程度，才能弱化过度进入。第三，从创新投资的效果看，如果是产业内大型主导企业增加创新投资，自身福利上升会少于社会福利，创新积极性较低；如果是小企业增加投资，利润增加量会超过社会福利增加量，小企业创新积极性高，还会强化过度进入。因此，从宏观层面看，应当尽可能地将创新资金向大企业或主导企业配置，形成微观和宏观的多边效应，创新才可持续。这个结论说明了多数经济学关于创新的理论中，模式设定都以大型垄断企业作为研究对象的科学性。

第6章　核心技术、技术提成与应用技术的产权性质

在资源、社会、生产等系统性因素处于相对劣势，难以内生原始创新的技术成果的条件下，以先进外生技术进步为途径，通过引进先进技术成果，实现地区产业的引进吸收再创新，就成为大多数欠发达地区和国家选择的创新路径。对西部多数制造业来说，也是更为实际和高效率的技术进步路径。

技术商品具有公共产品的特性，有偿性共享技术成果不仅能够节约经济系统总的研发费用，还能缩短创新时间，这既是技术成果的市场机会，也是技术研发主体的市场激励。从经济学的分析框架看，制造业内的企业均为利益主体，技术拥有方只有在凭借自有知识产权获得技术收益的条件下才可能转让技术。工业革命以来，以专利形式转让技术，收取专利费用是技术拥有方较为普遍的技术扩散模式。但是，技术拥有方在转让技术专利的同时，是否转让核心技术秘密，就取决于交易机制是否能够激励技术转让方传播核心技术。因此，必须从理论上讨论，如果激励技术转让方转让核心技术知识，那么转让的机制和均衡条件是什么。

从主流文献看，技术专利和核心技术是不同的。专利是对技术成果的充分准确的法律描述，能够使买方通过公开信息确定应当购买什么，而且购买后能够得到什么，通常解决的是技术的使用许可权和使用价值问题。核心技术知识是掌握技术、运用技术的核心信息和相关技术诀窍，通常不包含在技术专利中。一个仅仅购买了技术专利的企业，如果没有破解核心技术信息与知识，则在短期内很难掌控和运用技术，购买技术成果实现"干中学"效应与引进吸收再创新的时间将会很长，通过引进技术提高产业生产效率的最终目标也难以实现。因此，通过引进技术成果这种创新的方式提高增长质量，技术购买方在购买技术专利的同时，通常都要购买核心技术知识。那么问题是，在不对称信息下，如何避免技术转让方的道德风险呢？本书将应用道德风险模型，研究一个既转让技术专利，又转让核心技术秘密的技术转让模型，研究技术买方获得核心技术的条件与机理。

6.1　模型的基本背景与变量概述

6.1.1　模型的基本背景

设西部某传统制造企业实施技术创新战略，拟通过购买某项新技术，实现生产过程的引进创新。考虑到第5章关于大型企业增加创新投资会增加产业净福利的结论，本节依然以大企业作为创新的微观主体构建模型。设西部某生产企业是垄断企业，一旦获得该项技术，还将维持在西部市场的垄断者地位。技术成果拥有方是专业化的研究性市场实体，只是在技术市场上将新技术向西部相关企业转让，自身不参与产品的市场竞争。在产学研价

值链上，西部企业是运用该技术成果的市场，也是技术拥有方获得技术成果收益的技术机会。又假定，该技术成果属于集约型创新成果，即创新后可以提高要素的利用效率，降低生产企业的边际成本，增加利润。

在技术交易中，最为关键的是技术转让方是否在转让技术专利的同时转让核心技术知识，使技术购买方获得技术成果后能够较快地消化吸收技术成果，实现自主突破、技术本土化，提高升华技术的能力。从技术创新驱动经济增长的宏观战略目标出发，西部企业应当将获得核心技术知识，而不仅仅是将技术专利作为技术引进的目标。然而，在信息不对称条件下，技术转让方拥有关于核心技术知识的信息优势，是否向技术购买方传播了核心技术知识，技术购买方是难以度量的。如此，转让方是否传播了核心技术，就成为技术交易中不可证实的变量，技术购买方获得核心技术知识的诉求从契约和法律上难以得到保证。从自身利益出发，技术转让方常常会隐匿核心技术知识，只向技术购买方转让专利[①]，不仅能节约传播技术的成本，而且能够延长其对技术购买方的控制。但是，没有核心技术的知识技术购买方就会被长期锁定在技术转让方的技术路径中，加大技术购买方消化吸收和自主创新的难度，甚至丧失跟上世界技术创新节奏的机会。因此，技术购买方必须考虑在技术交易中，设置激励相容约束条件，从经济利益上激励技术转让方传播核心技术知识，即技术转让方也能从生产方的低成本和高利润中获得好处。

6.1.2 模型的设立与基本假设

令：市场需求函数为 $X = a - p$，其中 X 是市场需求量和技术引进方的产量，p 是商品的市场价格，a 是市场净需求量。状态假设：0 为获得新技术前的各项指标状态；z 为仅仅获得了技术专利没有获得核心技术各项指标的状态。E 为核心技术知识传播状况的离散变量[②]，$E \in \{0, e\}$。如果 $E = 0$，则技术转让方在转让技术专利时，没有转让核心技术，技术转让方也不付出转让成本；如果 $E = e$，则意味着技术转让方在向技术购买方转让专利时，输送了核心技术，而且输送的努力程度为 e。

继续假设，产品的边际成本受拥有的技术专利和核心技术的影响：$c(0,0)$ 为技术购买方未获得新技术之前的边际生产成本；$c(z,0)$ 为获得了可证实的技术专利，而没有获得核心技术时的边际生产成本；$c(z,e)$ 为既获得了技术专利，又获得了核心技术时的边际生产成本。$f(e)$ 为技术输出方输送核心技术时，努力程度为 e 时付出的成本，令：$f(e) > 0$；$f(0) = 0$。考虑到技术购买方获得技术专利和核心技术后都可降低边际成本，则 $\frac{\partial c}{\partial e} < 0$；$c(z,e) < c(z,0) < c(0,0) < a$。

那么，在一个由技术转让方提供的技术交易方案（价格）中，技术转让方的收入由技术专利费 A^E 和使用技术后按单位产品技术提成 b^E 两类费用构成，即技术转让方的支付方案为 (A^E, b^E)。其中，A^E 是一次性的，也就是技术使用权费用；而 b^E 是技术购买方向技术转让方支付的单位产品技术提成。如果只转让技术专利，而不转让核心技术，则支付方案

[①] 根据信息经济学与合约理论，核心技术如果是不可证实的变量，则写在合约中也没有约束力。
[②] 在现代信息经济学中，为了简化模型，常常将主观努力简化设为离散变量，而不是连续变量。根据 Inés Macho-Stadler 和 J.David Pérez Castrillo 的分析，连续变量用一阶的方法求解最优努力时，一阶条件只是一个必要条件，所以不是充分条件。

为 (A^0,b^0)；如果既转让技术专利，又转让核心技术，则支付方案为 (A^e,b^e)。

考虑到我国宏观层面的创新驱动战略的重要作用，新技术的需求会扩大，技术拥有方在与产业、企业的技术交易中处于主导地位。那么要构建的就是一个技术转让方不仅具有核心技术的信息优势，而且技术转让方成为先行动方，并主动提供技术转让合约的动态博弈模型。这与大多数的道德风险模型中后动方具有信息优势的一般分析框架有所不同。显然，在该博弈中，最后的均衡交易方案由技术转让方确定并提供。

需要说明的是，第一，该模型中技术转让方的所有收入均来自转让技术的收入，所以技术转让方的成本也仅为传播成本，研发成本是技术转让方的沉没成本，不纳入交易模型；第二，技术成果的商业化已经成功，没有不确定性存在，模型中的技术转让只是处于技术生命周期的成熟期的技术成果向后发地区的再度扩散；第三，考虑到研究的焦点是关于是否转让核心技术，故本书的所有方程设计都以转让技术专利为前提。

6.2 模型的构建

6.2.1 交易双方的序贯博弈构建与交易主体目标函数的确定

(1) 技术交易双方的博弈线索。①第一阶段：技术转让方设计在转让技术专利的同时是否转让核心技术的两类交易方案分别为 (A^e,b^e) 和 (A^0,b^0)；技术使用方根据转让方提供的交易方案考虑接受或拒绝方案。②第二阶段：技术转让方决定转让技术专利的同时是否转让核心技术；技术购买方根据交易方案做出最优反应产量决策。道德风险发生在技术拥有方提供 (A^e,b^e) 方案之后，是否真正传递核心技术。技术转让方由 S 表示，技术购买方由 y 表示。那么双方有约束的最优化问题通过构建动态的博弈求解子博弈完美纳什均衡。

(2) 技术转让方的目标函数：
$$\pi_S(X,z,E) = A^E + b^E X - f(e) \tag{6.1}$$

(3) 技术购买方的目标函数：
$$\pi_y(X,z,E) = (a-X)X - [c(z,E) + b^E]X - A^E \tag{6.2}$$

6.2.2 第二阶段子博弈中技术购买方的相关最优反应产量

根据博弈求解原理，应当逆向求解该博弈过程，先从技术购买方第二阶段的最优反应产量 X 入手。

1. 技术购买方最初的最优产量

若不购买新技术，则经济学表明买方最初的最优产量为 X_0，目标函数为
$$\max_X \pi_y(X) = [a - X - c(0,0)]X$$

若无新技术，则最优反应产量 X_0（垄断产量）通过一阶条件求出，即
$$\frac{\partial \pi_y}{\partial X_0} = a - c(0,0) - 2X_0 = 0$$
$$\Rightarrow X_0(0,0) = \frac{a - c(0,0)}{2} \tag{6.3}$$

2. 购买新技术的情况

(1) 如果 $E=e$,即技术购买方在购买技术专利的同时购买了核心技术,则技术购买方的最优反应产量由以下方程求出:

$$\max_X \pi_y(X,z,e) = (a-X)X - [c(z,e)+b^e]X - A^e$$

$$\Rightarrow \frac{\partial \pi_y}{\partial X} = a - 2X - c(z,e) - b^e = 0 \quad (6.4)$$

$$\Rightarrow X^e(z,e) = \frac{a-c(z,e)-b^e}{2}$$

(2) 如果 $E=0$,即技术购买方在购买技术专利的同时,没有购买核心技术知识,则技术购买方的最优产量由以下方程求出:

$$\max_X \pi_y(X,z,0) = (a-X)X - [c(z,0)+b^0]X - A^0$$

$$\Rightarrow \frac{\partial \pi_y}{\partial X} = a - 2X - c(z,0) - b^0 = 0 \quad (6.5)$$

$$\Rightarrow X^0(z,0) = \frac{a-c(z,0)-b^0}{2}$$

3. 结论

第一阶段中,技术转让方根据技术购买方不同的最优反应产量,必须确定是否转让核心技术知识。但是,技术转让方是信息优势方,有可能实施道德风险行为。为了激励技术转让方转让核心技术,必须建立激励相容机制。接下来,先给出对称信息下的支付方案,为不对称信息下的均衡状况提供参照。

6.3 对称信息下技术转让的均衡支付

6.3.1 转让专利的同时转让核心技术的支付方案

1. 技术转让方的目标函数与技术购买方的参与约束

(1) 根据公式(6.1),技术转让方的目标函数为

$$\pi_S(X,z,e) = A^e + b^e X - f(e)$$

(2) 技术购买方的参与约束。技术购买方的参与约束为购买技术专利和核心技术的利润不低于不购买技术的利润,根据公式(6.2),得到购买核心技术时技术购买方的利润函数:

$$\pi_y(X^e,z,e) = (a-X^e)X^e - [c(z,e)+b^e]X^e - A^e$$

转让核心技术时,技术购买方的参与约束: $\pi_y(X^e) \geq \pi_y(X_0)$,即

$$(a-X^e)X^e - [c(z,e)+b^e]X^e - A^e \geq (a-X_0)X_0 - c(0,0)X_0 \quad (6.6)$$

将公式(6.3)、公式(6.4)代入公式(6.6),化简得到技术购买方的参与约束为

$$\left[\frac{a-c(z,e)-b^e}{2}\right]^2 - \left[\frac{a-c(0,0)}{2}\right]^2 \geq A^e \quad (6.7)$$

2. 构建对称信息的规划模型并求均衡解

(1) 技术转让方的规划问题为

$$\max_{A^e, b^e} A^e + b^e \frac{a-c(z,e)-b^e}{2} - f(e)$$

$$\text{s.t.} \quad \left[\frac{a-c(z,e)-b^e}{2}\right]^2 - \left[\frac{a-c(0,0)}{2}\right]^2 \geqslant A^e$$

(2) 构建拉格朗日方程并求均衡解：

$$L(A^e, b^e) = A^e + b^e \frac{a-c(z,e)-b^e}{2} - f(e) + \lambda \left\{ \left[\frac{a-c(z,e)-b^e}{2}\right]^2 - \left[\frac{a-c(0,0)}{2}\right]^2 - A^e \right\}$$

解出库恩-塔克条件，得到

$$\frac{\partial L}{\partial A^e} = 1 - \lambda = 0 \Rightarrow \lambda = 1 \Rightarrow \lambda > 0 \tag{6.8}$$

因为 $\lambda > 0$，所以，参与约束取等号成立，即

$$A^e = \left[\frac{a-c(z,e)-b^e}{2}\right]^2 - \left[\frac{a-c(0,0)}{2}\right]^2 \tag{6.9}$$

将公式(6.9)代入技术转让方的拉格朗日方程，求技术转让方利润最大时的 b^e 为

$$\frac{\partial L}{\partial b^e} = \frac{a}{2} - \frac{c(z,e)}{2} - b^e + \lambda \left[-\frac{a}{2} + \frac{c(z,e)}{2} + \frac{b^e}{2}\right] = 0 \tag{6.10}$$

$$\Rightarrow b^{e^*} = 0$$

将公式(6.10)代入公式(6.9)得到技术转让方收取的技术专利费为

$$A^{e^*} = \left[\frac{a-c(z,e)}{2}\right]^2 - \left[\frac{a-c(0,0)}{2}\right]^2 \tag{6.11}$$

因为

$$c(z,e) < c(0,0)$$

所以有

$$A^{e^*} = \left[\frac{a-c(z,e)}{2}\right]^2 - \left[\frac{a-c(0,0)}{2}\right]^2 > 0$$

3. 均衡支付方案

根据公式(6.10)、公式(6.11)，技术转让方在转让专利的同时也转让核心技术的均衡支付方案为

$$(A^{e^*} > 0; b^{e^*} = 0) \tag{6.12}$$

4. 结论

结论 6.1：对称信息下技术购买方要获得核心技术，只需要支付一次性的技术购买费用 A^{e^*}，不需要支付单位产品的技术提成。

6.3.2 转让专利的同时不转让核心技术的支付方案

1. 技术转让方的目标函数与技术购买方的参与约束

(1)根据公式(6.1)，技术转让方的目标函数为
$$\pi_S(X) = A^0 + b^0 X$$

(2)技术购买方的参与约束。参与约束为购买技术专利的利润不低于不购买技术的利润，根据公式(6.2)得
$$\pi_y(X^0) = (a - X^0)X^0 - [c(z,0) + b^0]X^0 - A^0$$

参与约束为 $\pi_y(X^0) \geqslant \pi_y(X_0)$，即

$$(a - X^0)X^0 - [c(z,0) + b^0]X^0 - A^0 \geqslant (a - X_0)X_0 - c(0,0)X_0 \tag{6.13}$$

将公式(6.3)、公式(6.5)代入公式(6.13)并化简，得到

$$\left[a - \frac{a - c(z,0) - b^0}{2}\right]\frac{a - c(z,0) - b^0}{2} - [c(z,0) + b^0]\frac{a - c(z,0) - b^0}{2} - A^0$$

$$\geqslant \left[a - \frac{a - c(0,0)}{2}\right]\frac{a - c(0,0)}{2} - c(0,0)\frac{a - c(0,0)}{2}$$

$$\Rightarrow \left[\frac{a - c(z,0) - b^0}{2}\right]\left[a - \frac{a - c(z,0) - b^0}{2} - c(z,0) - b^0\right]$$

$$- \left[\frac{a - c(0,0)}{2}\right]\left[a - \frac{a - c(0,0)}{2} - c(0,0)\right] \geqslant A^0$$

$$\Rightarrow [a - c(z,0) - b^0][2a - a + c(z,0) + b^0 - 2c(z,0) - 2b^0]$$

$$- [a - c(0,0)][2a - a + c(0,0) - 2c(0,0)] \geqslant 4A^0$$

$$\Rightarrow [a - c(z,0) - b^0][a - c(z,0) - b^0] - [a - c(0,0)][a - c(0,0)] \geqslant 4A^0$$

$$\Rightarrow \left[\frac{a - c(z,0) - b^0}{2}\right]^2 - \left[\frac{a - c(0,0)}{2}\right]^2 \geqslant A^0$$

只转让技术专利，不转让核心技术的买方参与约束为

$$\left[\frac{a - c(z,0) - b^0}{2}\right]^2 - \left[\frac{a - c(0,0)}{2}\right]^2 \geqslant A^0 \tag{6.14}$$

2. 构建对称信息的规划模型并求均衡解

(1)技术转让方的规划问题。技术转让方的规划问题为

$$\max_{A^0, b^0} A^0 + b^0 \frac{a - c(z,0) - b^0}{2}$$

$$\text{s.t.} \quad \left[\frac{a - c(z,0) - b^0}{2}\right]^2 - \left[\frac{a - c(0,0)}{2}\right]^2 \geqslant A^0$$

(2)构建拉格朗日方程并求均衡解：

$$L(A^0, b^0) = A^0 + b^0 \frac{a - c(z,0) - b^0}{2} + \lambda \left\{\left[\frac{a - c(z,0) - b^0}{2}\right]^2 - \left[\frac{a - c(0,0)}{2}\right]^2 - A^0\right\}$$

库恩-塔克条件：
$$\frac{\partial L}{\partial A^0} = 1 - \lambda = 0 \Rightarrow \lambda = 1 \Rightarrow \lambda > 0 \tag{6.15}$$

所以参与约束公式(6.14)取等号，得到紧约束公式：
$$A^0 = \left(\frac{a - c(z,0) - b^0}{2}\right)^2 - \left(\frac{a - c(0,0)}{2}\right)^2 \tag{6.16}$$

将公式(6.16)代入技术转让方的拉格朗日方程，求技术转让方利润最大时的b^0，得到
$$\frac{\partial L}{\partial b^0} = \frac{a}{2} - \frac{c(z,e)}{2} - b^0 + \lambda\left[-\frac{a}{2} + \frac{c(z,0)}{2} + \frac{b^0}{2}\right] = 0$$
$$\Rightarrow b^0 = 0$$

即
$$b^{0*} = 0 \tag{6.17}$$

将公式(6.17)代入公式(6.16)，得到技术转让方收取的技术专利费均衡公式，即
$$A^{0*} = \left[\frac{a - c(z,0)}{2}\right]^2 - \left[\frac{a - c(0,0)}{2}\right]^2 > 0 \tag{6.18}$$

3. 均衡支付方案

均衡支付方案为
$$(A^{0*} > 0; b^{0*} = 0) \tag{6.19}$$

结论 6.2：技术购买方不购买核心技术，也只需要支付一次性的技术购买费用，不需要支付单位产品的技术提成。

4. 比较对称信息下是否转让核心技术的支付方案

因为已经假设$c(z,e) < c(0,0)$，所以
$$A^{0*} < A^{e*} \tag{6.20}$$

证明如下。

因为$c(z,e) < c(z,0) < c(0,0) < a$，所以有
$$\Delta A^* = A^{e*} - A^{0*} = \left[\frac{a - c(z,e)}{2}\right]^2 - \left[\frac{a - c(0,0)}{2}\right]^2 - \left[\frac{a - c(z,0)}{2}\right]^2 + \left[\frac{a - c(0,0)}{2}\right]^2$$
$$= \frac{a^2 - 2ac(z,e) + c(z,e)^2}{4} - \frac{a^2 - 2ac(z,0) + c(z,0)^2}{4}$$
$$= \frac{2a[c(z,0) - c(z,e)] + c(z,e)^2 - c(z,0)^2}{4}$$
$$= \frac{2a[c(z,0) - c(z,e)] - [c(z,0) - c(z,e)][c(z,e) + c(z,0)]}{4}$$
$$= \frac{[c(z,0) - c(z,e)][2a - c(z,e) - c(z,0)]}{4} > 0$$

结论 6.3：如果信息对称，则购买技术专利时无论是否转让核心技术，技术转让方都仅仅向技术购买方收取一次性技术费用，不收取产品技术提成。但是如果转让核心技术，

则一次性收取的技术转让费用要比不转让核心技术高出 ΔA^*。

6.4 不对称信息下技术转让的均衡支付

转让核心技术时技术转让方要付出传播成本 $f(e)$。为实现自身利益最大，技术转让方就可能利用信息优势承诺转让核心技术，向技术购买方收取费用 A^e，而实际上技术转让方并不转让核心技术以节约传播成本 $f(e)$，从而导致技术购买方的边际成本仅为 $c(z,0)$，而不是最低的 $c(z,e)$，结果技术购买方的实际利润低于不购买技术的利润。因此，在是否转让了核心技术不可证实的情况下，技术购买方将不接受对称信息下转让核心技术的支付方案。为了消除技术转让方利用信息优势实施道德风险行为的动机，技术购买方必须主动提出新的技术交易条款，激励技术转让方转让核心技术。

6.4.1 激励相容约束机制的构建

1. 博弈第二阶段传播核心技术的激励相容约束

在技术购买方处于信息劣势的条件下，如果技术购买方在获得技术专利的同时要获得核心技术，则应当使技术转让方转让核心技术的利润大于实际上不传播核心技术知识的利润，即应当满足

$$A^e + b^e X^e(z,e) - f(e) \geqslant A^e + b^e X^0(z,0) \tag{6.21}$$

将公式(6.4)、公式(6.5)代入公式(6.21)，得到

$$A^e + b^e \frac{a - c(z,e) - b^e}{2} - f(e) \geqslant A^e + b^e \frac{a - c(z,0) - b^0}{2} \tag{6.22}$$

公式(6.22)就是技术购买方能够接受的，激励技术转让方转让核心技术的激励相容约束机制。化简公式(6.22)，得出技术转让方转让核心技术的激励相容约束为

$$b^e \geqslant \frac{2f(e)}{c(z,0) - c(z,e)} \tag{6.23}$$

2. 不转让核心技术的激励相容约束

转让技术专利时，不同时传播核心技术知识的激励相容约束应当满足技术转让方传播核心技术知识的利润小于不传播核心技术知识的利润，即

$$A^0 + b^0 X^0(z,0) \geqslant A^0 + b^0 X^e(z,e) - f(e) \tag{6.24}$$

将公式(6.4)、公式(6.5)代入公式(6.24)得到

$$A^0 + b^0 \frac{a - c(z,0) - b^0}{2} \geqslant A^0 + b^0 \frac{a - c(z,e) - b^e}{2} - f(e) \tag{6.25}$$

公式(6.25)就是技术购买方不想获得核心技术的激励相容约束表达式。化简公式(6.25)，得到不转让核心技术的激励相容约束公式：

$$b^0 \leqslant \frac{2f(e)}{c(z,0) - c(z,e)} \tag{6.26}$$

6.4.2 求解博弈第一阶段的均衡支付方案

1. 转让核心技术的规划问题

根据需求函数,已知技术购买方最初的垄断产量为

$$X_0 = X(z,0) = \frac{a-c(0,0)}{2}$$

(1)转让核心技术的规划。如果要求转让专利的同时转让核心技术,则最优支付方案(A^e, b^e)由转让方目标函数[公式(6.1)]、购买方参与约束[公式(6.7)]和转让方激励相容约束[公式(6.23)]构建规划方程:

$$\max_{A^e,b^e} A^e + b^e \frac{a-c(z,e)-b^e}{2} - f(e)$$

$$\text{s.t.} \quad \left[\frac{a-c(z,e)-b^e}{2}\right]^2 - \left[\frac{a-c(0,0)}{2}\right]^2 \geq A^e \cdots \text{PC}$$

$$b^e \geq \frac{2f(e)}{c(z,0)-c(z,e)} \cdots \text{IC}$$

构建技术转让方的拉格朗日方程:

$$L = A^e + b^e \frac{a-c(z,e)-b^e}{2} - f(e)$$
$$+ \lambda\left\{\left[\frac{a-c(z,e)-b^e}{2}\right]^2 - \left[\frac{a-c(0,0)}{2}\right]^2 - A^e\right\} + \mu\left[b^e - \frac{2f(e)}{c(z,0)-c(z,e)}\right]$$

库恩-塔克条件为

$$\frac{\partial L}{\partial A^e} = 1 - \lambda = 0 \Rightarrow \lambda = 1 > 0 \tag{6.27}$$

$$\frac{\partial L}{\partial b^e} = \frac{a-c(z,e)}{2} - b^e - \lambda - \mu\left[\frac{a-c(z,e)-b^e}{2}\right] = 0$$
$$\Rightarrow -b^e + \mu + \frac{b^e}{2} = 0 \Rightarrow \mu = \frac{b^e}{2} > 0 \tag{6.28}$$

由于式(6.27)、式(6.28)证明了λ、μ均为正数,故参与约束公式(6.7)和激励相容公式(6.23)都可以取等号,结果得到支付方案的均衡解,即

$$b^{e**} = \frac{2f(e)}{c(z,0)-c(z,e)} > 0 \tag{6.29}$$

$$A^{e**} = \left[\frac{a-c(z,e)-b^e}{2}\right]^2 - \left[\frac{a-c(0,0)}{2}\right]^2 > 0 \tag{6.30}$$

(2)最优支付方案。根据公式(6.29)、公式(6.30),最优支付方案为

$$(A^{e**} > 0; b^{e**} > 0) \tag{6.31}$$

根据公式(6.11)、公式(6.30),比较信息不对称与信息对称条件对转让核心技术A^e的影响:

$$A^{e^{**}} - A^{e^*} = \left[\frac{a-c(z,e)-b^e}{2}\right]^2 - \left[\frac{a-c(0,0)}{2}\right]^2 - \left[\frac{a-c(z,e)}{2}\right]^2 + \left[\frac{a-c(0,0)}{2}\right]^2$$

$$= \left[\frac{a-c(z,e)-b^e}{2}\right]^2 - \left[\frac{a-c(z,e)}{2}\right]^2 < 0$$

$$b^{e^{**}} - b^{e^*} = \frac{2f(e)}{c(z,0)-c(z,e)} - 0 > 0$$

结论 6.4：若转让技术专利的同时转让核心技术秘密，则技术转让方既要向技术购买方一次性收取专利费 $A^{e^{**}}$，而且还要收取单位产品的技术提成 $b^{e^{**}}$，才是技术转让方利润最大的选择。但是不对称信息下的一次性专利费 $A^{e^{**}}$ 比对称信息下 A^{e^*} 要小一些。

2. 不转让核心技术的规划问题

(1) 不转让核心技术的规划。如果转让技术专利的同时不转让核心技术知识，则技术转让方的最优支付方案 (A^0, b^0) 由目标函数［公式(6.1)］、参与约束［公式(6.14)］和激励相容约束［公式(6.26)］构建规划方程：

$$\max_{A^0, b^0} A^0 + b^0 \frac{a-c(z,0)-b^0}{2}$$

$$\text{s.t.} \quad \left[\frac{a-c(z,0)-b^0}{2}\right]^2 - \left[\frac{a-c(0,0)}{2}\right]^2 \geqslant A^0 \cdots \text{PC}$$

$$b^0 \leqslant \frac{2f(e)}{c(z,0)-c(z,e)} \cdots \text{IC}$$

构建技术转让方的拉格朗日方程：

$$L = A^0 + b^0 \frac{a-c(z,0)-b^0}{2}$$

$$+ \lambda \left\{ \left[\frac{a-c(z,0)-b^0}{2}\right]^2 - \left[\frac{a-c(0,0)}{2}\right]^2 - A^0 \right\} + \mu \left[\frac{2f(e)}{c(z,0)-c(z,e)} - b^0\right]$$

库恩-塔克条件为

$$\frac{\partial L}{\partial A^0} = 1 - \lambda = 0 \Rightarrow \lambda = 1 > 0 \tag{6.32}$$

由于 $\lambda > 0$，故参与约束取等号得

$$A^0 = \left[\frac{a-c(z,0)-b^0}{2}\right]^2 - \left[\frac{a-c(0,0)}{2}\right]^2 \tag{6.33}$$

显然，公式(6.33)与公式(6.16)相同，即只要不转让核心技术，不论信息是否对称，技术转让方都将向技术购买方收取相同的一次性技术费用。

将公式(6.33)代入拉格朗日方程，求 b^0 的最优值，得

$$\frac{\partial L}{\partial b^0} = \frac{a-c(z,0)}{2} - b^0 - \mu - \lambda \left[\frac{a-c(z,0)-b^0}{2}\right] = 0 \Rightarrow -b^0 - \mu + \frac{b^0}{2} = 0$$

$$\Rightarrow \mu = -\frac{b^0}{2} < 0 \tag{6.34}$$

由于拉格朗日乘数要求是非负数,所以乘数 μ 表示的激励相容约束条件不成立。将公式(6.16)代入技术转让方目标利润函数,技术转让方不转让核心技术知识的最优化问题简化为

$$\max_{b^0}\left[\frac{a-c(z,0)-b^0}{2}\right]^2-\left[\frac{a-c(0,0)}{2}\right]^2+b^0\frac{a-c(z,0)-b^0}{2}$$

上式对 b^0 微分求极大值,得

$$-\left[\frac{a-c(z,0)-b^0}{2}\right]+\left[\frac{a-c(z,0)-b^0}{2}\right]-\frac{b^0}{2}=-\frac{b^0}{2}<0 \tag{6.35}$$

显然,当 $b^0=0$ 时,技术转让方的利润最大。

(2)最优支付方案。根据以上分析,最优支付方案为

$$(A^{0**}>0; b^{0**}=0) \tag{6.36}$$

结论 6.5:若不转让核心技术知识,则技术转让方不向技术购买方收取单位产品的技术提成,只一次性收取专利费,才是技术转让方利润最大的选择。

6.5 基本结论

从对模型的分析看,若想鼓励技术转让方转让核心技术知识,则在转让技术专利的同时,技术购买方必须积极地提出并满足由技术转让方从技术购买方的市场销售中获得的产品技术销售提成费用,才能保证获得核心技术知识,以激励核心技术的真正扩散。

在该模型的构建中,采取的是技术转让方既是提供合约的主体,又是具有信息优势的一方。道德风险问题可能发生在技术支付方案的设计者,而不是接受者。从技术转让方看,如果转让核心技术,则技术转让方就要求技术提成,即转让方的经济利益与技术购买方的经济利益紧密相关。这种关系等于技术拥有方将技术看作生产要素直接从经营结果中分红,实质上是要求经营成果的剩余索取权,在产品中的地位相当于获得要素报酬。从产权理论上看,这种利益格局的展现可以催生新的经营模式,即技术入股。这种技术入股实质上是技术产学研合作创新问题,涉及有利于技术创新的企业或产业体制的创新问题。西部地区要想获得核心技术,就必须与技术研发方合作,允许技术研发方从产品的销售额中以技术入股的形式提成,这也是协同创新问题。这与将技术作为要素参与分配的现代经济思想是一致的。详细内容将在产学研联盟问题和政策篇做进一步的理论分析与讨论。

第7章 效率差异、技术承接成本与西部创新特点

第6章模型是以交易中是否转让核心技术为重点进行研究的,没有考虑技术成果转让的条件是否对所有的企业都是一样。产业内企业间的异质性是产业的正常现象,而且这种异质性在技术转让前就存在,如东西部企业环境与创新效率差异就是一个现实问题。本书试图进一步探讨的是,是否不同的企业都能够获得相同的转让条件呢?如果忽略不同地域间因为经济系统、创新系统差异导致企业在应用新技术能力上的异质性,就意味着西部企业与其他地区的企业是一样的,那么本书就没有研究意义。本章在接下来构建的理论模型中,将立足东西部创新系统差异及企业创新能力的异质性,以西部创新系统和传统制造业效率为背景,构建信息不对称的博弈模型,研究西部传统制造业引进吸收再创新的条件和特点。

7.1 模型建立的背景

西部除部分特色制造业外,大多数传统制造业都要参与全国范围内的竞争。从技术创新的内生性视角看,已知西部创新系统相对薄弱,传统制造业的效率相对较低。在创新驱动战略中,西部企业也必须与东中部企业一样,通过引进吸收再创新的方式创造新技术提高生产效率和质量,即必须通过购买最新技术成果来完成技术创新。接下来要讨论的是信息不对称发生在交易之前的技术交易特征,即以逆向选择理论为基础,分析新技术交易双方的均衡支付方案的形成机制与特征。因为该部分内容较为复杂,本章的研究逻辑依然是先讨论两类技术需求方竞争技术成果在对称信息下的均衡支付方案,然后延伸到不对称信息下进行讨论,探索不对称信息下分离均衡价格支付方案的特征。

7.2 模型的基本假设与函数的构建

7.2.1 模型的基本假设

本书假设东西部厂商都响应创新驱动战略,准备通过技术引进实现模仿创新。两地厂商获得新技术前的边际生产成本均为 c^0,在获得新技术成果前,都是本地的垄断性厂商,获得新技术后依然是本地垄断者。根据东西部创新系统差异,本书定义购买新技术的厂商如下:一类是东部的创新系统强、应用创新能力也强的高效率的 H 型厂商(后文简称 H 型厂商),能够充分利用新技术成果的潜力,大幅度降低边际生产成本至 c^H;另一类是西部创新系统弱、应用创新能力也弱的 L 型厂商(后文简称 L 型厂商),使用新技术成果的效率低于东部 H 型厂商,只能将边际生产成本降低至 c^L。若两类厂商都使用新技术成果,

则边际生产成本的变化满足 $c^H<c^L<c^0$，边际生产成本均为定常单位成本 c。为了简化模型的计算过程，假设生产厂商没有固定成本。如果每个厂商的总产量为 X，那么厂商的总成本就为 cX。两类厂商的效率差别仅在于：由于创新系统效率的差异，使用新技术后能够将边际生产成本分别降低到 c^H 和 c^L，其他因素都相同。

又假设：在本模型中技术转让方在技术交易中的收益依然由两个方面构成：①一次性购买技术使用许可费（即专利费）为 A；②技术转让方从厂商单位产品的价格中收取的技术提成费为 b，无其他收入。两类技术购买方的现有边际生产成本均为 c^0，设市场需求函数为 $D(p)$。

7.2.2 构建该技术交易的基本函数、参与条件[①]

由于是技术创新驱动经济增长的背景，技术拥有方获得技术交易中的先发优势，能够主导技术交易价格，所以本模型设定的博弈顺序为技术购买方有 H、L 两类厂商→技术转让方提供技术交易方案→技术使用方接受价格方案→技术购买方进行垄断性生产经营活动。

1. 两类厂商在购买新技术前的利润函数

两类技术购买厂商在购买新技术前的利润函数均为

$$\pi^m(c^0) = [p^m(c^0) - c^0]D(p^m(c^0)) \tag{7.1}$$

其中，$p^m(c^0)$ 为边际成本为 c^0 时厂商的垄断价格。

令 $D^m(c^0) = D(p^m(c^0))$，公式 (7.1) 就可以写成

$$\pi^m(c^0) = [p^m(c^0) - c^0]D^m(c^0) \tag{7.2}$$

2. 两类厂商购买新技术后的利润函数与参与约束

(1) 两类厂商购买新技术后的利润函数。

① H 型厂商的利润：

$$\pi^m(c^H + b^H) - A^H \tag{7.3}$$

② L 型厂商的利润：

$$\pi^m(c^L + b^L) - A^L \tag{7.4}$$

(2) 两类厂商购买新技术的参与约束。已知两类厂商购买新技术之前的利润均为 $\pi^m(c^0)$，显然厂商购买新技术的条件应当是购买新技术后的利润不低于不购买新技术的利润，即分别为公式 (7.5) 和公式 (7.6)。

① H 型厂商的参与约束：

$$\pi^m(c^H + b^H) - A^H \geqslant \pi^m(c^0) \tag{7.5}$$

② L 型厂商的参与约束：

$$\pi^m(c^L + b^L) - A^L \geqslant \pi^m(c^0) \tag{7.6}$$

---

① 该部分内容是对内因思·马可-斯达德勒和 J.大卫·佩雷斯-卡斯特里罗的模型进行了细化与拓展，证明了对称信息解的数理过程，补充了不对称信息的所有库恩-塔克条件。

3. 技术转让方的利润函数

假设：技术转让方的利润仅仅来自从技术购买方获得的技术收费。

(1)针对 H 型厂商，技术转让方的利润为

$$\pi^H = A^H + b^H D^m(c^H + b^H) \tag{7.7}$$

(2)针对 L 型厂商，技术转让方的利润为

$$\pi^L = A^L + b^L D^m(c^L + b^L) \tag{7.8}$$

4. 技术转让方的参与约束

如果技术收费 A、b 为技术转让方的唯一收入来源，那么令技术转让方出售技术成果的条件是 $A \geqslant 0$，$b \geqslant 0$，所以技术转让方的参与约束如下。

(1)针对 H 型厂商，参与约束为

$$A^H \geqslant 0 \tag{7.9}$$
$$b^H \geqslant 0 \tag{7.10}$$

(2)针对 L 型厂商，参与约束为

$$A^L \geqslant 0 \tag{7.11}$$
$$b^L \geqslant 0 \tag{7.12}$$

在上述条件下，技术转让方会提供一个怎样的最优支付方案呢？接下来在不同的信息条件下讨论均衡支付方案。

7.3 对称信息下技术转让的最优均衡支付

在对称信息模型中，技术转让方制定的价格方案只要满足技术购买方的参与条件，就会使自身利润最大，接下来分析对称信息下的最优均衡支付。

7.3.1 针对高效率企业的技术交易方案

(1)根据公式(7.5)、公式(7.7)、公式(7.9)和公式(7.10)，分析技术转让方的规划问题：

$$\max_{A^H, b^H} A^H + b^H D^m(c^H + b^H)$$

$$\text{s.t.} \quad A^H \leqslant \pi^m(c^H + b^H) - \pi^m(c^0) \cdots \lambda$$

$$A^H \geqslant 0 \cdots \gamma$$

$$b^H \geqslant 0 \cdots \mu$$

(2)建立拉格朗日方程，并求解库恩-塔克条件：

$$L = A^H + b^H D^m(c^H + b^H) + \lambda[\pi^m(c^H + b^H) - \pi^m(c^0) - A^H] + \gamma A^H + \mu b^H \tag{7.13}$$

库恩-塔克条件为

$$\frac{\partial L}{\partial A^H} = 1 - \lambda + \gamma = 0 \tag{7.14}$$

$$\frac{\partial L}{\partial b^H} = b^H D'^m(c^H + b^H) + D^m(c^H + b^H) + \lambda \frac{\partial \pi^m(c^H + b^H)}{\partial b^H} + \mu = 0 \tag{7.15}$$

因为
$$\frac{\partial \pi^m(c^H+b^H)}{\partial b^H}=-D^m(c^H+b^H) \quad (7.16)^{①}$$

将公式(7.16)代入公式(7.15)得
$$\frac{\partial L}{\partial b^H}=b^H D^{'m}(c^H+b^H)+D^m(c^H+b^H)-\lambda D^m(c^H+b^H)+\mu=0 \quad (7.17)$$

(3)分析公式(7.14)、公式(7.17)中的各拉格朗日乘数的数学性质。

①分析 λ 项。根据公式(7.14)有
$$\lambda=1+\gamma\geqslant 1 \quad (7.18)$$

因为 λ 和 γ 均为拉格朗日乘数，有 $\lambda、\gamma\geqslant 0$，所以技术转让方关于 A^H 的最小值存在，参与约束公式(7.5)取等号，得到
$$\pi^m(c^H+b^H)-A^H=\pi^m(c^0)$$
$$\Rightarrow A^H=\pi^m(c^H+b^H)-\pi^m(c^0) \quad (7.19)$$

②分析 μ。由公式(7.17)得到
$$\mu=(\lambda-1)D^m(c^H+b^H)-b^H D^{'m}(c^H+b^H) \quad (7.20)$$

根据规划方程中 $b^H\geqslant 0\cdots\mu$ 项，以及拉格朗日乘数不为负的性质，若 $\mu=0$，则必有 $b^H>0$。而公式(7.20)右端：因为有 $\lambda=1+\gamma\geqslant 1$，故公式(7.20)右端第 1 项 $(\lambda-1)D^m(c^H+b^H)\geqslant 0$。根据需求曲线的性质，$D^{'m}(c^H+b^H)<0$，所以公式(7.20)第 2 项有 $-b^H D^{'m}(c^H+b^H)>0$，故公式(7.20)右端大于零。

显然，在 $\mu=0$，$b^H>0$ 的假定下，出现公式(7.20)左端 $\mu=0$；右端 $(\lambda-1)D^m(c^H+b^H)-b^H D^{'m}(c^H+b^H)>0$，公式(7.20)不成立，故该规划问题的参数只能是 $\mu>0\Rightarrow b^H=0$。

由于 $b^H=0$，高效率企业的参与约束公式(7.5)可以改写为
$$A^H=\pi^m(c^H+b^H)-\pi^m(c^0)=\pi^m(c^H)-\pi^m(c^0) \quad (7.21)$$

因为已经假定：$c^H<c^0$，所以根据公式(7.21)有
$$A^H=\pi^m(c^H)-\pi^m(c^0)>0 \quad (7.22)$$

所以，对称信息下高效率企业的最优支付方案由下式定义：
$$\left(A^{H^*}>0;\ b^{H^*}=0\right) \quad (7.23)$$

7.3.2 针对低效率企业的技术交易方案

根据公式(7.6)、公式(7.8)、公式(7.11)和公式(7.12)，构建技术转让方的规划问题为

---

① 去掉各变量的上标进行证明：$\frac{\partial \pi^m(c+b)}{\partial b}=-D^m(c+b)$。根据题意：$p^m(c)\in\arg\max\limits_p[p-c]D(p)$，所以有 $\frac{\partial \pi^m(c)}{\partial P}=(P-c)\frac{\partial D}{\partial P}+D(P)=0$，又因 $\frac{\partial \pi^m(c)}{\partial c}=\left(\frac{\partial P}{\partial c}-1\right)D(P)+(P-c)\frac{\partial D}{\partial P}\frac{\partial P}{\partial c}$，所以 $\frac{\partial \pi^m(c)}{\partial c}=-D(P)+\left[(P-c)\frac{\partial D}{\partial P}+D(P)\right]\frac{\partial P}{\partial c}=-D(P)$，所以有 $\frac{\partial \pi^m(c+b)}{\partial b}=-D^m(c+b)$，证毕。

$$\max_{A^L, b^L} A^L + b^L D^m(c^L + b^L)$$
$$\text{s.t.} \quad A^L \leqslant \pi^m(c^L + b^L) - \pi^m(c^0) \cdots \lambda$$
$$A^L \geqslant 0 \cdots \gamma$$
$$b^L \geqslant 0 \cdots \mu$$

同理可证：针对 L 型低效率厂商，一次性固定费用和技术提成为

$$b^L = 0 \tag{7.24}$$
$$A^L = \pi^m(c^L + b^L) - \pi^m(c^0) \tag{7.25}$$

将公式(7.24)代入公式(7.25)有

$$A^L = \pi^m(c^L) - \pi^m(c^0) > 0 \tag{7.26}$$

所以，对称信息下低效率企业的最优支付方案由下式定义：

$$\left(A^{L^*} > 0; \ b^{L^*} = 0\right) \tag{7.27}$$

7.3.3 比较技术转让方对高效率企业和低效率企业的均衡收费

公式(7.23)、公式(7.24)显示：$b^{H^*} = b^{L^*} = 0$；又因为 $c^H < c^L$，根据经济学原理有 $c^H < c^L \Rightarrow \pi^m(c^H) > \pi^m(c^L)$。根据公式(7.22)和公式(7.25)可得

$$\Delta A^* = A^{H^*} - A^{L^*} = \pi^m(c^H) - \pi^m(c^0) - \pi^m(c^L) + \pi^m(c^0)$$
$$= \pi^m(c^H) - \pi^m(c^L) > 0 \tag{7.28}$$
$$\Rightarrow A^{H^*} > A^{L^*}$$

结论 7.1：在对称信息下，技术转让方为获得最大收益，无论技术使用方是高效率 H 型厂商，还是低效率 L 型厂商，都只需要向技术使用方一次性收取这项技术的使用许可费 A^{H^*} 或者 A^{L^*}，而不需要收取技术提成。如果技术使用方的经营水平不同，利用技术成果赚得的利润不同，那么技术转让方会分别向技术购买方提出不同的技术使用价格方案。由于高效率的 H 型厂商的边际生产成本低，技术转让方向 H 型厂商收取的费用要高一些；而向低效率的 L 型厂商收取的费用要低一些。

对称信息下的分离均衡价格方案在不对称信息下会导致逆向选择。如果存在 H、L 两类厂商，而技术转让方对于厂商的类型处于信息劣势，那么高效率的 H 型厂商在利益驱动下会装成低效率经营水平的 L 型厂商，仅支付较低的 L 型交易价格方案 A^{L^*}，获得信息租金 $A^{H^*} - A^{L^*} = \Delta A^*$。

从博弈的视角出发，技术转让方知道 H 型厂商在不对称信息条件下会实施事前机会主义行为，自身利润将减少 ΔA^*。因此，技术转让方将设计一套包含激励相容约束的系列支付方案，启动自选择机制，辨明技术购买方的真实类型，将租金 ΔA^* 落实为自己的利润。接下来，本书构建含有激励相容机制的不对称信息模型，分析均衡支付方案的形成和特征。

7.4　不对称信息条件下技术转让的最优分离均衡支付

依然设技术购买方因创新系统和经营效率差异分为两类：高效率的 H 型厂商和低效率的 L 型厂商。H 型厂商使用技术成果能够将边际成本降到 c^H；而 L 型厂商使用技术成

果只能将边际成本降到c^L,且有$c^H < c^L < c^0$。

7.4.1 函数的构建与规划模型的设定

1. 技术转让方的目标函数、参与约束

首先设技术转让方推定某一技术使用方为 H 型厂商的先验概率为 q,技术转让方为风险中性。

(1) 根据公式(7.7)和公式(7.8),设定技术转让方的期望利润函数为

$$E\pi = q[A^H + b^H D^m(c^H + b^H)] + (1-q)[A^L + b^L D^m(c^L + b^L)] \tag{7.29}$$

(2) 技术转让方的参与约束为

$$A^H \geq 0 \tag{7.30}$$
$$A^L \geq 0 \tag{7.31}$$
$$b^H \geq 0 \tag{7.32}$$
$$b^L \geq 0 \tag{7.33}$$

2. H 型技术购买方的利润函数和约束条件

(1) 利润函数依然为 $\pi^m(c^H + b^H) - A^H$。

(2) 参与约束依然为 $\pi^m(c^H + b^H) - A^H - \pi^m(c^0) \geq 0$。

(3) 技术转让方对 H 型厂商设定的激励相容约束为

$$\pi^m(c^H + b^H) - A^H \geq \pi^m(c^H + b^L) - A^L \tag{7.34}$$

3. L 型技术购买方的利润函数与约束条件

(1) 利润函数依然为 $\pi^m(c^L + b^L) - A^L$。

(2) 参与约束依然为 $\pi^m(c^L + b^L) - A^L - \pi^m(c^0) \geq 0$。

(3) 技术转让方对 L 型厂商设定的激励相容约束为

$$\pi^m(c^L + b^L) - A^L \geq \pi^m(c^L + b^H) - A^H \tag{7.35}$$

7.4.2 不对称信息下规划模型的设定

将技术转让方的目标函数公式(7.29)和参与约束式(7.30)～式(7.33),H 型、L 型厂商的参与约束公式(7.5)、公式(7.6),以及 H 型、L 型厂商的激励相容约束式(7.34)和式(7.35)都设入规划模型形式,则以技术转让方利润最大的规划问题是求以下问题的解:

$$\max_{(A^H, b^H, A^L, b^L)} \{q[A^H + b^H D^m(c^H + b^H)] + (1-q)[A^L + b^L D^m(c^L + b^L)]\}$$

s.t. $\pi^m(c^H + b^H) - A^H - \pi^m(c^H + b^L) + A^L \geq 0 \cdots \mu$

$\pi^m(c^L + b^L) - A^L - \pi^m(c^L + b^H) + A^H \geq 0 \cdots \lambda$

$\pi^m(c^H + b^H) - A^H - \pi^m(c^0) \geq 0 \cdots \rho$

$\pi^m(c^L + b^L) - A^L - \pi^m(c^0) \geq 0 \cdots \delta$

$A^H \geq 0 \cdots \alpha^H$

$A^L \geq 0 \cdots \alpha^L$

$$b^H \geqslant 0 \cdots \beta^H$$
$$b^L \geqslant 0 \cdots \beta^L$$

容易看出，若 L 型的参与约束(δ 项)和 H 型的激励相容约束(μ 项)有效，则 H 型的买方参与约束(ρ 项)总是有效的，因此，可以剔除项[①]。

7.4.3 求规划模型的均衡解

依然用库恩-塔克条件解来寻求不对称信息下技术转让方最优交易的技术价格交易方案。

1. 构建技术转让方的拉格朗日函数[②]

$$\begin{aligned}L(A^H,b^H,A^L,b^L) = &\, q[A^H + b^H D^m(c^H + b^H)] + (1-q)[A^L + b^L D^m(c^L + b^L)] \\ &+ \mu[\pi^m(c^H + b^H) - A^H - \pi^m(c^H + b^L) + A^L] \\ &+ \lambda[\pi^m(c^L + b^L) - A^L - \pi^m(c^L + b^H) + A^H] \\ &+ \delta[\pi^m(c^L + b^L) - A^L - \pi^m(c^0)] \\ &+ \alpha^H A^H + \alpha^L A^L + \beta^H b^H + \beta^L b^L\end{aligned} \tag{7.36}$$

2. 寻求拉格朗日方程关于 A^H、A^L、b^H、b^L 的一阶条件

(1) 关于 A^H 的一阶条件为

$$\frac{\partial L}{\partial A^H} = q - \mu + \lambda + \alpha^H = 0 \Rightarrow \mu = q + \lambda + \alpha^H$$
$$\because \lambda \geqslant 0;\ \alpha^H \geqslant 0;\ q > 0 \tag{7.37}$$
$$\therefore \mu = q + \lambda + \alpha^H > 0$$

因为 $\mu > 0$，根据拉格朗日乘数的性质，模型中关于 μ 项的不等式可以取等号，即

$$\pi^m(c^H + b^H) - A^H - \pi^m(c^H + b^L) + A^L = 0 \tag{7.38}$$

得到

$$A^{H**} = \pi^m(c^H + b^H) - \pi^m(c^H + b^L) + A^L \tag{7.39}$$

(2) 关于 A^L 的一阶条件为

$$\frac{\partial L}{\partial A^L} = (1-q) + \mu - \lambda - \delta + \alpha^L = 0 \tag{7.40}$$

将公式(7.37)代入公式(7.40)得

$$\delta = 1 + \alpha^H + \alpha^L > 0 \tag{7.41}$$

根据拉格朗日乘数的性质，已知 $\delta > 0$，关于 δ 的 L 型厂商参与约束公式(7.6)可取等号，即

[①] 根据 μ、δ，有 $\Pi^m(c^H + b^H) - A^H - \Pi^m(c^H + b^L) + A^L \geqslant 0 \cdots \mu$；$\Rightarrow \Pi^m(c^H + b^H) - A^H \geqslant \Pi^m(c^H + b^L) - A^L$；$\Pi^m(c^L + b^L) - A^L - \Pi^m(c^0) \geqslant 0 \cdots \delta \Rightarrow \Pi^m(c^L + b^L) - A^L \geqslant \Pi^m(c^0)$。又因为 $c^H < c^L$，所以 $(c^H + b^L) < (c^L + b^L) \Rightarrow \Pi^m(c^H + b^L) > \Pi^m(c^L + b^L)$；根据传递性：$\Pi^m(c^H + b^H) - A^H \geqslant \Pi^m(c^H + b^L) - A^L \geqslant \Pi^m(c^L + b^L) - A^L \geqslant \Pi^m(c^0) \Rightarrow \Pi^m(c^H + b^H) - A^H \geqslant \Pi^m(c^0)$。故 H 型厂商的参与约束 ρ 项已被包含在 μ、δ 项公式中。

[②] 公式(7.36)中已经剔除了 H 型厂商的参与约束 ρ 项。

$$\pi^m(c^L+b^L)-A^L-\pi^m(c^0)=0 \tag{7.42}$$

并得到

$$A^{L^{**}}=\pi^m(c^L+b^L)-\pi^m(c^0)\geqslant 0 \tag{7.43}$$

(3) 关于 b^H，有

$$\frac{\partial L}{\partial b^H}=qD^m(c^H+b^H)+qb^H D^{m\prime}(c^H+b^H)+\mu\frac{\partial\pi^m(c^H+b^H)}{\partial b^H}-\lambda\frac{\partial\pi^m(c^L+b^L)}{\partial b^H}+\beta^H=0$$

因为已经证明：

$$\frac{\partial\pi^m(c^H+b^H)}{\partial b^H}=-D^m(c^H+b^H), \quad \frac{\partial\pi^m(c^L+b^L)}{\partial b^H}=-D^m(c^L+b^L)$$

所以

$$\frac{\partial L}{\partial b^H}=qD^m(c^H+b^H)+qb^H D^{m\prime}(c^H+b^H)-\mu D^m(c^H+b^H)+\lambda D^m(c^L+b^L)+\beta^H=0$$

将公式(7.37)代入上式得

$$\frac{\partial L}{\partial b^H}=qD^m(c^H+b^H)+qb^H D^{m\prime}(c^H+b^H)-(q+\lambda+\alpha^H)D^m(c^H+b^H)+\lambda D^m(c^L+b^L)+\beta^H=0$$

整理后得

$$\beta^H=-qb^H D^{m\prime}(c^H+b^H)+\lambda[D^m(c^H+b^H)-D^m(c^L+b^L)]+\alpha^H D^m(c^H+b^H) \tag{7.44}$$

根据参与约束和拉格朗日乘数的性质：若 $b^H=0$，则 $\beta^H>0$；若 $b^H>0$，则 $\beta^H=0$。接下来首先反证 $b^H>0$、$\beta^H=0$ 的不合理性。根据公式(7.44)中各分项的特点证明如下。

第一项：由 $b^H>0\Rightarrow\beta^H=0$。因为 $D^{m\prime}(c^H+b^H)<0$、$q>0$，所以有 $-qb^H D^{m\prime}(c^H+b^H)>0$。

第二项：因为 $c^H<c^L$，所以 $D^m(c^H+b^H)-D^m(c^L+b^L)>0$。

第三项：因为 $D^m(c^H+b^H)>0$、$\alpha^H\geqslant 0$，所以 $\alpha^H D^m(c^H+b^H)\geqslant 0$

上述 3 项之和得出公式(7.44)右端 $(\cdot)\geqslant 0$，这与假设 $\beta^H=0$ 相矛盾，故公式(7.44)中只能取 $b^H=0$；$\beta^H>0$ 总是成立。因此，对于高效率厂商，技术转让方的价格方案中的技术提成由下式表示：

$$b^{H^{**}}=0 \tag{7.45}$$

将公式(7.45)代入公式(7.39)得

$$A^{H^{**}}=\pi^m(c^H)-\pi^m(c^H+b^L)+A^L \tag{7.46}$$

因为 $\pi^m(c^H)-\pi^m(c^H+b^L)>0$，$A^L\geqslant 0$，所以

$$A^H=\pi^m(c^H)-\pi^m(c^H+b^L)+A^L>0$$
$$\Rightarrow A^H>0 \tag{7.47}$$

由 $A^H>0$，推出拉格朗日乘数：$\alpha^H=0$。

由此得到了关于 H 型厂商的均衡支付特征，即

$$(A^{H^{**}}>0;\ b^{H^{**}}=0) \tag{7.48}$$

(4) 关于 b^L，有

$$\frac{\partial L}{\partial b^{\text{L}}} = (1-q)[D^m(c^{\text{L}}+b^{\text{L}}) + b^{\text{L}} D^{m\prime}(c^{\text{L}}+b^{\text{L}})]$$
$$-\mu \frac{\partial \pi^m(c^{\text{H}}+b^{\text{L}})}{\partial b^{\text{L}}} + \lambda \frac{\partial \pi^m(c^{\text{L}}+b^{\text{L}})}{\partial b^{\text{L}}} + \delta \frac{\partial \pi^m(c^{\text{L}}+b^{\text{L}})}{\partial b^{\text{L}}} + \beta^{\text{L}} = 0$$

因为公式(7.16)已经证明：$\frac{\partial \pi^m(c^{\text{L}}+b^{\text{L}})}{\partial b^{\text{L}}} = -D^m(c^{\text{L}}+b^{\text{L}})$，所以有

$$\frac{\partial L}{\partial b^{\text{L}}} = (1-q)D^m(c^{\text{L}}+b^{\text{L}}) + (1-q)b^{\text{L}} D^{m\prime}(c^{\text{L}}+b^{\text{L}}) + \mu D^m(c^{\text{H}}+b^{\text{L}})$$
$$- \lambda D^m(c^{\text{L}}+b^{\text{L}}) - \delta D^m(c^{\text{L}}+b^{\text{L}}) + \beta^{\text{L}} = 0$$

根据公式(7.37)、公式(7.47)，将上式化简得

$$\frac{\partial L}{\partial b^{\text{L}}} = D^m(c^{\text{L}}+b^{\text{L}})(1-q-\lambda-\delta) + (q+\lambda)D^m(c^{\text{H}}+b^{\text{L}}) + (1-q)b^{\text{L}} D^{m\prime}(c^{\text{L}}+b^{\text{L}}) + \beta^{\text{L}} = 0$$

再因为公式(7.37)、公式(7.41)、公式(7.47)：$\mu = q+\lambda+\alpha^{\text{H}}$，$\delta = 1+\alpha^{\text{H}}+\alpha^{\text{L}}$，$\alpha^{\text{H}} = 0$，替换相关项后得

$$\frac{\partial L}{\partial b^{\text{L}}} = \mu[D^m(c^{\text{H}}+b^{\text{L}}) - D^m(c^{\text{L}}+b^{\text{L}})] - \alpha^{\text{L}} D^m(c^{\text{L}}+b^{\text{L}}) \tag{7.49}$$
$$+ (1-q)b^{\text{L}} D^{m\prime}(c^{\text{L}}+b^{\text{L}}) + \beta^{\text{L}} = 0$$

现在从公式(7.49)入手分析 b^{L} 的特征：因为参约束 β^{L} 项必须有 $b^{\text{L}} \geq 0$。如果 $b^{\text{L}} = 0$ 不成立，则必有 $b^{\text{L}} > 0$。

证明 $b^{\text{L}} = 0 \Rightarrow \beta^{\text{L}} > 0$ 的不合理性。公式(7.42)表明：

$$\pi^m(c^{\text{L}}+b^{\text{L}}) - A^{\text{L}} - \pi^m(c^0) = 0$$
$$\Rightarrow A^{\text{L}} = \pi^m(c^{\text{L}}+b^{\text{L}}) - \pi^m(c^0) = \pi^m(c^{\text{L}}) - \pi^m(c^0) > 0 \tag{7.50}$$
$$\Rightarrow A^{\text{L}} > 0$$

根据公式(7.50)，必有拉格朗日乘数：

$$\alpha^{\text{L}} = 0 \tag{7.51}$$

而公式(7.49)中含有如下三项。

第一项：$[D^m(c^{\text{H}}+b^{\text{L}}) - D^m(c^{\text{L}}+b^{\text{L}})] > 0$；公式(7.37)：$\mu = q+\lambda+\alpha^{\text{H}} > 0$。

第二项：公式(7.51)表明 $\alpha^{\text{L}} D^m(c^{\text{L}}+b^{\text{L}}) = 0$。

第三项：仅当第三项 $(1-q)b^{\text{L}} D^{m\prime}(c^{\text{L}}+b^{\text{L}}) < 0$，即 $b^{\text{L}} > 0$ 时，公式(7.49)才成立。

此时，必有

$$b^{\text{L}} > 0 \Rightarrow \beta^{\text{L}} = 0 \tag{7.52}$$

所以，根据公式(7.52)，技术转让方对低效率厂商支付方案的技术提成为

$$b^{\text{L**}} > 0 \tag{7.53}$$

将公式(7.53)代入公式(7.43)得

$$A^{\text{L**}} = \pi^m(c^{\text{L}}+b^{\text{L}}) - \pi^m(c^0)$$

因此有

$$A^{\text{L**}} = \pi^m(c^{\text{L}}+b^{\text{L**}}) - \pi^m(c^0) \geq 0$$

3. 不对称信息下均衡支付方案的解的小结

根据公式(7.39)、公式(7.43)、公式(7.45)、公式(7.53)，不对称信息下均衡支付方案如下所示。

(1) 关于 H 型厂商，有 $(A^{H^{**}}>0;\ b^{H^{**}}=0)$。

(2) 关于 L 型厂商，有 $(A^{L^{**}} \geqslant 0;\ b^{L^{**}}>0)$。

(3) $A^{H^{**}} > A^{L^{**}}$。

因为

$$A^{H^{**}} = \pi^m(c^H) - \pi^m(c^H + b^{L^{**}}) + A^{L^{**}}; \quad A^{L^{**}} = \pi^m(c^L + b^{L^{**}}) - \pi^m(c^0)$$

$$A^{H^{**}} - A^{L^{**}} = \pi^m(c^H) - \pi^m(c^H + b^{L^{**}}) + A^{L^{**}} - [\pi^m(c^L + b^{L^{**}}) - \pi^m(c^0)]$$

又因为 $\pi^m(c^H) - \pi^m(c^H + b^{L^{**}}) > 0$，L 型厂商的参与约束 δ 项总是成立，即 $A^{L^{**}} - [\pi^m(c^L + b^{L^{**}}) - \pi^m(c^0)] = 0$，所以上述第(3)项成立。

7.4.4 不对称信息与对称信息下两类厂商均衡支付方案的比较

1. 高效率 H 型厂商的比较

(1) 关于 A^H。

$$\Delta A^H = A^{H^{**}} - A^{H^*}$$

其中，$A^{H^{**}} = \pi^m(c^H) - \pi^m(c^H + b^{L^{**}}) + A^{L^{**}}$；$A^{H^*} = \pi^m(c^H) - \pi^m(c^0)$

$$A^{L^{**}} = \pi^m(c^L + b^{L^{**}}) - \pi^m(c^0)$$

$$\begin{aligned}\Delta A^H &= \pi^m(c^H) - \pi^m(c^H + b^{L^{**}}) + \pi^m(c^L + b^{L^{**}}) - \pi^m(c^0) - \pi^m(c^H) + \pi^m(c^0) \\ &= \pi^m(c^L + b^{L^{**}}) - \pi^m(c^H + b^{L^{**}}) < 0\end{aligned} \quad (7.54)$$

所以 $A^{H^{**}} < A^{H^*}$，即不对称信息下对高效率厂商收取的一次性费用低于对称信息下的费用。

(2) 关于 b^H。因为 $b^{H^{**}} = b^{H^*} = 0$，即无论信息是否对称，技术转让方对高效率 H 型厂商都不收取技术提成。

(3) ΔA^H 是技术转让方在不对称信息下留给高效率 H 型厂商的信息租金。

2. 低效率 L 型厂商的比较

(1) 关于 A^L。

$$\Delta A^L = A^{L^{**}} - A^{L^*}$$

因为

$$A^{L^{**}} = \pi^m(c^L + b^{L^{**}}) - \pi^m(c^0); \quad A^{L^*} = \pi^m(c^L) - \pi^m(c^0)$$

$$\begin{aligned}\Delta A^L &= \pi^m(c^L + b^{L^{**}}) - \pi^m(c^0) - \pi^m(c^L + b^{L^*}) + \pi^m(c^0) \\ &= \pi^m(c^L + b^{L^{**}}) - \pi^m(c^L + b^{L^*}) < 0\end{aligned}$$

所以 $A^{L^{**}} < A^{L^*}$，即不对称信息下对低效率厂商收取的一次性费用低于对称信息下收取的费用。

(2) 关于 b^L。

$$b^{L^{**}} > 0;\ b^{H^{**}} = 0 \Rightarrow b^{L^{**}} > b^{H^{**}}$$

(3) 想要确定 $A^{H^{**}}$、$A^{L^{**}}$ 的均衡支付值比较困难。如果在不对称信息下 $A^{L^{**}}>0$，则必须要满足 $\alpha^L=0$。但是公式(7.43)很难给出 $\alpha^L=0$ 的信息。只有公式(7.43)中的第 1 项和第 4 项在绝对值相等时，$\alpha^L=0$，$A^{L^{**}}>0$ 才成立，即

$$\mu[D^m(c^H+b^L)-D^m(c^L+b^L)]=-(1-q)b^L D^{m\prime}(c^L+b^L)$$

$$\Rightarrow (q-1)=\frac{\mu[D^m(c^H+b^L)-D^m(c^L+b^L)]}{b^L D^{m\prime}(c^L+b^L)} \Rightarrow q=\frac{\mu[D^m(c^L+b^L)-D^m(c^L+b^L)]}{b^L D^{m\prime}(c^L+b^L)}+1$$

时，$\alpha^L=0$，$A^{L^{**}}>0$ 成立。而其他时候，$\alpha^L>0$，$A^{L^{**}}=0$。

7.4.5 不对称信息下均衡支付方案模型的结论

结论 7.2：①不对称信息下高效率的 H 型厂商向技术转让方一次性支付的技术使用费 $A^{H^{**}}$，比对称信息下的 A^{H^*} 减少了，少支付的部分就是 H 型厂商在不对称信息下获得的信息租金；②不对称信息下 L 型厂商虽然支付的技术使用许可证费用降低了，但是购买技术必须向技术转让方支付单位产品的技术提成 $b^{L^{**}}$，技术转让方这种做法的目的是，通过扭曲 L 型厂商的生产效率，提高 L 型厂商的生产边际成本，使 H 型厂商伪装成 L 型厂商后获得的剩余减少，放弃机会主义行为，提高技术转让方的利润水平；③出现 $b^{L^{**}}+c^L>c^0$，低效率厂商的生产规模会小于购买新技术之前，不仅对 L 型厂商的引进吸收再创新起到了阻碍作用，而且再次削弱 L 型厂商所在地区的创新系统，技术创新过程中的马太效应会循环出现。

7.5 基本结论

西部地区通过引进吸收再创新，是快速缩小与东部地区差距的重要途径，新技术的市场交易是引进吸收再创新的关键环节。

如果信息对称，则在技术交易过程中由市场主导完成的条件下，技术研发方会对高效率的 H 型生产厂商提出更为苛刻的技术价格，尽可能攫取 H 型厂商的市场剩余，而对 L 型企业的技术收费较低，即在向市场扩散新技术时，即使转让方对高效率的东部企业收取高价；而对落后的西部企业收取低价。这就使西部产业存在购买先进技术的后发优势，技术交易激励西部企业去引进吸收再创新，加速以创新为基本动力的赶超战略。

但是，现实往往是信息不对称的，技术转让方、技术购买方通常都是隐匿商业技术信息的。为了阻止 H 型企业的道德风险行为，技术转让方会采取措施阻断高效率 H 型企业通过信息优势获得信息租金的动机，给出的技术交易方案将不利于创新系统薄弱、生产效率低的西部企业。也就是说，本来就低效率的西部企业在信息不对称的条件下，实施引进吸收再创新战略时，反而会面对更高的资金壁垒，付出比东部高效率企业更高的技术创新成本，那么后发优势就会变成后发劣势，西部与我国东部地区的差距会在技术创新中进一步拉大。

中共中央在 2020 年 5 月发布的《中共中央 国务院关于新时代推进西部大开发形成新格局的指导意见》中提出，"不断提升创新发展能力。以创新能力建设为核心，加强创新开放合作，打造区域创新高地。完善国家重大科研基础设施布局，支持西部地区在特色优

势领域优先布局建设国家级创新平台和大科学装置。加快在西部具备条件的地区创建国家自主创新示范区、科技成果转移转化示范区等创新载体。进一步深化东西部科技创新合作，打造协同创新共同体。在西部地区布局建设一批应用型本科高校、高职学校，支持'双一流'高校对西部地区开展对口支援。"就是要从宏观布局中改善西部创新系统，提升西部地区自主创新能力，避免在创新驱动经济增长的战略中再次拉大区域差距。

第 8 章 技术差异、竞争性厂商与"适宜性"技术选择

本章想要探讨的问题是，面对各类各层次的技术成果，最容易被市场接受的是哪一类技术成果呢？或者说，哪个层次的技术最容易实现产业化呢？从产业革命史的历程看，如果技术成果与当时的经济系统不兼容，那么很容易导致创新的失败。在技术成果市场上，技术成果拥有方往往具有技术信息优势，而技术购买方常常处于技术交易的信息劣势状态。如果技术市场同时提供高端的、最先进的技术和相对中低端的"适用性"技术，那么在产业是竞争性的市场结构下，不对称信息的均衡过程与均衡结果是怎样的？

西部有众多的省份和工业城市，传统制造业分布相当广泛。在创新引领经济增长的战略背景下，处于竞争中的传统制造企业，对于技术成果的需求是多层次的，技术购买方也处于竞相购买新技术的竞争状态中。因此，本书基于 Macho-Stadler 等（1996）的研究构建了一个多个竞争性厂商购买技术成果的事前不对称信息模型，假定市场有不止一种技术成果，而购买技术的厂商是竞争性的，采用了新技术后，均衡利润也为零。研究结果显示，技术输出方转让的低端技术越多，技术引进越容易成功。如果技术输出方提供的多为高端技术，理论上反而很难确定技术交易的贝叶斯均衡。

本章构建的模型与前两章不同的是，第一，本书将假设西部技术购买方不再是垄断性厂商，而是竞争性企业；第二，假设技术购买方处于博弈的先动方。在这两个假设下，本章分析多个技术购买方争夺技术成果的交易均衡问题。

8.1 模型的基本假设与相关函数

技术创新具有双重不确定性：一是来自研发过程的不确定性；二是技术成果商业化的不确定性。由于模仿创新发生在技术相对成熟期，即克里斯所说的技术生命周期的第三阶段引进技术，这时，研发过程的不确定性已经由技术研发方消化，所以模型的背景仅仅考虑技术产业化过程的不确定性。

8.1.1 模型背景与基本假设

该模型首先是满足新古典经济学框架下的基本假设，然后补充以下假设。

（1）博弈过程为技术购买方先动。在产业的创新驱动战略下，技术购买方率先向技术拥有方提出购买技术成果的支付方案以主动实施创新驱动战略，由此，技术购买方是该序贯博弈的先动，而技术转让方是后动方，对技术购买方提出的不同支付方案，分别提供相应的技术类型。

（2）技术分类。技术转让方的技术成果类型分为两类：一是高效率的 H 型技术；二是

相对低效率的 L 型技术，也称"适宜技术"。

(3) 结果不确定性假定。考虑到技术成果商业化过程的不确定性，本书假定技术购买方使用新技术后有两个可能的结果：技术创新成功——S；技术创新失败——F。一旦技术创新成功，技术购买方获得收益 Q_S；如果技术创新失败，则技术购买方获得收益 Q_F。假设有 $Q_S > Q_F$。

(4) 成功与失败的概率。使用高效率的 H 型技术，企业创新成功的概率为 q^H，创新失败的概率为 $(1-q^H)$；同理，使用相对低效率的 L 型技术，企业创新成功的概率为 q^L，失败的概率为 $(1-q^L)$，假设有 $q^H > q^L$。

(5) 技术交易的价格。为了研究多个技术购买方竞争技术成果的均衡条件，本模型将技术交易价格简化为技术购买方仅向技术输出方一次性支付技术使用费 A，没有技术的销售提成 b。令 A_S^H、A_F^H 为 H 型技术创新成功和失败支付的技术使用费；A_S^L、A_F^L 为 L 型技术创新成功和失败支付的技术使用费，有 $A_S^H > A_F^H$；$A_S^L > A_F^L$。

(6) 风险偏好假定。因为技术创新具有不确定性，主动购买新技术是有风险的，所以设技术购买方为风险中性，期望利润与确定性利润具有同样的效用。而技术输出方已经承担了研发风险，在技术交易中不愿意再次承担风险，所以，在技术交易中是风险规避的。技术输出方的效用函数采用冯·诺依曼-摩根斯坦的期望效用函数 $u(\cdot)$，而且 $u'(\cdot) > 0$；$u''(\cdot) < 0$。

8.1.2 基于 Rothschild 和 Stiglitz 模型定义相关函数

在 8.1.1 节模型中，技术购买方不仅知道技术市场上有 H、L 两种技术类型，还知道两类技术的效果如下：若购买 H 型技术，则创新成功和失败分别支付的技术使用费为 A_S^H 和 A_F^H；若购买 L 型技术，则创新成功和失败分别支付的技术使用费为 A_S^L 和 A_F^L。厂商会根据技术类型分别提出两个支付方案。

1. 相关市场主体的收益函数

(1) 技术购买方的期望利润函数。若购买 H 型技术，则技术购买方的期望利润为
$$E\pi = q^H Q_S + (1-q^H)Q_F - q^H A_S^H - (1-q^H)A_F^H = 0 \tag{8.1}$$
若购买 L 型技术，则技术购买方的期望利润为
$$E\pi = q^L Q_S + (1-q^L)Q_F - q^L A_S^L - (1-q^L)A_F^L = 0 \tag{8.2}$$
(2) 技术输出方的期望利润函数。若输出 H 型技术，则技术输出方的期望效用为
$$EU^H = q^H u(A_S^H) + (1-q^H)u(A_F^H) \tag{8.3}$$
若输出 L 型技术，则技术输出方的期望效用为
$$EU^L = q^L u(A_S^L) + (1-q^L)u(A_F^L) \tag{8.4}$$

2. 两个经济学的补充假定

(1) 技术购买方的期望利润为零假定。无论技术转让方转让的是什么类型的技术，根据新古典经济学，处于竞争均衡的技术购买方均衡利润都为零，技术输出方获得正的利润。落后地区为引进新技术竞相向技术拥有方提出购买方案，而技术输出方采取招标的

方式出售技术，将技术卖给出价最高的企业，直到技术购买方的利润为零。这也是创新驱动时代技术作为投入要素优于其他要素的必然结果，也是西部地区用市场换技术不可回避的现实。

如果技术购买方支付技术使用费（A_S、A_F）后，还有正的利润，即 $\pi>0$，那么产业内其他竞争者会根据技术类型，向技术输出方分别提供如下替代性支付方案，获得技术使用权：

$$(A_S^H + \lambda\pi, A_F^H + \lambda\pi); \ (A_S^L + \lambda\pi, A_F^L + \lambda\pi)$$

其中，$0<\lambda<1$。

如此，技术输出方的效用增加简写为 $\Delta u = u(A+\lambda\pi) - u(A)$；技术购买方仍然有正的利润，为 $(1-\lambda)\pi$。因此，当技术购买方 $\pi>0$ 时，一定有其他企业提出更高的替代方案，直到技术购买方的利润为零，才能实现均衡。

(2) 支付方案必须是有效率的，能够满足库恩-塔克条件，实现帕累托最优，即均衡方案一旦形成，没有其他方案能够提高技术交易双方中任何一方的利益，或者说，均衡交易方案一旦形成，任何一方单独改变方案，其利润只能变小。

8.2 对称信息下购买不同类型技术的动态均衡

8.2.1 技术输出方的参与约束

考虑到本书主要是西部的技术创新问题，模型假设西部技术购买方为先动者。公式(8.1)和公式(8.2)已经定义了技术购买方在分别获得两类不同技术下的期望利润函数，本书再设技术输出方的机会成本为 $\bar{U}$。

(1) 根据公式(8.3)，技术输出方输出 H 型技术的参与约束为

$$q^H u(A_S^H) + (1-q^H) u(A_F^H) \geq \bar{U} \tag{8.5}$$

(2) 根据公式(8.4)，技术输出方输出 L 型技术的参与约束为

$$q^L u(A_S^L) + (1-q^L) u(A_F^L) \geq \bar{U} \tag{8.6}$$

8.2.2 技术购买方的规划模型

1. 购买 H 型技术成果的规划问题

根据公式(8.1)和公式(8.5)，技术购买方的优化问题是以下方程的解：

$$\max_{A_S^H, A_F^H} q^H Q_S + (1-q^H) Q_F - q^H A_S^H - (1-q^H) A_F^H$$

$$\text{s.t.} \ q^H u(A_S^H) + (1-q^H) u(A_F^H) \geq \bar{U} \cdots \text{CP}^H$$

2. 购买 L 型技术成果的规划问题

根据公式(8.2)和公式(8.6)，技术购买方的优化问题为以下方程的解：

$$\max_{A_S^L, A_F^L} q^L Q_S + (1-q^L) Q_F - q^L A_S^L - (1-q^L) A_F^L$$

$$\text{s.t.} \ q^L u(A_S^L) + (1-q^L) u(A_F^L) \geq \bar{U} \cdots \text{CP}^L$$

8.2.3 求对称信息下技术购买方的均衡解

(1)定义技术购买方购买两类技术问题的拉格朗日方程，令 $T=(H,L)$，得

$$L = q^T Q_S + (1-q^T)Q_F - q^T A_S^T - (1-q^T)A_F^T + \lambda[q^T u(A_S^T) + (1-q^T)u(A_F^T) - \bar{U}] \quad (8.7)$$

(2)库恩-塔克条件：

$$\frac{\partial L}{\partial A_S^T} = -q^T + \lambda q^T u'(A_S^T) = 0 \Rightarrow \lambda = \frac{1}{u'(A_S^T)} > 0 \quad (8.8)$$

$$\frac{\partial L}{\partial A_F^T} = -q^T + \lambda q^T u'(A_F^T) = 0 \Rightarrow \lambda = \frac{1}{u'(A_F^T)} > 0 \quad (8.9)$$

由公式(8.8)、公式(8.9)得到

$$\lambda = \frac{1}{u'(A_S^T)} = \lambda = \frac{1}{u'(A_F^T)} \Rightarrow u'(A_S^T) = u'(A_F^T) \Rightarrow A_S^T = A_F^T \quad (8.10)$$

即，对称信息下的技术均衡价格为

$$A_S^{H^*} = A_F^{H^*} = A^{H^*}; \quad A_S^{L^*} = A_F^{L^*} = A^{L^*}$$

8.2.4 对称信息下均衡支付的两个理论结论

结论 8.1：风险规避的技术输出方获得的技术使用费是固定的，技术使用费与输出的技术类型相关，与创新成功或失败无关。

如果输出的是 H 型技术，则无论创新成败，技术的使用费都是 A^{H^*}；如果输出的是 L 型技术，则无论创新成败，技术的使用费都是 A^{L^*}。

结论 8.2：H 型技术输出方获得的技术收入高于 L 型技术输出方，即 $A^{H^*} > A^{L^*}$。

证明如下。

根据公式(8.1)、公式(8.2)的技术购买方零利润假设：

$$q^T Q_S + (1-q^T)Q_F - q^T A^T - (1-q^T)A^T = 0$$
$$\Rightarrow q^T Q_S + (1-q^T)Q_F = A^T$$

可以得到公式(8.11)、公式(8.12)。

对于 H 型技术购买方有

$$A_S^H = A_F^H = q^H Q_S + (1-q^H)Q_F \quad (8.11)$$

对于 L 型技术购买方有

$$A_S^L = A_F^L = q^L Q_S + (1-q^L)Q_F \quad (8.12)$$

因为已经假定 $Q_S > Q_F$；$q^H > q^L$，所以公式(8.13)成立：

$$\begin{aligned}\Delta A^* &= A^{H^*} - A^{L^*} = q^H Q_S + (1-q^H)Q_F - [q^L Q_S + (1-q^L)Q_F] \\ &= q^H Q_S + Q_F - q^H Q_F - q^L Q_S - Q_F + q^L Q_F = Q_S(q^H - q^L) - Q_F(q^H - q^L) > 0\end{aligned} \quad (8.13)$$

所以有

$$A_S^{H^*} = A_F^{H^*} > A_S^{L^*} = A_F^{L^*}$$

结论 8.1、结论 8.2 的均衡支付状况，分别由图 8-1 中的 C^{H^*}、C^{L^*} 两个点表示。从图 8-1 看，对称信息下的一个现象是，H 型技术输出方所获得的技术交易价格 A^{H^*} 高于 L

型交易价格 A^L。H 型技术输出方的等效用线 U^H 比 L 型等效用线 U^L 要陡，而且技术购买方获得 H 型技术条件下的等预期利润线 $\pi^H=0$，比获得 L 型技术条件下的等预期利润曲线 $\pi^L=0$ 也要陡。本节将从数理上证明这个图像的科学性，为不对称信息模型下求解贝叶斯均衡，提供数学方法支撑。

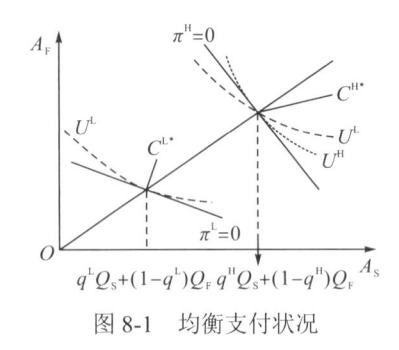

图 8-1 均衡支付状况

8.2.5 证明 H 型等效用线、等利润线比 L 型等效用线、等利润线陡

1. 技术输出方 H 型等效用线斜率大于 L 型等效用线

根据公式(8.5)，H 型等效用线有

$$\frac{\partial EU^H}{\partial A_S^H} = q^H u'(A_S^H); \quad \frac{\partial EU^H}{\partial A_F^H} = (1-q^H)u'(A_F^H)$$

根据公式(8.6)，L 型等效用线有

$$\frac{\partial EU^L}{\partial A_S^L} = q^L u'(A_S^L); \quad \frac{\partial EU^L}{\partial A_F^L} = (1-q^L)u'(A_F^L)$$

根据数学分析，有 $\dfrac{\dfrac{\partial F}{\partial Q}}{\dfrac{\partial F}{\partial y}} = -\dfrac{dy}{dQ}$，所以以下公式成立：

$$\frac{\dfrac{\partial EU^H}{\partial A_S^H}}{\dfrac{\partial EU^H}{\partial A_F^H}} = \frac{q^H u'(A_S^H)}{(1-q^H)u'(A_F^H)} \Rightarrow \frac{dA_F^H}{dA_S^H}\bigg|_{EU^H} = -\frac{q^H u'(A_S^H)}{(1-q^H)u'(A_F^H)}$$

$$\frac{\dfrac{\partial EU^L}{\partial A_S^L}}{\dfrac{\partial EU^L}{\partial A_F^L}} = \frac{q^L u'(A_S^L)}{(1-q^L)u'(A_F^L)} \Rightarrow \frac{dA_F^L}{dA_S^L}\bigg|_{EU^L} = -\frac{q^L u'(A_S^L)}{(1-q^L)u'(A_F^L)}$$

因为 $q^H > q^L$，所以

$$\frac{dA_F^H}{dA_S^H}\bigg|_{EU^H=\text{常数}} = -\frac{q^H u'(A_S^H)}{(1-q^H)u'(A_F^H)} < -\frac{q^L u'(A_S^L)}{(1-q^L)u'(A_F^L)} = \frac{dA_F^L}{dA_S^L}\bigg|_{EU^L=\text{常数}}$$

$$\Rightarrow \frac{dA_F^H}{dA_S^H}\bigg|_{EU^H} < \frac{dA_F^L}{dA_S^L}\bigg|_{EU^L}$$

(8.14)

即 H 型等效用线斜率比 L 型等效用线斜率绝对值大，曲线更陡。那么，H 型、L 型无差异效用曲线在 45°线上一定有一个交点。

2. 证明技术购买方 H 型等利润线斜率大于 L 型等利润线

因为 H 型等利润线有

$$\frac{\partial E\pi^H}{\partial A_S^H} = -q^H;\ \frac{\partial E\pi^H}{\partial A_F^H} = -(1-q^H)$$

L 型等利润线有

$$\frac{\partial E\pi^L}{\partial A_S^L} = -q^L;\ \frac{\partial E\pi^L}{\partial A_F^L} = -(1-q^L)$$

因此根据数学分析有

$$\frac{\dfrac{\partial EU^H}{\partial A_S^H}}{\dfrac{\partial EU^H}{\partial A_F^H}} = \frac{-q^H}{-(1-q^H)} \Rightarrow \left.\frac{\mathrm{d}A_F^H}{\mathrm{d}A_S^H}\right|_{E\pi^H} = -\frac{q^H}{(1-q^H)}$$

$$\frac{\dfrac{\partial EU^L}{\partial A_S^L}}{\dfrac{\partial EU^L}{\partial A_F^L}} = \frac{-q^L}{-(1-q^L)} \Rightarrow \left.\frac{\mathrm{d}A_F^L}{\mathrm{d}A_S^L}\right|_{E\pi^L} = -\frac{q^L}{(1-q^L)}$$

$$\left.\frac{\mathrm{d}A_F^H}{\mathrm{d}A_S^H}\right|_{EU^H=\text{常数}} = -\frac{q^H u'(A_S^H)}{(1-q^H)u'(A_F^H)} < -\frac{q^L u'(A_S^L)}{(1-q^L)u'(A_F^L)} = \left.\frac{\mathrm{d}A_F^L}{\mathrm{d}A_S^L}\right|_{EU^L=\text{常数}}$$

$$\left.\frac{\mathrm{d}A_F^H}{\mathrm{d}A_S^H}\right|_{E\pi^H=\text{常数}} = -\frac{q^H}{(1-q^H)} < -\frac{q^L}{(1-q^L)} = \left.\frac{\mathrm{d}A_F^L}{\mathrm{d}A_S^L}\right|_{E\pi^L=\text{常数}}$$

$$\Rightarrow \left.\frac{\mathrm{d}A_F^H}{\mathrm{d}A_S^H}\right|_{E\pi^H} > \left.\frac{\mathrm{d}A_F^L}{\mathrm{d}A_S^L}\right|_{E\pi^L}$$

(8.15)

所以，H 型等利润线也比 L 型等利润线陡。

8.3 不对称信息下技术交易价格的均衡分析

因为对称信息下，技术输出方输出 H 型技术可以获得 A^H，而输出 L 型技术只能获得 A^L，根据公式(8.13)有 $A^H > A^L$。如果技术购买方处于信息劣势，则具有技术信息优势的 L 型技术输出方就有动机伪装成 H 型技术输出方，向技术购买方要 A^H 的价格，获得信息租金 $\Delta A = A^H - A^L$，结果形成技术购买方的利润为 $-\Delta A$ 的亏损局面，技术购买方将退出技术市场。但是创新驱动战略又使技术购买方必须通过技术引进完成技术创新，所以技术购买方必须为不同类型的技术分别设计技术使用费方案，通过自选择机制辨别技术输出方的技术成果类型。接下来将构建不对称信息下的技术筛选模型，讨论破解逆向选择的均衡状况。

8.3.1 基本假设和描述

考虑到商业竞争的性质,商业秘密是市场主体通过信息优势获得竞争优势的手段。在本节中,假定技术购买方对技术输出方提供的技术类型不了解,而输出方有关于输出技术类型的信息优势。为此,本书再增加一个假设:技术购买方推定所购买的技术类型是高效率 H 型的概率为 P。因为已经假设技术创新成功的概率为 q,所以 H 型技术创新成功的概率应当为 q^I,且有 $q^I = Pq^H + (1-P)q^L$。

如果信息不对称,则 L 型技术就可能伪装成 H 型技术,骗取交易价格 A^H,就会形成两类技术输出方都获得 A^H 的混同现象。但是 L 型技术创新成功的概率低于 H 型的概率,混同支付会导致技术购买方的期望利润为负,购买方将不会购买新技术,技术交易不能完成,阻碍技术扩散。所以,技术购买方一定会构建一组新的支付方案,甄别两类技术,阻止 L 型技术输出方骗取支付额 A^H,保证技术购买方自身利润非负。

8.3.2 贝叶斯均衡存在的条件

既然技术购买方要通过不对称信息下的自选择机制实现分离均衡价格,那么本书的模型要证明满足模型假设的混同均衡不存在。如果分离均衡价格由技术购买方提供,该均衡价格方案必须满足博弈完美纳什均衡。依然令提供给 H 型技术的价格方案为 (A_S^H, A_F^H);提供给 L 型技术的价格方案为 (A_S^L, A_F^L),那么分离均衡的支付方案必须同时满足如下 3 个条件。

(1) 条件 1:技术购买方一旦提供了仅有 H 型技术卖方接受的价格方案 (A_S^H, A_F^H),那么没有其他技术购买方提供替代方案,能够使 H 型技术卖方偏好替代方案超过 (A_S^H, A_F^H),L 型技术卖方偏好替代方案超过 (A_S^L, A_F^L),而且能够使提供替代方案的技术购买方获得正的期望利润。

(2) 条件 2:技术购买方一旦提供了仅有 L 型技术卖方接受的价格方案 (A_S^L, A_F^L),那么没有其他技术购买方提供替代方案,能够使 L 型技术卖方偏好替代方案超过 (A_S^L, A_F^L),H 型技术卖方偏好替代方案超过 (A_S^H, A_F^H),而且能够使提供替代方案的技术购买方获得正的期望利润。

(3) 条件 3:技术购买方一旦提供两类技术卖方能够分别接受的价格方案 (A_S^H, A_F^H)、(A_S^L, A_F^L),那么没有其他技术购买方提供替代方案,能够使 L 型技术卖方偏好替代方案超过 (A_S^L, A_F^L),H 型技术卖方偏好替代方案超过 (A_S^H, A_F^H),而且能够使提供替代方案的技术购买方获得正的期望利润。

总之,给定均衡分离支付方案后,任何技术购买方不可能提供一个新的支付方案,使三方中的任何一方变好,即分离均衡的价格方案是均衡方案。

8.3.3 混同均衡与分离均衡分析

1. 用反证法证明混同均衡支付方案不存在

若混同均衡存在,即两类技术成果输出方都会获得同样的交易价格,则根据模型的零利润假定，混同均衡价格方案一定位于公式(8.16)描述的直线上：

$$E\pi^I = q^I Q_S + (1-q^I)Q_F - q^I A_S - (1-q^I)A_F = 0 \tag{8.16}$$

观察图8-2，检验混同均衡是否满足条件1和条件2。

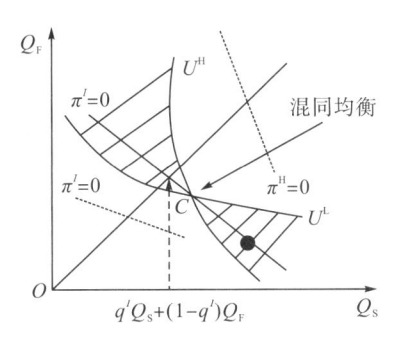

图 8-2　检验混同均衡

第一，混同均衡支付方案若存在，则一定在公式(8.16)表述的 $\pi^I = 0$ 线上。只有这样才满足本书的零利润假定。已经假定技术购买方是风险中性的，那么期望利润与确定性利润是等值的。

第二，混同均衡若存在，则均衡价格一定位于45°线的下方，因为技术购买方对成功的支付大于对失败的支付，即 $A_S > A_F$。

证明如下。

根据公式(8.16)有

$$A_S = (Q_S - Q_F) + \frac{1}{q^I}(Q_F - A_F) + A_F \tag{8.17}$$

显然，如果 $Q_S > Q_F$；$Q_F \geq A_F$，则必有 $A_S > A_F$。证毕。

第三，混同均衡若存在，则应当在由图8-2显示的 U^H、U^L 和 $\pi^I = 0$ 曲线的交点 C 上。因为 U^H 比 U^L 更陡，混合零利润线 $\pi^I = 0$ 上就有一个曲线 U^H 和曲线 U^L 的交点，焦点以下形成阴影区。阴影区内任何一个价格方案点，都意味着对成功者更多的支付，对失败者更少的支付。特别是在 $\pi^I = 0$ 曲线上的黑色点，满足了模型的零期望利润假设。而且相对于拟定的混同方案 C，可以提高 H 型技术输出方的效用，降低 L 型技术输出方的效用。

若有其他技术购买企业在 C 点右下方阴影区中的 $\pi^I = 0$ 上(如黑色点)提供新的价格方案，则 H 型技术输出方愿意舍弃拟定的混同均衡支付方案 C，转而选择和新的技术购买方签约新的契约，提高自身效用。而 L 型技术输出方则不会接受一个效用低于 U^L 的价格方案。所以，图8-2中的新方案(黑点所示)只有 H 型技术输出方接受，原先的混同方案 C 被瓦解了。而仅有 H 型技术供应方接受的价格，由于 L 型技术购买方不接受，技术购买方创新成功的概率提高，能够获得正利润。这个分析的结果与技术购买方期望利润为零的假定相悖。

处于 C 点之上的阴影区的 $\pi^I = 0$ 线上 H 型技术供应方不会签约，仅有 L 型技术供应方签约，这会导致技术购买方的利润为负，这样的支付方案不会被技术购买方提供。所以，满足 $\pi^I = 0$ 两个阴影区的所有混同价格方案，均会被瓦解，没有混同均衡方案存在。

2. 如果满足分离均衡条件的价格方案存在，就是唯一的均衡方案

注意分析的问题是，如果信息不对称，则 L 型技术输出方就会伪装成 H 型技术输出方。技术购买方设计的激励相容机制对输出的技术进行筛选，是为了避免 L 型技术的道德风险行为，为此技术购买方提供分离均衡的支付方案。那么，对任何可能成为均衡的支付方案 (A_S^H, A_F^H)；$C^L \equiv (A_S^L, A_F^L)$，都必须满足 $\pi^L = 0$，$\pi^H = 0$。

(1) 关于分离均衡中对 L 型技术供应方提供的均衡价格特征。能够证明，若分离均衡方案成立，则技术购买方为 L 型技术输出方提供的交易价格与对称信息不一致，即 $C^{L^{**}} = C^{L^*}$ 必须成立，由图 8-3 描述。

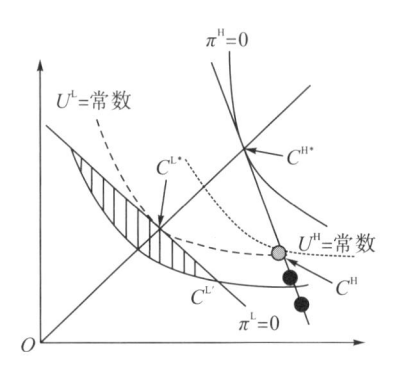

图 8-3 关于分离均衡中对 L 型技术供应方提供的均衡价格特征

从模型的假设看，不对称信息下，对 L 型技术的分离均衡价格必须位于零利润线 $\pi^L = 0$ 上，反证 $C^{L^{**}} = C^{L^*}$。

在 $\pi^L = 0$ 的利润线上，假定 $C^{L'}$ 是个可能的支付方案。但是 $C^{L'}$ 处于 L 型技术输出方比 U^L 效用水平更低的无差异效用线上。追求效用最大化的 L 型技术输出方，在满足技术购买方 $\pi^L = 0$ 的无差异效用线支付组合上，最高效用水平就是 C^{L^*} 支付方案。而且，任何位于 $\pi^L = 0$ 线上的其他价格方案，对 L 型技术输出方来说效用水平都是严格劣于 C^{L^*} 的，如图 8-3 所示。阴影区的支付方案虽然效用高于 C^{L^*}，L 型技术供应方也愿意接受，但是不在 $\pi^L = 0$ 上，能够使技术购买方获得正利润，违背了模型的零利润假设。所以，对于技术输出方来说，$C^{L'}$ 会被 C^{L^*} 替代，不是均衡价格方案，只有 C^{L^*} 是分离均衡中唯一稳定的均衡。

(2) 关于技术购买方提供给 H 型技术输出方的支付价格方案。不对称信息下技术购买方设计的激励相容机制，是通过技术筛选解决逆向选择问题。价格方案必须满足：使 L 型技术输出方在 $C^{H^{**}}$ 中得到的效用不高于在 $C^{L^{**}}$ 方案中的效用。而为 H 型技术供应方获得的支付方案也必须使技术购买方的利润为零。因此 $C^{H^{**}}$ 交易价格方案的定位是，必须同时满足位于 $\pi^H = 0$ 和 U^L 效用线上，即 H 型技术交易的支付方案应当由式(8.18)和式(8.19)两个方程定义。

首先，L 型技术供方签订 H 型技术使用费后效用不会提高；其次，技术购买方接受 H 型技术使用费后，利润依然为零。

$$u(A^{L^{**}}) = q^L u(A_S^{H^{**}}) + (1-q^L)u(A_F^{H^{**}}) \tag{8.18}$$

$$q^H Q_S + (1-q^H)Q_F = q^H A_S^{H^{**}} + (1-q^L)A_F^{H^{**}} \tag{8.19}$$

显然，如果分离均衡存在，则均衡价格由以上两个方程联合解出。均衡解的支付方案在图8-3的点C^H处。这个H型支付方案使得H型技术的输出方得到了低于对称信息下U^H的效用水平。

(3) 分离均衡存在的条件。必须分析本书定义的分离均衡价格方案$C^{H^{**}}$是否存在。图8-3中点C^H存在是有条件的，以图8-4和图8-5为例。

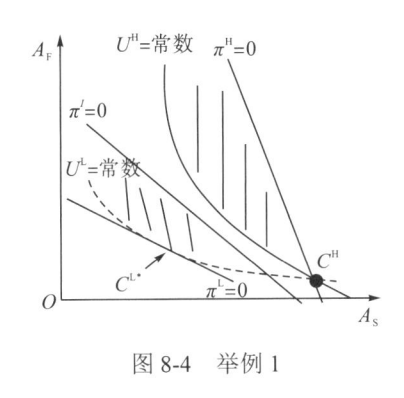

图8-4 举例1　　　　　图8-5 举例2

模型已经假定：P表示技术成果是H型技术的概率，q是技术创新成功的概率。所以，不对称信息下的技术购买方的期望利润满足公式(8.16)。

如果技术是H型的概率P越小，则$q^I = Pq^H + (1-P)q^L$就越小，$\pi^I = 0$的位置就越靠近原点，与U^H不相交，如图8-4所示。显然，点C^H满足了两个定义方程，分离的技术使用费支付方案是稳定的。

但是，如果技术成果是H型的概率P越大，则$q^I = Pq^H + (1-P)q^L$就越大，$\pi^I = 0$的位置就越远离原点，越容易与U^H效用线相交，如图8-5所示。U^H的效用线与$\pi^I = 0$相交，出现阴影区。阴影区中的任何一个技术费用点与C^H相比，价格较低，都是既能提高技术购买方的利润，又能提高H型技术输出方的效用水平，而且也能提高L型技术输出方的效用，原有的分离均衡就可能被阴影区的混同均衡价格方案所替代，这与分离均衡条件3相悖。而前文已经证明，混同均衡价格方案不是均衡支付方案。所以，一旦技术成果是H型技术的概率大到$\pi^I = 0$与C^H相交，均衡价格就不存在。

8.3.4 总结该模型分离均衡价格方案存在的条件

(1) 分离均衡价格方案存在的条件是，输出的技术是H型的概率P比较小。

(2) 图形条件：期望零利润线$\pi^I = 0$不能与U^H线相交或相切，一旦相交就会出现新的混同均衡支付方案替代分离均衡，而混同均衡方案是不稳定的，该技术交易就没有稳定均衡解。

(3) 数学条件：定义H型技术的分离均衡价格方案的数学公式有唯一解。如果无解，则说明技术类型是H型的概率P太大了，吸引L型技术输出方伪装成H型技术方的激励存在，导致分离均衡不存在。

8.4 基本结论

如果信息对称，则高效率的 H 型技术输出方将获得高的技术收入，低效率的 L 型技术输出方获得低的技术收入，但是都能使技术购买方完成技术创新。虽然技术购买方短期利润为零，但是技术创新完成后，实现了增长方式的转变，动态资源的配置效率提高了。从技术转让方来看，开发的技术越有效，技术成果收入也越多，研发新技术的激励越强。

如果信息不对称，则输出技术是高效率的 H 型技术的越多，那么理论上越难内生技术交易的机制，整个技术市场出现无序状态，技术成果产业化过程越难以推进。相反如果低效率 L 型技术越多，技术交易的均衡越稳定。以此为依据，西部地区在引进先进技术时，技术输出方提供低效率的"适宜性"技术越多，产业推进技术成果产业化过程越稳定。这个模型可以解释我国 20 世纪 80 年代引进技术的过程中，经常倡导的"引进适用"技术战略的现实意义，也印证了欠发达国家和地区引进"适用性技术"理论的科学性。

第 9 章　技术信号、分离均衡与合作创新

在本书的多个西部企业竞争新技术成果模型中，如果技术拥有方的技术是 H 型的，则厂商为了辨别技术类型和规避风险，只能通过降低对高效率 H 型技术的报价来保障保留利润，结果使 H 型技术拥有方在不对称信息下，仅仅得到了低于对称信息下的收益。相反，L 型技术拥有方的收益没有受到信息不对称的不利影响。特别地，如果低效率 L 型技术成果多，则市场引进 L 型技术的稳定均衡存在。相反，如果输出技术是高效率 H 型技术的概率较高，则从理论上看，反而没有均衡价格存在，技术市场排斥高端技术的逆向选择再次出现了。然而，在技术创新频率加快的 21 世纪，总是在技术成果成熟期引进所谓的"适宜性"技术，不仅容易陷入"技术锁定"，而且很难实现创新战略目标。特别是西部地区当前迫切需要引进高端技术完成信息化、数字化和智能化改造，提高效率实现传统制造业的转型升级，从理论上研究模仿高端技术完成创新的机制就有了现实意义。

虽然从理论上看逆向选择在竞争性市场受到厂商排挤，但是在我国当前正在践行的"创新引领增长"的总战略下，高端技术拥有方也清楚企业对高端技术的现实需求，所以有动机主动传递 H 型技术类型的相关信息，将不对称信息转化为对称信息，增强技术购买方购买高端技术的信心，并重构有利于 H 型技术拥有方的交易条件。让技术购买方了解 H 型技术的一般途径是采用广告、媒体宣传等，将自己的技术成果的特征、优势传递给对方，以期获得更有利的交易方案。本书从利益格局的变化角度进行研究，结果是高端技术拥有方向技术购买方提出从产品收入中获得技术提成，事实上是敢于承诺，即使支付了技术提成，使用高端技术后，技术购买厂商产品的边际成本依然低于购买技术之前，购买高端技术是值得的。因为 H 型技术拥有方要率先发出技术信号，所以与第 8 章相比较，本章模型中 H 型技术拥有方将从序贯博弈的后行动者转为先行动者。

9.1　信号博弈模型构建

依然设传统制造业的某厂商为技术购买方，厂商一旦拥有该项新技术成果后，仍然有竞争优势会维持垄断地位。c 为厂商的边际生产成本，购买新技术前厂商边际生产成本为 c^0。依然设新技术有两类：一类是高效率的 H 型技术成果，拥有人简称为 H 型技术方，H 型技术成果的使用能够使厂商的边际生产成本降低到 c^H；另一类是较低效率的 L 型技术成果，拥有人简称为 L 型技术方，使用 L 型技术成果能够使厂商的边际生产成本降低到 c^L。

回到最初的价格方案，假设技术输出方在技术交易中的收益是由两个方面构成的：一是购买技术成果时一次性支付的技术使用许可证费用 A；二是从生产销量中提取的单位产品的技术提成费 b。技术购买方的现有边际生产成本为 c^0，无固定成本，两类技术使用后

的成本效率是 $c^H<c^L<c^0$。如果生产厂商的总产量为 Q，则厂商的总成本为 cQ。如果生产厂商购买的新技术为 H 型，则生产成本可以降到 $c^H Q$；如果生产厂商购买的技术为 L 型，则生产成本可以降到 $c^L Q$。市场需求函数为 $D(p)$。

为了分析信息不对称怎样阻碍了技术交易的效率，依然先给出对称信息下交易价格方案中的均衡结果，作为接下来不对称信息下研究结果的参照。

9.2 对称信息下的规划问题

在第 7 章中，已知对称信息下两类技术输出方提出的交易价格分别为公式(9.1)和公式(9.2)。

对于 H 型厂商：

$$b^{H^*}=0, \quad A^{H^*}=\Pi^m(c^H)-\Pi^m(c^0)>0 \tag{9.1}$$

对于 L 型厂商：

$$b^{L^*}=0, \quad A^{L^*}=\Pi^m(c^L)-\Pi^m(c^0)>0 \tag{9.2}$$

而且 $A^{H^*}>A^{L^*}$。

9.2.1 构建该技术交易的博弈过程

本节中要讨论的是，如果购买新技术的生产厂商只有一类，而技术输出方有两类，或者一类技术输出方有两种效率不同的 H、L 两类新技术，那么对称信息下信号博弈的分离均衡价格是怎样的？

如果是信号博弈，那么技术类型的信息优势者，即技术输出方先发出有关技术类型的价格信号，成为博弈的先动者。技术购买方作为后动者决定是否接受交易价格。本书假定传递信号无须付出传递成本。

9.2.2 博弈双方的收益函数

1. 考察后行动的技术购买厂商的相关函数，并得出最优反应产量

技术购买厂商的利润为

$$\pi^m(c)=[p^m(c)-c]D(p^m(c)) \tag{9.3}$$

其中，$p^m(c)$ 为边际成本为 c 时厂商的垄断价格。
即

$$p^m(c)\in\arg\max_p[p-c]D(p) \tag{9.4}$$

令：

$$D^m(c)=D(p^m(c)) \tag{9.5}$$

垄断厂商购买新技术之前的利润为 $\pi^m(c^0)$；如果技术输出方提供的交易价格由一次性收费 A 和单位产品技术提成 b 两项构成，则购买新技术后的生产厂商的利润为 $\pi^m(c+b)-A$。

2. 技术购买方的参与约束

(1) 生产厂商购买 H 型技术的参与约束为

$$\pi^m(c^H + b^H) - A^H \geqslant \pi^m(c^0) \tag{9.6}$$

(2) 生产厂商购买 L 型技术的参与约束为

$$\pi^m(c^L + b^L) - A^L \geqslant \pi^m(c^0) \tag{9.7}$$

3. 技术输出方的目标函数

(1) H 型技术输出方的利润为

$$A^H + b^H D^m(c^H + b^H) \tag{9.8}$$

(2) L 型技术输出方的利润为

$$A^L + b^L D^m(c^L + b^L) \tag{9.9}$$

4. 技术输出方的参与约束

(1) H 型技术输出方的参与约束为

$$A^H \geqslant 0 \tag{9.10}$$
$$b^H \geqslant 0 \tag{9.11}$$

(2) L 型技术输出方的参与约束为

$$A^L \geqslant 0 \tag{9.12}$$
$$b^L \geqslant 0 \tag{9.13}$$

9.3 对称信息下技术转让方的分离均衡

9.3.1 对于 H 型技术输出方

1. 规划问题

规划问题是由 H 型技术输出方的利润函数和双方的参与约束构成，即

$$\max_{A^H, b^H} A^H + b^H D^m(c^H + b^H)$$
$$\text{s.t.} \quad A^H \leqslant \Pi^m(c^H + b^H) - \Pi^m(c^0) \cdots \lambda$$
$$A^H \geqslant 0 \cdots \gamma$$
$$b^H \geqslant 0 \cdots \mu$$

2. 均衡解

构建关于 H 型技术输出方的拉格朗日方程，得出均衡解。

(1) 拉格朗日方程与库恩-塔克条件。

$$L = A^H + b^H D^m(c^H + b^H) + \lambda[\Pi^m(c^H + b^H) - \Pi^m(c^0) - A^H] + \gamma A^H + \mu b^H \tag{9.14}$$

$$\frac{\partial L}{\partial A^H} = 1 - \lambda + \gamma = 0 \Rightarrow \lambda = 1 + \gamma \geqslant 1 \tag{9.15}$$

$$\frac{\partial L}{\partial b^{\mathrm{H}}} = b^{\mathrm{H}} D'^{m}(c^{\mathrm{H}}+b^{\mathrm{H}}) + D^{m}(c^{\mathrm{H}}+b^{\mathrm{H}}) + \lambda \frac{\partial \pi^{m}(c^{\mathrm{H}}+b^{\mathrm{H}})}{\partial b^{\mathrm{H}}} + \mu = 0 \quad (9.16)$$

因为在前文已经证明：$\frac{\partial \pi^{m}(c^{\mathrm{H}}+b^{\mathrm{H}})}{\partial b^{\mathrm{H}}} = -D^{m}(c^{\mathrm{H}}+b^{\mathrm{H}})$，所以公式(9.16)可以改写成：

$$\frac{\partial L}{\partial b^{\mathrm{H}}} = b^{\mathrm{H}} D'^{m}(c^{\mathrm{H}}+b^{\mathrm{H}}) + D^{m}(c^{\mathrm{H}}+b^{\mathrm{H}}) - \lambda D^{m}(c^{\mathrm{H}}+b^{\mathrm{H}}) + \mu = 0$$
$$\Rightarrow \mu = (\lambda-1)D^{m}(c^{\mathrm{H}}+b^{\mathrm{H}}) - b^{\mathrm{H}} D'^{m}(c^{\mathrm{H}}+b^{\mathrm{H}}) \quad (9.17)$$

(2) 分析 μ 的性质，得出 A^{H} 与 b^{H} 的值。若公式左端 $\mu=0$，则根据拉格朗日乘数的性质，必有 $b^{\mathrm{H}}>0$。公式(9.17)右端第1项：因为 $\lambda \geqslant 1$，所以 $(\lambda-1)D^{m}(c^{\mathrm{H}}+b^{\mathrm{H}}) \geqslant 0$；公式(9.17)右端第2项：根据需求曲线的性质 $D'^{m}(c^{\mathrm{H}}+b^{\mathrm{H}})<0$，所以 $-b^{\mathrm{H}} D'^{m}(c^{\mathrm{H}}+b^{\mathrm{H}})>0$。

结果出现公式(9.17)左端 $\mu=0$，右端 $(\lambda-1)D^{m}(c^{\mathrm{H}}+b^{\mathrm{H}}) - b^{\mathrm{H}} D'^{m}(c^{\mathrm{H}}+b^{\mathrm{H}})>0$ 的矛盾状态，公式(9.17)左右不相等，所以只能取 $\mu>0$，故下式成立：

$$\mu>0 \Rightarrow b^{\mathrm{H}}=0 \quad (9.18)$$

根据公式(9.18)、公式(9.15)，参与约束 λ 项取等号，改写为

$$A^{\mathrm{H}} = \Pi^{m}(c^{\mathrm{H}}+b^{\mathrm{H}}) - \Pi^{m}(c^{0})$$
$$\Rightarrow A^{H} = \Pi^{m}(c^{\mathrm{H}}) - \Pi^{m}(c^{0})>0 \quad (9.19)$$

因为已经假定：$c^{\mathrm{H}}<c^{\mathrm{L}}<c^{0} \Rightarrow c^{\mathrm{H}}<c^{0} \Rightarrow A^{\mathrm{H}} = \Pi^{m}(c^{\mathrm{H}}) - \Pi^{m}(c^{0})>0$，所以对称信息下，H 型技术输出方提供的分离均衡价格方案由公式(9.18)和公式(9.19)定义为 $(A^{\mathrm{H}^{*}}, b^{\mathrm{H}^{*}})$，其中

$$b^{\mathrm{H}^{*}}=0, A^{\mathrm{H}^{*}} = \Pi^{m}(c^{\mathrm{H}}) - \Pi^{m}(c^{0})>0 \quad (9.20)$$

9.3.2 对于 L 型技术输出方

1. 规划问题

规划问题由 L 型技术输出方的利润函数和双方的参与约束构成。拉格朗日方程与库恩-塔克条件：

$$\max_{A^{\mathrm{L}}, b^{\mathrm{L}}} A^{\mathrm{L}} + b^{\mathrm{L}} D^{m}(c^{\mathrm{L}}+b^{\mathrm{L}})$$
$$\text{s.t.} \quad A^{\mathrm{L}} \leqslant \Pi^{m}(c^{\mathrm{L}}+b^{\mathrm{L}}) - \Pi^{m}(c^{0}) \cdots \lambda$$
$$A^{\mathrm{L}} \geqslant 0 \cdots \gamma$$
$$b^{\mathrm{L}} \geqslant 0 \cdots \mu$$

2. 库恩-塔克一阶条件

构建关于 L 型技术输出方的拉格朗日方程，寻求库恩-塔克一阶条件。分析 μ 的性质，得出 A^{L} 与 b^{L} 的值。

$$L = A^{\mathrm{L}} + b^{\mathrm{L}} D^{m}(c^{\mathrm{L}}+b^{\mathrm{L}}) + \lambda[\Pi^{m}(c^{\mathrm{L}}+b^{\mathrm{L}}) - \Pi^{m}(c^{0}) - A^{\mathrm{L}}] + \gamma A^{\mathrm{L}} + \mu b^{\mathrm{L}} \quad (9.21)$$

$$\frac{\partial L}{\partial A^{\mathrm{L}}} = 1 - \lambda + \gamma = 0 \Rightarrow \lambda = 1+\gamma \geqslant 1 \quad (9.22)$$

$$\frac{\partial L}{\partial b^{\mathrm{L}}} = b^{\mathrm{L}} D'^m(c^{\mathrm{L}}+b^{\mathrm{L}}) + D^m(c^{\mathrm{L}}+b^{\mathrm{L}}) + \lambda \frac{\partial \pi^m(c^{\mathrm{L}}+b^{\mathrm{L}})}{\partial b^{\mathrm{L}}} + \mu = 0 \qquad (9.23)$$

因为已经证明：$\frac{\partial \pi^m(c^{\mathrm{L}}+b^{\mathrm{L}})}{\partial b^{\mathrm{L}}} = -D^m(c^{\mathrm{L}}+b^{\mathrm{L}})$，所以公式(9.23)可以改写成：

$$\frac{\partial L}{\partial b^{\mathrm{L}}} = b^{\mathrm{L}} D'^m(c^{\mathrm{L}}+b^{\mathrm{L}}) + D^m(c^{\mathrm{L}}+b^{\mathrm{L}}) - \lambda D^m(c^{\mathrm{L}}+b^{\mathrm{L}}) + \mu = 0$$
$$\Rightarrow \mu = (\lambda-1)D^m(c^{\mathrm{L}}+b^{\mathrm{L}}) - b^{\mathrm{L}} D'^m(c^{\mathrm{L}}+b^{\mathrm{L}}) \qquad (9.24)$$

同理，由拉格朗日方程乘数的性质分析可得对称信息下 L 型技术输出方提供的分离均衡合约为 $(A^{\mathrm{L}^*}, b^{\mathrm{L}^*})$，其中

$$b^{\mathrm{L}^*} = 0, \quad A^{\mathrm{L}^*} = \varPi^m(c^{\mathrm{L}}) - \varPi^m(c^0) > 0 \qquad (9.25)$$

因为

$$\Delta A^* = A^{\mathrm{H}^*} - A^{\mathrm{L}^*} = [\varPi^m(c^{\mathrm{H}}) - \varPi^m(c^0)] - [\varPi^m(c^{\mathrm{L}}) - \varPi^m(c^0)]$$
$$= \varPi^m(c^{\mathrm{H}}) - \varPi^m(c^{\mathrm{L}}) > 0 \qquad (9.26)$$

再次得到了与最优许可证交易中对称信息不一样的交易结果。交易均衡价格相同的原因在于技术成果对于生产成本有同样的作用，都使得 $c^{\mathrm{H}} < c^{\mathrm{L}} < c^0$。因此，L 型技术输出方就有动机伪装成 H 型技术方，向技术购买方索要价值为 A^{H} 的技术转让费，获得 $\Delta A^* > 0$ 的信息租金。因为技术输出方仅按技术购买方获得保留效用向买方提供合约，一旦逆向选择形成，则技术购买方的净收益就会低于保留效用，损失额为

$$A^{\mathrm{L}^*} - A^{\mathrm{H}^*} = [\varPi^m(c^{\mathrm{L}}) - \varPi^m(c^0)] - [\varPi^m(c^{\mathrm{H}}) - \varPi^m(c^0)] = \varPi^m(c^{\mathrm{L}}) - \varPi^m(c^{\mathrm{H}}) < 0$$

如此，一旦道德风险发生，技术购买方的参与约束将不能被满足，停止购买技术，技术市场交易出现障碍，模仿创新和技术扩散受到影响。因此，H 型技术转让方将主动向技术购买方传递自己的技术信息，证实自己是 H 型技术方，以区别于 L 型技术，而且能够使技术购买方获得保留效用。

9.4 不对称信息下技术转让方的分离均衡

如果不发送信号，在规划中又只允许技术购买方获得保留效用，则可能导致技术市场的萎缩，模仿创新道路的关键环节成为瓶颈，专业化的研发实体将失去市场。为此，H 型技术拥有方就有了主动显示自己技术的愿望，会发送自己是高效率 H 型技术的信号。由于连续型的信号传递模型过于复杂，特别是描述贝叶斯均衡很困难，本书只能以文字形式结合公式描述信号传递机制与最后的贝叶斯均衡过程。

9.4.1 基本假设

本书构建的是三阶段信号博弈模型。设：第一阶段 H 型、L 型技术输出方都首先提出商议性技术交易价格方案；第二阶段技术购买方计算后验概率；第三阶段技术购买方接受或拒绝技术交易价格，计算期望利润。

（1）第一阶段。仍然设 H 型技术交易的价格方案为 $(A^{\mathrm{H}}, b^{\mathrm{H}})$，L 型技术交易的价格方案为 $(A^{\mathrm{L}}, b^{\mathrm{L}})$。本书以不对称信息的信号博弈为分析框架，按照本章的逻辑，如果存在一

个分离的贝叶斯均衡,即 H 型技术供应商提供 H 型技术的交易价格 (A^H, b^H),而 L 型技术供应商提供了 (A^L, b^L),那么模型中就内含了激励相容机制,说明 L 型技术供应商索要 H 型技术的价格方案,只能使自己的利润比 (A^L, b^L) 方案的利润还小。

(2)第二阶段。观察到技术输出方提供的商议性交易价格后,技术购买方会根据技术输出方的交易价格方案和收益,计算后验概率,形成这样一个理念:提供交易价格为 H 型支付方案 (A^H, b^H) 的技术转让方,转让的一定是 H 型技术;提供交易价格为 L 型技术的价格方案 (A^L, b^L) 时,转让的就一定是 L 型技术,令 $q(A, b)$ 为技术购买方对认定技术是 H 型技术的后验概率,则有 $q(A^H, b^H) = 1$; $q(A^L, b^L) = 0$。

(3)第三阶段。技术购买方接受技术输出方提出的价格方案,技术交易完成。

9.4.2 技术信号博弈的分离均衡分析

考虑到信号博弈的复杂性,在本书中仅仅分析分离均衡合约的特征①。令这类技术交易价格方案中,唯一符合直观标准的分离均衡价格如下:H 型技术输出方提供 (A^H, b^H),L 型技术输出方提供 (A^L, b^L)。接下来分别分析 L 型、H 型技术支付方案的过程与特征。

1. L 型技术输出方给出的技术价格过程与特征

(1)基本逻辑:如果在该不对称信息博弈中存在一个动态的贝叶斯分离均衡,那么该均衡价格方案中的 L 型交易价格方案 (A^L, b^L) 与对称信息下的 L 型技术分离均衡价格方案 (A^{L^*}, b^{L^*}) 是一致的,即 $A^L = A^{L^*} = \Pi^m(c^L) - \Pi^m(c^0) > 0$; $b^L = b^{L^*} = 0$。

(2)证明这个逻辑。从 L 型技术转让方看,凡是满足 $A^L \leqslant \Pi^m(c^L + b^L) - \Pi^m(c^0)$ [公式(9.7)]的交易价格方案都会被技术购买方接受,因为这些方案都能降低厂商的成本。但是在模型中,$(A^{L^*} > 0; b^{L^*} = 0)$ 均衡方案既能满足技术购买方参与紧约束 $A^L = \Pi^m(c^L + b^L) - \Pi^m(c^0)$,又是分离均衡下 L 型技术输出方利润最大、技术购买方仅仅满足保留效用的交易价格方案。非合作博弈虽然要求均衡价格必须是双方互为最优的,但是从模型设置的博弈顺序看,率先提供价格方案的是 L 型技术输出方,具有先动优势的 L 型技术输出方以自身利润最大为目的。其他满足 $A^L < \Pi^m(c^L + b^L) - \Pi^m(c^0), A^L \neq A^{L^*}$ 的价格方案,L 型技术输出方的利润都小于方案 $(A^{L^*} > 0; b^{L^*} = 0)$。根据直观标准,在一系列的可行交易价格中,先行动的 L 型技术输出方,一定会确定 $(A^{L^*}, b^{L^*} = 0)$ 为最后的均衡价格方案。

从技术购买方看,如果发现提供给他的交易价格是 $(A^{L^*} > 0; b^{L^*} = 0)$,根据理性共识原则,他会认定该项技术成果是 L 型的,即信念(后验概率)为 $q(A^{L^*}, b^{L^*} = 0) = 0$。接受这个价格虽然不能使技术购买方利润增加,但是仍然可以使用更新的技术,完成模仿创新过程,也可以满足参与约束。所以技术输出方提供的价格方案 $(A^{L^*} > 0; b^{L^*} = 0)$ 会成为最终的序贯均衡。

如果 $(A^{L^*} > 0; b^{L^*} = 0)$ 是分离均衡的结果之一,则还要保证 H 型技术转让不会提供

---

① 内斯·马可-斯达德勒和 J.大卫·佩雷斯-卡斯特里罗的研究表明,在这类合约中,H 型技术转让方传递自身技术特征信号的混同均衡不存在。

$(A^{L^*}>0; b^{L^*}=0)$方案,那么在 H 型技术交易均衡机制中,还必须设计激励相容机制。

2. H 型交易价格的均衡过程与特征

假定 H 型技术输出方提供的技术交易价格为 (A^H, b^H),分析针对 (A^H, b^H) 的各类约束。

(1)厂商购买 H 型技术的参与约束。从参与约束看,技术购买方接受 H 型技术交易价格必须满足厂商购买 H 型技术的参与约束,即

$$\Pi^m(c^H + b^H) - A^H \geqslant \Pi^m(c^0)$$

(2)针对 L 型技术拥有方的激励相容约束。对 H 型技术成果方提供的价格 (A^H, b^H),只有在 L 型技术输出方采用后,并不能给 L 型技术输出方带来比价格方案 $(A^{L^*}>0; b^{L^*}=0)$ 更高利润的条件下 L 型技术方不会提供 H 型价格方案,公式(9.27)就是相关的激励相容约束:

$$A^{L^*} \geqslant A^H + b^H D^m(c^L + b^H) \tag{9.27}$$

(3)针对 H 型技术拥有方的激励相容约束。对于 H 型技术拥有方来说,采用价格 (A^H, b^H) 得到的利润也不低于采用价格方案 $(A^{L^*}>0; b^{L^*}=0)$ 得到的利润,即价格方案 (A^H, b^H) 必须满足公式(9.28)表达的激励相容约束:

$$A^H + b^H D^m(c^H + b^H) \geqslant A^{L^*} \tag{9.28}$$

(4)H 型技术输出方的规划问题。能够满足公式(9.6)(技术使用方购买 H 型技术的参与约束)、公式(9.27)和公式(9.28)(H 型、L 型技术输出方的激励相容约束)的价格方案有很多,然而要确定的是能够让 H 型技术方利润最大化的均衡价格方案。根据信息经济学的理论,本书构建的规划模型中应当包括 H 型技术转让方的参与约束 λ 项和 L 型技术转让方不提供 $(A^{L^*}, b^{L^*}=0)$ 价格方案的激励相容约束 γ 项,而公式(9.28)已经被包含在 λ 项和 γ 项中[①]。H 型技术的价格方案 (A^H, b^H) 由以下规划问题可解出:

$$\max_{A^H, b^H} A^H + b^H D^m(c^H + b^H)$$

$$\text{s.t.} \quad A^H \leqslant \Pi^m(c^H + b^H) - \Pi^m(c^0) \cdots \lambda$$

$$A^{L^*} \geqslant A^H + b^H D^m(c^L + b^H) \cdots \gamma$$

$$c^0 - c^H \geqslant b^H \cdots \mu$$

$$b^H \geqslant 0 \cdots \delta$$

关于 $c^0 - c^H \geqslant b^H$ 的设定是,若不满足这个条件,则厂商购买 H 型新技术没有节约成本的机会。但是,$c^0 - c^H \geqslant b^H$ 已经包含在 $A^H \leqslant \Pi^m(c^H + b^H) - \Pi^m(c^0)$ 中[②]。

如此规划问题简化为

$$\max_{A^H, b^H} A^H + b^H D^m(c^H + b^H)$$

[①] 该用问题信息与激励理论原理可以证明,本书将不再赘述。
[②] 证明:$A^H \geqslant 0 \Rightarrow \Pi^m(c^H + b^H) \geqslant \Pi^m(c^0) \Rightarrow c^H + b^H \leqslant c^0 \Rightarrow c^0 - c^H \geqslant b^H$。

$$\text{s.t.} \quad A^H \leq \Pi^m(c^H + b^H) - \Pi^m(c^0) \cdots \lambda$$
$$A^{L^*} \geq A^H + b^H D^m(c^L + b^H) \cdots \gamma$$
$$b^H \geq 0 \cdots \delta$$

(5) H 型技术输出方的拉格朗日方程与相关乘数。

第一，拉格朗日方程为

$$L = A^H + b^H D^m(c^H + b^H) + \lambda[\Pi^m(c^H + b^H) - \Pi^m(c^0) - A^H] \\ + \gamma[A^{L^*} - A^H - b^H D^m(c^L + b^H)] + \delta b^H \tag{9.29}$$

一阶条件为

$$\frac{\partial L}{\partial A^H} = 1 - \lambda - \gamma = 0 \Rightarrow \lambda + \gamma = 1 \tag{9.30}$$

$$\frac{\partial L}{\partial b^H} = b^H D'^m(c^H + b^H) + D^m(c^H + b^H) + \lambda[\pi'^m(c^H + b^H)] \\ - \gamma[b^H D'^m(c^L + b^H) + D^m(c^L + b^H)] + \delta = 0 \tag{9.31}$$

在逆向选择中已经证明：$\frac{\partial \pi^m(c^H + b^H)}{\partial b^H} = -D^m(c^H + b^H)$，所以将该式代入公式(9.31)，化简得

$$b^H D'^m(c^H + b^H) + D^m(c^H + b^H) - \lambda D^m(c^H + b^H) - \gamma[b^H D'^m(c^L + b^H) + D^m(c^L + b^H)] + \delta = 0$$
$$\Rightarrow b^H D'^m(c^H + b^H) + (1 - \lambda)D^m(c^H + b^H) - \gamma b^H D'^m(c^L + b^H) - \gamma D^m(c^L + b^H) + \delta = 0$$
$$\Rightarrow \delta = -b^H D'^m(c^H + b^H) - (1 - \lambda)D^m(c^H + b^H) + \gamma b^H D'^m(c^L + b^H) + \gamma D^m(c^L + b^H) \tag{9.32}$$

第二，分析相关乘数的性质，得出均衡解。根据拉格朗日乘数的性质，若 $\delta > 0$，则必有 $b^H = 0$，公式(9.32)可以改写为

$$\delta = -(1 - \lambda)D^m(c^H) + \gamma D^m(c^L) > 0 \tag{9.33}$$

又因为公式(9.30)有

$$\lambda + \gamma = 1 \Rightarrow \gamma = 1 - \lambda，\text{由} \gamma \geq 0 \Rightarrow \lambda \leq 1 \tag{9.34}$$

公式(9.33)右端：第 1 项 $-(1-\lambda)D^m(c^H) \leq 0$；第 2 项，由 $\gamma \geq 0 \Rightarrow -\gamma D^m(c^L) < 0$。所以公式(9.33)右端 $-(1-\lambda)D^m(c^H) - \gamma D^m(c^L) < 0$；而公式(9.33)左端 $\delta > 0$，左右两端相矛盾，所以推翻 $\delta > 0$ 和 $b^H = 0$ 的假设，接受 $\delta = 0$，$b^H > 0$。

如果 $\delta = -(1-\lambda)D^m(c^H) + \gamma D^m(c^L) = 0$ 成立，则必有 $\lambda = 1 > 0$，$\gamma = 0$。

一旦 $\delta = 0$，$b^H > 0$，根据 $A^{L^*} > A^H + b^H D^m(c^L + b^H)$ 得

$$A^H < A^{L^*} \tag{9.35}$$

根据 $\lambda = 1 > 0$，$A^{H^{**}} \leq \Pi^m(c^H + b^H) - \Pi^m(c^0)$，一旦 $\lambda = 1 > 0$，$\gamma = 0$，则 $A^H \leq A^{L^*} - b^H D^m(c^L + b^H) \Rightarrow A^H \leq A^{L^*}$。

结论：如果存在分离均衡，则两类技术输出方提供的分离均衡价格的取值分别如下。

对于 H 型：

$$(b^{H^{**}} > 0; A^{L^*} > A^{H^{**}} > 0)$$

对于 L 型：

$$(b^{L^{**}} = b^{L^*} = 0; A^{L^{**}} = A^{L^*} \geqslant 0)$$

9.4.3 均衡合约的状态

均衡合约的状态如图 9-1 所示。①H 型、L 型技术输出方的等利润线分别用 $B^H = A^L$ 和 $B^L = A^{L^*}$ 表示。②等利润线的 A 和 b 反向变化。③$B^H = A^{L^*}$ 等利润线在 $B^L = A^{L^*}$ 等利润线的下方。因为 H 型技术能够使技术购买方的边际生产成本降至 c^H，且 $c^H < c^L$，能够为 H 型技术供应方留出 $b^{H^*} > 0$ 的空间，使 $c^H + b^H < c^0$。如果 $b^{H^*} > 0$，必有 $A^{H^{**}} < A^{L^*}$。④可能的均衡支付方案应当在阴影区。H 型技术输出方传递 H 型信号的目的是要获得高于采用 L 型技术供应方交易价格 (A^{L^*}, b^{L^*}) 的收入，即 $(A^{H^{**}} > 0; b^{H^{**}} > 0) > (A^{L^*} > 0; b^{L^*} = 0)$，但是又不能使 L 型技术供应方获得高于 $B^L = A^{L^*}$ 的利润，破坏分离均衡，所以应当在 $B^H = A^{L^*}$ 等利润线和 $B^L = A^{L^*}$ 等利润线构成的阴影区内，即阴影区内的所有组合都是 H 型技术供应方的备选支付方案。

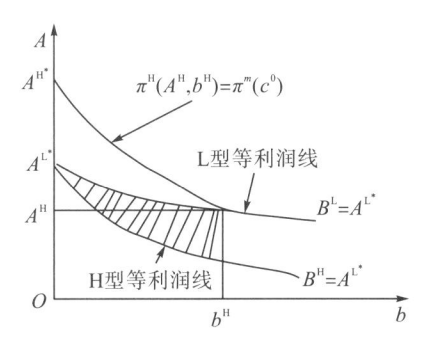

图 9-1 均衡合约的状态

问题是，阴影区的这些 H 型技术的备选方案中，哪个是 H 型技术供应方的利润最大的均衡价格？首先，均衡交易价格必须满足 H 型技术供应方对技术购买方的参与约束，即公式(9.19)，均衡点不在 $\pi^H(A^H, b^H) = \pi^m(c^0)$ 曲线之下。其次，均衡交易价格必须满足 L 型技术供应方的激励相容约束，即公式(9.27)，均衡点不在 $B^L = A^{L^*}$ 曲线之下。最后，均衡交易价格必须满足 H 型技术供应方的利润最大，均衡点在曲线 $B^H = A^{L^*}$ 之上。最后的均衡点应当在图 9-2 所示的黑点上。

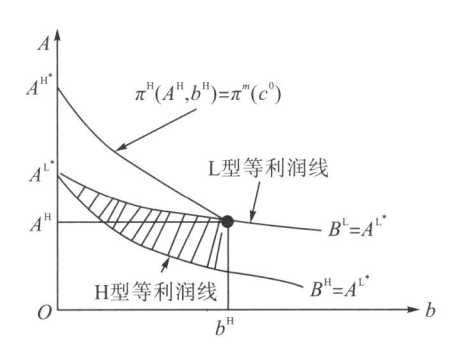

图 9-2 最后的均衡点

9.4.4 均衡的经济学解释

如果均衡合约出现在 A^{H^*} 等利润线的上方，则出现混同均衡价格。但是在前面已经提示混同均衡并不存在。那么均衡合约(图 9-2 中的黑点)就必须在 A^{H^*} 曲线上和 $B^{L^*} = A^{L^*}$ 曲线之下，必须满足：

$$A^{L^*} - b^H D^m(c^L + b^H) \geqslant A^H$$
$$\Rightarrow \Pi^m(c^L) - \Pi^m(c^0) - b^H D^m(c^L + b^H) \geqslant A^H \tag{9.36}$$

H 型技术拥有方的问题简化为

$$\max_{A^H, b^H} A^H + b^H D^m(c^H + b^H)$$
$$\text{s.t.} \quad \Pi^m(c^L) - \Pi^m(c^0) - b^H D^m(c^L + b^H) \geqslant A^H \cdots \lambda$$

拉格朗日方程为

$$L = A^H + b^H D^m(c^H + b^H) + \lambda[\Pi^m(c^L) - \Pi^m(c^0) - b^H D^m(c^L + b^H) - A^H]$$
$$\frac{\partial L}{\partial A^H} = 1 - \lambda = 0 \Rightarrow \lambda = 1 \tag{9.37}$$

技术购买方的参与约束取等号，接受黑色合约点。现在来讨论该 H 型交易价格是否满足贝叶斯均衡。

9.4.5 该信号博弈的逆向序贯过程均衡

以下逆向求解过程存在一个完备的贝叶斯均衡。

(1) 第三阶段：技术购买方接受技术价格方案 $(A^{H^*}>0; b^{H^*}>0)$ 时的信念一定是 $q(A^H, b^H)=1$；技术购买方接受技术价格方案 $(A^{L^*}>0; b^{L^*}=0)$ 时的信念一定是 $q(A^L, 0)=0$。

(2) 技术购买方的信念是 $q(A^H, b^H)=1$ 时，一定有 $A^H + b^H D^m(c^H + b^H) \geqslant A^{L^*}$，此时 H 型技术转让方不会提供 $(A^{L^*}>0; b^{L^*}=0)$；技术购买方的信念是 $q(A^L, 0)=0$ 时，一定有 $A^{L^*} \geqslant A^H + b^H D^m(c^L + b^H)$，此时 L 型的技术转让方不会提供 H 型 $(A^{H^*}>0; b^{H^*}>0)$ 的技术价格方案。

(3) 如果满足 $A^H + b^H D^m(c^H + b^H) \geqslant A^{L^*}$，则技术输出方一定会输出 H 型技术，接受价格方案 $(A^{H^*}>0; b^{H^*}>0)$；如果满足 $A^{L^*} \geqslant A^H + b^H D^m(c^L + b^H)$，则技术输出方一定会输出 L 型技术，技术输出方接受价格方案 $(A^{L^*}>0; b^{L^*}=0)$。

在前文研究过的技术逆向选择方案中，技术输出方通过向 L 型技术购买方收取技术提成费用 b^L 来区分技术购买方的类型，阻止 H 型技术购买方骗取信息租金的道德风险行为。信号传递模型是 H 型技术转让方降低一次性收费，使 $A^{H^*}<A^{L^*}<A^H$，主动向技术购买方收取单位产品技术提成 b^{H^*}，通过敢于显示 H 型技术的效率来证实技术类型。这种信号模型事实上是技术输出方向技术购买方提出了产权收益合作的产权要求，是产学研在价值链上的合作创新。

9.5 基本结论

本章给出的信号传递模型,与当前技术开发商主动寻求合作生产厂商的现实相关。也就是说,当市场上技术成果"蜂拥"时,生产厂商在购买技术时难以辨明技术成果的来源和实际效率,而技术供应方不仅清楚技术的类型,也知道技术成果必须由生产厂商完成商业化过程才能最终完成技术创新。因此,高效率技术成果的拥有者必须主动向技术购买方传递技术的相关信息,帮助生产厂商辨明哪些技术是优质的,能给生产厂商带来高的利润。从理论上看,高效率 H 型技术的拥有方并不看重一次性支付的高低 [$A^H \geqslant 0 \Rightarrow \Pi^m(c^H + b^H) \geqslant \Pi^m(c^0) \Rightarrow c^H + b^H \leqslant c^0 \Rightarrow c^0 - c^H \geqslant b^H$],反而要求从市场销售量中获得技术提成,也就是有剩余索取权要求。

西部制造业的技术创新目标是用信息技术、人工智能和数字技术对传统制造业进行技术改造。只有使高新技术产业和装备制造业获得高效率的 H 型技术,才能提高西部传统制造业的效率,H 型技术拥有方就有技术提成的要求。因此,本书的理论研究必须深入到技术供给方和技术购买方进行产权合作的理论。

第 10 章 专用性资产、研发投资激励与产学研联盟

转让核心技术的道德风险模型、逆向选择模型及信号传递模型分析的结果都是：技术研发与输出方会向技术购买方索取技术提成，这种行为实际上是技术输出方将技术成果作为生产要素，与技术购买方进行技术、生产合作创新的方式。从产权经济学看，是以部分产权所有者的身份或者要素所有者的身份参与生产经营活动剩余的分配。因此，关于技术和生产合作最为普遍的规制结构是产学研联盟，即相互独立的生产企业与研究机构按照"利益共享、风险共担、优势互补、共同发展"的原则，协作开展产业技术创新活动。

本章将在阐述专业化分工和纵向一体化理论的基础上，以格罗斯曼-哈特-莫尔模型为基本框架，以专业化分工和资产专用性理论为基础，用求解非合作博弈的谈判解的方法，分析同一价值链上有交易关系的专业化研究机构与生产企业间协同创新的机制及研发活动在不同规制结构下的投资激励。

10.1 研发活动专业化与一体化倾向

10.1.1 技术创新与产学研创新机制

技术创新是指新技术成果的商业化过程，而实施这个过程的主体是生产企业。进入工业化阶段后，大量以应用现代科学理论为基础的生产技术已经成为现代经济增长的主要手段，生产过程的动态效率对科学原理和应用技术的依赖也日益加深。在这个意义上，大学、研究机构与生产企业同处于一个价值链，研发机构属于生产过程的上游环节。虽然科学研究、应用研究的深度和水平很大程度上也取决于由装备工业提供的仪器、设备的功能与效率，生产企业也常常是研究机构的投入单位，但是，从市场微观主体和产业转型升级的角度分析，更多地考虑研发机构作为投入主体，生产单位作为技术应用单位，怎样协作促进产业的技术创新和转型升级。机制原指有机体或机器的构造和工作原理（《辞海》的解释），将这个概念引入经济领域的创新问题时，机制可解释为，在经济利益的驱动下，以技术创新为目标，产学研各方主体在特定规制结构系统中，各主体相互间的作用关系和效应。协同效应是指专业化主体联合行动后，比各自单独分离活动时增加的经济效应。因此构建产学研协同创新机制，应当获得比各主体独立参与市场交易时更高的福利效应。

10.1.2 专业性研发机构的兴起

就规制结构看，生产企业和研究机构之间的关系因国家、产业和所处的发展阶段而呈现不同的特征。研发活动逐渐独立为专业化研发机构行为的经济学原因有两个方面。

第一，从科学理论与生产技术成果应用的关系历程看，技术成果中蕴含的科学原理成

分越来越多，创新活动必然更加依赖掌握科学理论的专门人才。研究机构及科技人员在服务于生产活动的动态过程中发展出了特定的研究能力，并以物质资本或人力资本的形式体现，当他们再次面临同样活动时，不需要为发展这些能力重新投资，研发成本就降低了。研发人员在研究机构的集聚，又能够加快研究信息的溢出性交流，加快创新速度，获得正外部性，如此研发活动的专业化效率上升了，支持了专业化研究机构的独立存在。

第二，从生产技术与生产组织的关系看，制造业的技术系统随着工业化的深入，生产的复杂性、综合性日益增强，流程化、流水线和大批量生产线逐渐取代分批量和一次性生产系统，机器替代人的体力与脑力成为普遍现象。在大型工厂中使用正式的生产线来进行实验，必须停止正常生产，代价是昂贵的。因此，将实验室和实验性开发工作从日常生产中分离出去，成立专业化的研究机构，就不会影响正常的生产过程。进入 20 世纪后，以机器设备作为主要生产手段的高度工业化社会中，生产过程和研发活动的分工出现了。

10.1.3 专业化、资产专用性与纵向一体化倾向

研发与生产独立的专业化效率并不是经济活动的全部效率，支持专业化效率的组织基础是发达的交易体系。然而，市场交易也是有成本的，当交易成本过高时，市场交易就会受阻，分工的效率被交易成本吞噬，阻碍技术成果转化为生产力。研究机构和生产单位只有在低交易成本的纵向关系下，提高要素所有者的报酬，专业化效率才能最终实现。这具体表现为以下三个方面。

第一，研发与生产活动的分离和专业化提高了市场交易费用。罗纳德·H. 科斯的理论贡献在于指出了使用市场价格机制是需要成本的，过高的交易费用会使许多交易失败。现代经济体系中，研发与生产活动都是高度专业性的，并且随着科技进步有日益强化和复杂化的趋向，这与早期的自然人业主制下研、产、销简单一体化的环境完全不同。建立在内部专业化分工基础上的纵向一体化大型企业，同时获得了规模经济和范围经济效率，能够支撑大规模生产。但是，市场交易量增大降低了单位生产成本，寻找买主的搜寻性交易成本上升（埃里克·弗鲁博顿和鲁道夫·芮切特，2006）。同时，"由于技术更替速率加快，当对产品规格的细化要求发生变动时，市场在中间产品交易方面的低效率表现，使得谈判变得冗长而复杂，并具有高不确定性"（克里斯托夫·费里曼，2008），为应对这种不确定性所进行的交易内容的调整费用将更高。研发活动与生俱来的不确定性与市场的不确定性交互作用，使市场交易处于极度的不稳定中，巨额交易费用将抵消规模经济和范围经济效应。

第二，专业化分工提高了资产专用性，各环节的相互依赖性越强，市场范围越小，R&D 投资激励越低。一方面，对于已经专业化的工业化社会来说，短期内生产效率主要依赖专用性人力资本和物质资产。由于资产专用性程度提高，专业化的生产企业和研发机构之间，相互为防止要挟和争夺"准租"导致的交易费用越高，纵向一体化的倾向也越高。另一方面，相互依赖的交易双方为防止被要挟，都会增加通用性资产投资，弱化企业专用性投资的激励，影响专业化分工的深化（Besanko and Spulbler，1992）。但是，资产专用性是以市场范围的大小来界定的，如果市场范围扩大，专用性资产能够获得规模经济，则资产专用性的低效率都会破解。

第三，重化工业化内生了产学研纵向一体化的趋势。重化工业的生产投资额巨大，资产是高度专用性的，技术研发、技术创新所需的试验工厂的专用性资本额和费用也剧增，单个的研发机构难以承担。因此，世界级的大企业都开始在企业内部设置自己的研究机构，通过纵向一体化可以节约试验工厂的投资，规避交易风险，完成专项技术开发。从经济学角度看，纵向一体化具有节约交易费用和生产成本的双重效应。

必须强调的是，科学研究特别是基础性研究，是对自然规律的解读，具有普适性、通用性，是后期相关应用研究的共同基础，所以基础性科学研究成果具有较高的公共产品的特性。应用研究，特别是产品研发是专业化研究，技术成果必须与现有具体生产体系的效率目标高度相关，就有了针对性，创新资金具有了某种程度的专用性投资性质。如果新产品的市场化过程失败，那么研发资产将无法回收。基于此，本章研究以创新为目的研发投资就必须在资产专用性假定下进行。

10.2 资产专用性与研发投资激励的博弈

本章用一个简化的三阶段非合作博弈谈判解的例子来展示——由专业化形成的资产专用性将会降低创新投资激励，这与第5章中资产专用性会降低过度进入的动机和抑制产能过剩的风险是一致的。为了突出研发投资，在本章模型中假定生产企业无须增加投资，而且与研发企业平分准租。

10.2.1 模型的设定

设某专用性研发投资由专业化研发机构完成，P 为技术研发机构向产品生产企业索要的技术费用，该技术创新项目分3个阶段完成。

(1) 阶段1：技术研发方和产品生产方签订技术创新协议，生产方购买技术成果后生产产品，再销售给最终用户。预测该产品市场销售收入为1000万元和2000万元的概率分别为0.6、0.4，那么市场期望收入为1000万元×0.6+2000万元×0.4=1400万元。

(2) 阶段2：签订技术合作协议后，技术研发方完成专用性研发投资，进行相应的研发活动。研发方如果不进行专用性投资，则研发成本为400万元。如果投放专用性投资130万元，则研发成本可降低到180万元。

由于研发活动专业性强，研发投资过程是隐匿的，不可证实，专用性投资额就成为不可证实的变量。k 为资产通用性价值系数，且 $0<k<1$；$1-k$ 为资产专用性价值系数。当 $k=1$ 时，设备具有通用性，即投资完成后，资产若转为其他用途，则价值仍为130万元；当 $k=0$ 时，投资完成后，资产若转为其他用途，则价值为零，投资全部沉没。

(3) 阶段3：考虑到创新驱动战略中技术资源的重要性及只有企业使用新技术后技术的价值方能实现的产业创新，假定技术研发方与技术使用方在产业链上的地位是相等的，若需求发生变化，改变了初始契约缔结时的市场状态，导致双方收益与初始预期差别较大，则双方会根据市场最终结果重新谈判，并平分准租。事后产品的生产方有足够的知识推断研发方是否进行了专用性资产投资，而且双方都知道市场销售情况。

10.2.2 模型的逆向分析

1. 分析阶段 3 的预期收益

(1) 若市场销售结果为 1000 万元,则产品生产方对初期契约不满,要求重新谈判。由于研发方已经被锁定在专用性关联资产中,只得接受重新谈判,已经假定双方平分准租。相应的成本、收益与转移支付价格见表 10-1。

表 10-1 市场销售收入 1000 万元时的各项财务指标测算

财务指标	不进行专用性研发投资	进行专用性研发投资
生产企业准租	$1000-p$	$1000-p$
研发企业准租	$p-400$	$p-180-130k$
双方准租金之和	$(1000-p)+(p-400)=600$	$(1000-p)+(p-180-130k)=820-130k$
转移支付价格(平分准租)	$1000-p=p-400 \Rightarrow p=700$	$1000-p=p-180-130k \Rightarrow p=590+65k$

(2) 若市场销售结果为 2000 万元,则技术研发方对合作协议不满,要求重新谈判。由于产品的生产方也被锁定在特定交易关系中,只得接受重新谈判,已经假定双方平分准租。相应的准租、收益与转移支付价格见表 10-2。

表 10-2 市场销售收入 2000 万元时的各项财务指标测算

财务指标	不进行专用性研发投资	进行专用性研发投资
生产企业准租	$2000-p$	$2000-p$
研发企业准租	$p-400$	$p-180-130k$
双方收益之和	$(2000-p)+(p-400)=1600$	$2000-p+(p-180-130k)=1820-130k$
转移支付价格(平分准租)	$2000-p=p-400 \Rightarrow p=1200$	$2000-p=p-180-130k \Rightarrow p=1090+65k$

2. 分析阶段 2 和阶段 3,技术研发方是否进行专用性投资

重新谈判、平分准租保证了交易双方都不会单方面承担市场风险,问题是研发企业是否进行 R&D 投资呢?表 10-3 计算了技术研发方是否进行专用性研发投资的期望价格、研发成本和期望准租。

表 10-3 技术研发方进行和不进行专用性研发投资的期望价格、期望成本和期望准租

项目	不进行专用性研发投资	进行专用性研发投资
期望价格	$700\times0.6+1200\times0.4=900$	$(590+65k)\times0.6+(1090+65k)\times0.4=790+65k$
研发成本	400	180
投资成本	0	130
期望准租	$900-400=500$	$790+65k-180-130=480+65k$

那么,研发单位进行技术研发专用性投资的条件如下:

$$480+65k \geqslant 500 \Rightarrow 65k \geqslant 20 \Rightarrow k \geqslant 0.31 \Rightarrow 1-k \leqslant 0.69 \quad (10\text{-}1)$$

结论 10.1：研发单位只有在资产通用性程度很高、专用性程度比较低的条件下才进行研发投资。投资的专用性程度越高，研发单位投资的激励越小。

10.2.3 市场最优的专用性投资额低于社会最优投资额的理论

1. 市场主体创新投资激励不足的一个简化模型[①]

设研发成本是专用性资产投资的函数 $c(I)$；I 是研发企业为降低研发成本进行的专用性投资，且效率边际递减，即存在 $c'(I)<0$，$c''(I)>0$。本次研发不增加生产方的固定成本和变动成本。

A 为产品生产厂商对商品在市场销售的预期价格，$A\geqslant c(0)$，即研发机构是否进行研发投资，厂商都要生产产品。$p(I)$ 为技术研发者向生产厂商索要的研发费用。又假定，合作中的交易价格由纳什谈判解决定，重新谈判的谈判解要保证双方准租相等，即要满足：

$$A-p(I)=p(I)-c(I)\Rightarrow p(I)=\frac{1}{2}[c(I)+A] \tag{10-2}$$

将式（10-2）代入利润函数，技术研发方的利润函数为

$$\pi=p(I)-c(I)-I=\frac{1}{2}[c(I)+A]-c(I)-I=\frac{A}{2}-\frac{c(I)}{2}-I \tag{10-3}$$

技术研发方专用性投资的一阶条件为

$$\max_{I}\left[\frac{A}{2}-\frac{c(I)}{2}-I\right]\Rightarrow c'(I)=-2 \tag{10-4}$$

社会关于事前投资的一阶条件为

$$\max_{I}[A-c(I)-I]\Rightarrow c'(I)=-1 \tag{10-5}$$

因为已经假定 $c'(I)<0$，$c''(I)>0$，所以技术研发企业的最优专用性投资小于社会最优专用性投资。

2. 结论

结论 10.2：专用性研发投资的微观激励低于宏观最优，出现投资不足的市场失灵。如果是创新驱动，则需要政府政策鼓励研发投资增加。由于市场关于创新的专用性研发投资激励不足，政府促进研发投资的相关干预就成为必然。但是，从世界 300 多年的工业化史看，研发投资始终是增加的，产业史没有印证专用性研发、创新投资减少的推论。是什么原因促进了专用性研发、创新投资的增加呢？从体制变迁和市场范围的扩大看，第一，产业革命以来，市场范围是不断扩大的，这一点在产业革命的相关问题中已经论述过。工业化在经济史上的贡献是造就了庞大的工业体系，提高了人均收入水平，扩大了市场规模。市场范围的无限扩大必然降低资产的专用性，解除了专用性资产对生产成本降低的限制，即在限定性市场呈现专用性的资产，到了相对无限的世界市场，资产的使用范围就扩大了，通用性提高，使在具有技术上专用性的投资带来的利润，高于交易成本的增加量。第二，规制结构的变化降低了市场的交易成本。一方面，从经济史看，20 世纪初工业化国家的大型企业开始实施纵向一体化战略，提高了工业集中度，扩大了企业规模，通过掌控市场

---

① 注：参考平新乔（2001）。

份额降低由资产的专用性导致的交易成本。另一方面,很多大型企业都在内部设置专业化研发机构。纵向一体化大幅度降低了研发机构和生产厂商之间的交易费用。

10.3 纵向一体化及其低效率分析

纵向一体化降低了交易费用的同时延伸了企业的纵向边界,可能出现以下一些新的问题。

第一,由于信息不对称,纵向一体化大企业内部生产和研发部门之间会出现互相"卸责"的道德风险,导致技术创新过程中的价值链低效率。阿尔钦和德姆赛斯2004年的研究,基于要素市场化条件下的"团队"理论认为,有效率的分配制度的基本特征是,单个主体获得的报酬能够体现他的边际生产效率,如果剥离单个成员的贡献很困难,就会产生"卸责"行为,导致低效率。如果研发和生产环节同处于一个行政系统中,由"团队"共同分配制造费用或共同承担成本,而且很难衡量生产和研发对整个"团队"的盈利的贡献,就容易导致机会主义行为。研发和生产各方都有极高的专业性,相互信息不对称,判别对方是否努力是非常困难的。如果专业化主体都是独立接受市场价值的测度,就没有"卸责"的机会。

第二,从内部工资成本看,一体化大企业为了防止或减少由道德风险导致的系统性损失,必须向内部企业员工支付高于市场均衡工资的效率工资,"赎买""偷懒",提高了变动成本,使一体化企业的最终结果只能达到次优绩效。

Eaton 和 White(1982)及戴维•贝赞可等(1999)分别建立了效率工资模型,解释了大企业内部的代理成本和效率工资问题。设 W 为大型企业向员工支付的工资。效率工资 ΔW($\Delta W = W - W^*$)是厂商向员工支付的工资(W)高于劳动市场均衡工资(W^*)的部分,是用来"赎买"企业员工"偷懒"行为的。在他们的理论中,员工既可以选择努力工作,也可以选择怠工。如果员工得到其他工作机会获得劳动市场均衡工资 W^*,那么员工将损失效率工资 $\Delta W = W - W^*$。一旦雇员怠工被厂商发现后,员工就没有工资。设 P 为厂商发现员工怠工的概率,C 为员工努力工作后增加的个人成本,只要设定一个激励相容机制,使员工努力工作后的期望收入高于怠工的收入,员工就会努力工作。激励相容约束为

$$W - W^* - C \geq (W - W^*)(1-p) + p \times 0 \tag{10-6}$$

该激励相容约束变形后:

$$W - W^* \geq W - W^* - p(W - W^*) + C \tag{10-7}$$

得到

$$p(W - W^*) \geq C \Rightarrow W - W^* \geq \frac{C}{P} \tag{10-8}$$

显然,如果 $C=10$,$P=0.5$,那么效率工资为

$$W - W^* = \frac{10}{0.5} = 20 \tag{10-9}$$

该简化模型表明,在信息不对称条件下,员工获得的效率工资是努力成本的2倍,边际工资高于边际成本,如此厂商的利润就会被侵吞,所以一体化厂商的效率是扭曲的。特

别地，员工关于业务知识的信息不对称程度越高，怠工被辨明的概率 P 就越低，效率工资 ΔW 就越高，企业效率越低。研发活动的探索性质，决定了研发活动的结果具有极高的不确定性。而研发活动是由专业技术人员从事的高度专业化的活动，信息的不对称性也高，企业内设专业化研发机构的效率工资就更高。如果研发机构和生产厂商相互独立，生产、研发活动都由市场机制配置资源，那么企业只需向研发人员支付市场均衡工资。

第三，从科层组织的关系看，大型一体化厂商内部的研究机构与生产单位之间是行政关系，研究机构具有一个相对稳定的"俘获性"市场。内部专业化单位之间互为共生，没有通过创新才能生存的竞争压力，因此内部专业化研究机构创新努力的动力不足。

总之，专业化分工有利于应用型创新却产生高额的交易费用；纵向一体化节约了交易费用，但是科层内部专业化会导致"团队低效率"。能够兼容独立厂商的专业化生产效率和科层组织节约交易费用的效率，必须采用新的规制结构——产学研联盟。

10.4 产学研协同创新模型——专用性投资与博弈谈判解

本节以阿尔钦、德姆赛斯的"团队理论"为基础，构建一个包括处于同一价值链的研发和生产单位的理论模型，分析专业化的研发和生产单位在不同规制结构下的微观机制与绩效。

10.4.1 模型的构建

本节模型是两个专业化企业间进行的竞争与合作的比较，企业之间的利益是独立的，因此首先应当在非合作博弈下求纳什均衡解。

设企业 1 为研发机构，企业 2 为购买技术成果实现技术产业化的生产单位，两企业协同进行技术创新活动。如果企业 2 是唯一使用技术成果的单位，即企业 1 为企业 2 进行贡献性专项研发，那么两家企业均为不完全竞争厂商，两家企业的资产互为高度专用性资产。根据威廉姆森的理论和本章理论部分的分析，资产专用性程度越高，专用性研发投资激励越低。专用性研发资产投资不足，不利于技术创新的后续深入，也不利于创新驱动经济增长。

假定：技术成果研发与运用新技术的生产过程分为两个阶段。在第一阶段，即时间变量 $t=0$ 期，由研发单位进行研发的专用性投资；生产企业进行生产设备投资。在第二阶段，即 $t=1$ 期，生产企业运用研发单位的技术成果生产产品，并获得市场收益。两家企业的关系专用性投资如下：研发机构的研发投入变量为 x；生产企业的生产设备投资变量为 y。x、y 均在 $t=0$ 期投入。由于该价值链的实现过程分为两个阶段，用两阶段博弈逆向分析，那么，x、y 均为待定变量。

假设 1：生产厂商利润水平与生产设备投资水平呈正相关关系；研发投资与技术成果的效率也呈正相关关系[1]。

假设 2：考虑到上下游在创新过程中的协同性，以及市场主体付出努力就会产生成本，而且会有正外部性，所以假定研发机构和生产厂商的得益值与自己的努力成反比，与对方

---

[1] 在创新理论中，通常将创新投资看作投入要素，与创新绩效呈正相关关系，如常设定服从指数分布。

的努力成正比。当两个主体同心协力都选择高努力时，研发企业和生产企业可以分别得到 $6x$ 和 $6y$ 的利润。若两方都懈怠，则只能分别得到 $3x$、$3y$ 的利润。若一方懈怠，另一方努力付出高的努力成本，则懈怠一方反而因为获得正外部性而得到高收益 $7x$ 或 $7y$，而努力一方的收益却为零。具体的收益格局见图 10-1 所示的博弈矩阵。

		生产企业	
		低努力	高努力
研发企业	低努力	$3x,3y$	$7x,0$
	高努力	$0,7y$	$6x,6y$

图 10-1　博弈矩阵

显然，该博弈矩阵出现了 4 组利润组合，最高效率是 $(6x,6y)$，即双方都努力，价值链的收益可达 $6x+6y$，其他 3 个组合都有机会调整策略组合，实现帕累托改进。根据经济学原理，主体行为受机制驱使，机制是具体的规制结构决定的。接下来应用博弈方法分析矩阵中 4 组收益的规制结构的背景。

10.4.2　非合作博弈格局的机制与各类绩效组合的解释

第一种解释：$(3x,3y)$。若两企业在市场上独自参与竞争，则该非合作博弈下双方都存在占优策略，纳什均衡为(低努力，低努力)，相应的收益值组合为$(3x,3y)$。显然出现了单个企业追求利益最大与价值链总收益最小的两难境地。"在人们尚未拥有一个每个人都敬畏的权威时，所处的境况就是战争；这种战争是所有人对所有人的战争，使人人都深感恐惧，从而宁愿放弃自由"（盖瑞·J.米勒，2002）。在这种格局下，如果采取权威的科层组织替代两个企业的竞争，就存在帕累托改进的机会。

第二种解释：$(7x,0)$。对应的策略组合为研发企业低努力，生产企业高努力。如果研发单位 R&D 投入较少，技术成果质量低，则不能降低技术使用方的边际生产成本。信息不对称又使 R&D 投入成为不可证实的变量,研发方向生产企业索要高价的机会是存在的，结果利润达到 $7x$。而生产企业边际成本降低不多，利润少，还要付出高额技术费用，利润趋近于零。

第二种解释是研发企业在所有组合中最高的收益，也是研发企业追求的收益。只有在研发企业控制生产企业的条件下，采取行政手段命令生产企业努力才能达到，为此技术研发方常常兼并生产企业，实施前向一体化行为。

第三种解释：$(0,7y)$。对应的策略组合为研发企业高努力，生产企业低努力。如果研发企业 R&D 投入增大，技术成果质量高，则不仅使技术使用方的边际生产成本降低，垄断生产规模扩大，而且技术研发成本提高使技术成果的价格也提高，技术使用方是不完全竞争厂商，采取的是成本加成定价，收益随技术成果价格的提高而增加，但是不用增加生产性投资，利润就可以增加。生产企业利润增加至 $7y$。但是如果 R&D 是专用性投资，则生产企业可以通过要挟将研发企业置于利润为零的水平，研发企业仅获得保留效用，利润为零。

显然只有在生产企业雇佣或控制研发企业的条件下，才能命令研发企业努力。但是为了实现这个策略组合，生产企业往往通过兼并或内设研发企业实行后向一体化行为。

第四种解释：$(6x,6y)$，对应的策略组合为(高努力，高努力)。如果是高度专业化的行动，信息不对称，用合作契约来要求双方高努力是不现实的，因为双方的努力都是不可证实的变量。阿尔钦和德姆赛斯的"团队理论"阐述了团队合作失效的原因：由个体组成的群体会发现，某一项技术会使得具有高度交互作用的生产函数成为可能。但是生产努力是具有外部性的，因为一个人付出的努力越多，则该群体的其他成员生产效率越高，但是成本却要由努力方单独承担。既然单个主体的努力成果将会被平均分配，成员企业必然选择"懈怠"，降低自己的努力成本，而分享合作者的付出，这被称为团队成员"卸责"(盖瑞·J.米勒，2002)，结果效率达不到$(6x,6y)$。

10.4.3 实现高福利$(6x,6y)$均衡结果的条件——无限次重复博弈

要想实现价值链的高收益$(6x,6y)$，只有双方长期合作，互相信赖。用无限次重复博弈来分析形成这个结果的条件。

设 r 为贴现率，$\delta = \dfrac{1}{1+r}$ 为贴现因子，如果生产企业为核心主体，采取高努力策略，那么在 t 期中研发企业不同策略的收益值如下所示。

(1) 研发企业低努力的收益：

$$\pi_1 = 7x + 3x\delta + 3x\delta^2 + \cdots + 3x\delta^{t-1} \tag{10-10}$$

当 $t \to \infty$，$\pi_1 = 7x + 3x\delta + 3x\delta^2 + \cdots + 3x\delta^{t-1} = 7x + 3x\dfrac{\delta}{1-\delta}$。

(2) 研发企业高努力的收益：

$$\pi_1 = 6x + 6x\delta + 6x\delta^2 + \cdots + 6x\delta^{t-1} \tag{10-11}$$

当 $t \to \infty$，$\pi_1 = 6x + 6x\delta + 6x\delta^2 + \cdots + 6x\delta^{t-1} = 6x + 6x\dfrac{\delta}{1-\delta}$。研发企业选择高努力策略与生产企业默契的条件如下：

$$6x + 6x\dfrac{\delta}{1-\delta} \geq 7x + 3x\dfrac{\delta}{1-\delta} \Leftrightarrow 6x\dfrac{\delta}{1-\delta} \geq x + 3x\dfrac{\delta}{1-\delta} \Leftrightarrow 3x\dfrac{\delta}{1-\delta} \geq x \Rightarrow \delta \geq \dfrac{1}{4} \tag{10-12}$$

由 $\dfrac{1}{1+r} = \delta \geq \dfrac{1}{4} \Rightarrow r \leq 300\%$，$r \leq 300\%$ 是一个常见的利率水平，在这个利率水平下研发企业定会高努力。由此，在 $t=1$ 期两家企业的合作在无限次重复博弈下成立。研发企业与生产企业都是高努力，联合体收益值会达到$(6x+6y)$，即只有双方在长期中进行无限次重复博弈，才会出现高福利$(6x+6y)$的组合，两家也都采取高努力。

但是，从工业化社会以来的制造业发展看，技术创新的速度越来越快，而且技术进步，新产品、新设备、新工艺出现的周期越来越短。以长期合作为基础的中上下游企业间无限次重复博弈来实现高福利$(6x+6y)$组合的机会越来越少，也不符合创新时代的特征。经济主体与研发机构的合作稳定性随成本和技术的变化而变换，不会长期锁定在与某一个研发机构的合作关系上。既然合作是短期的，只能以谈判解来分析实现$(6x+6y)$的条件。

10.5 研发与生产的纵向合作——基于谈判解的分析

在高度专业化的条件下，双方的努力程度是不可证实的变量，要想实现产业链收益之和达到$(6x,6y)$，在信息不对称条件下，只有设计激励相容机制，使双方努力达成自愿的行为。从上述分析看，专业化分离、前向一体化、后向一体化虽然不能达到最优结果，但是存在帕累托改进的机会。本节采用纳什谈判解为分析方法，依然以格罗斯曼和哈特的理论为基础，延续上一节的理论假设，构建一个简单的数学模型，寻求独立专业化企业向产学研联盟规制结构转变。以获得最优效率解$(6x,6y)$改进的可能性。本书已经假定，双方互为专用性资产，市场势力相当，那么谈判解应当是双方平分准租。

10.5.1 模型的基本假定

在 $t=0$ 期投资时，x、y 均是不可证实的变量，无法契约化，所以两家企业的投资在 $t=0$ 时不能事先签约，只能通过事后利润契约进行约束。$(6x+6y)$是价值链的最高预期值，存在不确定性，特别是研发行动具有过程不确定和结果不确定的双重风险，自觉履行高努力的一方就会受到机会主义的侵害。为了预防道德风险，两家企业都可能选择事后谈判。

根据逆向原理，首先在 $t=1$ 期，一方必须向另一方补偿，设企业 1 向企业 2 支付补偿为 P，企业 2 向企业 1 支付为 $-P$。分以下 3 种规制结构讨论。

(1)若现况点为两专业化企业独立竞争，则纳什均衡解为(低努力,低努力)；现况点收益值为$(3x,3y)$。

为了实现最大收益的合作解$(6x,6y)$，重新谈判组合应当满足两个单位合作后准租(新增收益)相等，即

$$6x - 现况点收益 - P = 6y - 现况点收益 + P \tag{10-13}$$

即

$$6x - 3x - P = 6y - 3y + P \tag{10-14}$$

则有

$$P = 1.5x - 1.5y \tag{10-15}$$

将 $P=1.5x-1.5y$ 代入两个企业的利润函数得到实际利润。

①研发机构合作后的实际利润：

$$6x - P = 4.5x + 1.5y \tag{10-16}$$

②生产企业合作后的实际利润：

$$6y + P = 4.5y + 1.5x \tag{10-17}$$

(2)若现况点为前向控制(研发机构控制生产企业)，则策略组合为(低努力,高努力)，收益值为$(7x,0)$。

重新谈判后，两个企业平分准租，即

$$6x - P - 7x = 6y + P - 0 \tag{10-18}$$

则有

$$P = -0.5x - 3.0y \tag{10-19}$$

将 $P=-0.5x-3.0y$ 代入两个企业利润函数得到实际利润。

①研发机构的实际利润：
$$6x-P=6.5x+3.0y \tag{10-20}$$

②生产企业的实际利润：
$$6y+P=-0.5x+3.0y \tag{10-21}$$

(3) 若现况点为后向控制（生产企业控制研发机构），则策略组合为（高努力，低努力），收益值为 $(0,7y)$。

重新谈判后，两个企业平分准租，即
$$6x-P-0=6y+P-7y \tag{10-22}$$

则有
$$P=3x+0.5y \tag{10-23}$$

将 $P=3x+0.5y$ 代入两个企业的利润函数得到实际利润。

①研发企业的实际利润：
$$6x-P=3.0x-0.5y \tag{10-24}$$

②生产企业的实际利润：
$$6y+P=3.0x+6.5y \tag{10-25}$$

将以上3种规制结构重新谈判后的研发单位与生产单位的回报情况列为表10-4。

表10-4 不同规制结构下研发单位与生产单位的回报

产权配置	P=补偿支付	研发企业利润	生产企业利润	总利润
各自独立	$1.5x-1.5y$	$4.5x+1.5y$	$1.5x+4.5y$	$6x+6y$
前向控制	$-0.5x-3.0y$	$6.5x+3.0y$	$-0.5x+3.0y$	$6x+6y$
后向控制	$3x+0.5y$	$3.0x-0.5y$	$3.0x+6.5y$	$6x+6y$

10.5.2 各种规制结构下重新谈判后纳什合作解的结论

从表10-4的结果可以看出：①无论现况点是哪一种规制结构，市场主体的投资对总收益或各自的收益都有正向影响，无论是研发方还是生产方投资增加，价值链的总收益都会增加；②无论现况点是哪一种规制结构，总利润都能够通过谈判进行合作，实现帕累托改进，使得总收益达到 $6x+6y$，从而分工体系中的专用性投资能够提高效率。正如罗纳德·H. 科斯所讲，在交易费用为零的世界，产权交换可以实现资源配置的高效率，产权的初始归属与最后的资源配置效率无关；③在没有任何协作的条件下，专业化企业间的独立竞争将导致价值链效率最低。

从上述分析过程看，只要存在重新谈判的机会，规制结构或产学研联盟的控制权归属就与价值链的绩效无关，那么，从静态看，似乎谁作为创新主体影响并不大。但是，x、y 是变量，虽然产权初始配置的状态不影响总剩余，却会影响前期的投资，而技术创新问题恰好是在动态下考量的，前期的投入会影响创新的效果，增大前期的研发投入是提高创新效果的条件。那么谁会提高投资呢？

10.5.3 不同规制结构对第一阶段($t=0$)投资的影响

假设，在 $t=0$ 阶段，两家单位将完成新增投资。设 x、y 为既定的存量投资。研发企业增加1个单位投资，研发成本增加4个单位；生产企业每增加设备投资1个单位，成本增加也是4个单位。根据新古典经济学的分析方法，利润最大要满足边际收益等于边际成本。本节仍然分以下3种情况讨论利润的变化。

(1)现况点为两专业化企业独立竞争：①研发企业利润为 $4.5x+1.5y$，研发企业投资增加1个单位，成本增加4个单位，收益增加4.5，利润增加0.5；②生产企业利润为 $1.5x+4.5y$，生产企业投资增加1个单位，成本增加4个单位，收益增加4.5，利润增加0.5。因此，企业各自独立时，两个企业都会增加投资，直至边际收益=边际成本，经济会增长。

(2)现况点为前向控制(研发机构控制生产企业)：①研发企业利润为 $6.5x+3.0y$，研发企业增加1个单位投资，研发成本增加4个单位，收益增加6.5，利润增加2.5；②生产企业利润为 $-0.5x+3.0y$，生产企业增加1个单位投资，生产成本增加4个单位，收益增加3.0，利润增加3.0-4.0=-1.0。因此，前向一体化时，研发企业会增加研发投资；而生产企业会减少专用性生产投资。

(3)现况点为后向控制(生产企业控制研发机构)：①研发企业利润为 $3.0x-0.5y$，研发企业增加1个单位投资，研发成本增加4个单位，收益增加3.0，利润增加-1.0；②生产企业利润为 $3.0x+6.5y$，生产企业投资增加1个单位，生产成本增加4个单位，收益增加6.5，利润增加2.5。因此，后向一体化时，研发企业将减少研发投资，而生产企业会增加专用性生产设备投资。增加1个单位投资后边际成本与边际利润的变化情况见表10-5。

若原先资本存量 $x=1$，$y=1$，那么再增加投资 $\Delta x=1$，$\Delta y=1$，研发企业和生产企业的成本费用各增加4个单位，总净剩余为 $6x+6y-4(x-1)-4(y-1)$。边际投资激励与相应的总剩余见表10-6。

表 10-5　增加1个单位投资后边际成本与边际利润的变化情况

产权配置	研发企业利润	生产企业利润	增加1个单位 x 后研发企业增加的边际利润	增加1个单位 y 后生产企业增加的边际利润	双方都增加1个单位投资后边际利润增加额
各自独立	$4.5x+1.5y$	$1.5x+4.5y$	4.5-4=0.5	4.5-4=0.5	6+6-8=4
前向控制	$6.5x+3.0y$	$-0.5x+3.0y$	6.5-4=2.5	3.0-4=-1	9.5+2.5-8=4
后向控制	$3.0x-0.5y$	$3.0x+6.5y$	3.0-4=-1	6.5-4=2.5	2.5+9.5-8=4

表 10-6　边际投资激励与相应的总剩余表

产权配置	研发单位投资 x	生产单位投资 y	总剩余 $6x+6y-4(x-1)-4(y-1)$
各自独立	2	2	16
前向控制	2	1	14
后向控制	1	2	14

显然，从规制结构看，专业化企业保持市场独立时，上下游企业都有增加投资的动机，产业链的利润增加最大。后向一体化条件下，只有生产企业增加投资；前向一体化条件下，只有研发企业增加投资。要想激励研发企业投资，就要实施前向一体化；要想激励生产企业投资，就要推动后向一体化，产权的配置通过投资对价值链的生产增长和总收益起作用，而且影响着增长的动力[①]。

10.6　基本结论

本章内容的主要结论如下：第一，市场机制有利于专业化企业发挥分工的效率，研发机构独立为专业化的市场主体企业也是有效率的，是经济体系演进的必然选择；第二，用科层组织替代独立的专业化企业的市场交易，能够节约交易费用，但是纵向一体化企业内部专业化单位之间是信息不对称的，这种内部专业化也会导致"团队卸责"、高额的效率工资和专用性资产投资不足等问题，这与早期的小规模业主制下，简单的一体化企业不同；第三，专业化的研发机构与生产企业形成产业链上的产学研联盟，这既能够发挥专业化分工效率，又能够节约交易成本的规制结构；第四，在产学研联盟中，联盟企业间的重新谈判、能够协调独立企业间的利益，有利于价值链的创新与绩效最优；第五，也是本章研究的重点，如果实行创新驱动战略，鼓励研发企业增加研发投入，则必须提高研发企业在联盟中的地位，获得部分主导与控制权；第六，如果建立联盟的条件不足，则必须适当增加政府干预创新的力度，弥补市场专用性研发资金投入不足，以提高全社会研发投入的总量，达到社会最优。

---

① 关于模型的原始状态请参阅 Grossman 和 Hart(1986)。

政策篇

第11章 西部工业技术创新政策效果实证分析
——基于集合论的分析

本章整理了西部12省(区、市)实施工业技术创新政策以来的绩效数据,利用模糊集合论中隶属度的概念对数据进行处理,用变异系数方法确定各项指标的权重值,计算出各省(区、市)各项指标的分值。本章研究发现,西部地区各省(区、市)实施技术创新政策的效果不同,经济发展水平高的省(区、市)技术创新政策效果较好。

11.1 我国主要工业技术创新政策

本章是研究整个西部地区工业技术创新政策的绩效,政策是全国性的,所以将我国出台的宏观层面的技术创新政策作为研究对象,分析这些政策对西部地区技术创新的效果,而不是对西部地区具体某省份出台的政策进行细化研究。考虑到政策效应具有一定的滞后性,故本书选取2004~2013年的政策,用2011~2013年的绩效指标来评价宏观技术创新政策的效果。

本章共列出国家技术创新政策160项,按照Rothwell和Zegveld(1981)的政策分类方法,将技术创新政策分为3个大类:创新投入政策、创新成果转化政策和创新经济环境政策。①创新投入政策是指为促进技术创新活动、实现技术进步,政府鼓励公共部门和企业增加创新资源投入的相关政策,包括资金投入政策、人才开发政策等。②创新成果转化政策是指政府部门为促使技术创新活动的可持续发展,通过一系列政策措施,增加市场对创新成果的需求和应用,包括知识产权政策、技术市场政策、政府购买政策等。③创新环境政策是指为保障技术创新活动有一个良好的外部环境,政府提供的经济、政治、法律、文化等方面的政策,包括经济发展政策、税收优惠政策等。

根据上述对三大类政策及各项亚层次政策的定义,本章将已收集到的160项技术创新政策按照其主要归属进行分类,西部工业技术创新政策分类结果见表11-1。对表11-1的政策分类进行进一步分析,如图11-1所示。

表11-1 西部工业技术创新政策分类

政策类别	子政策	主要重大政策名目	共计/项
创新投入政策	资金投入政策	《民口科技重大专项后补助项目(课题)资金管理办法》《国家重大科学仪器设备开发专项资金管理办法(试行)》等	10
	人才开发政策	《教育部关于进一步加强引进海外优秀留学人才工作的若干意见》《关于在重大项目实施中加强创新人才培养的暂行办法》等	9
创新成果转化政策	知识产权政策	《关于国际科合作项目知识产权管理的暂行规定》《关于规范专利申请行为的若干规定》等	33

续表

政策类别	子政策	主要重大政策名目	共计/项
创新成果转化政策	技术市场政策	《2010年度农业科技成果转化资金项目申报指南》《关于加快发展技术市场的意见》等	33
	政府购买政策	《自主创新产品政府首购和订购管理办法》《自主创新产品政府采购合同管理办法》等	17
经济环境政策	经济发展政策	《"科技富民强县专项行动计划"实施方案(试行)》《国务院关于发挥科技支撑作用促进经济平稳较快发展的意见》等	44
	税收优惠政策	《关于鼓励科普事业发展的进口税收政策的通知》《研发机构采购国产设备退税管理办法》等	14

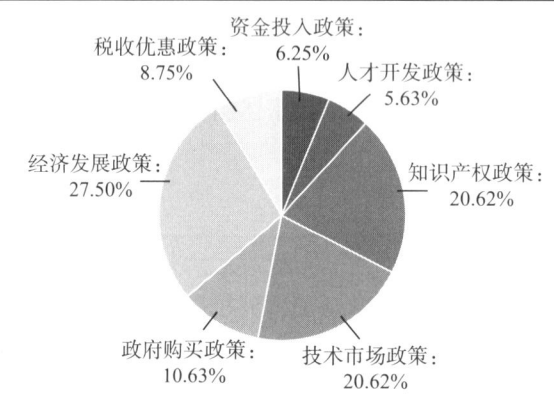

图11-1　2004~2013年西部工业技术创新政策构成

如表11-1和图11-1所示，从技术创新政策的构成上来看，创新投入政策共计19项，占比为11.88%；创新成果转化政策共计83项，占比为51.87%；经济环境政策共计58项，占比为36.25%，3类政策占政策样本的比例分别为1∶4.4∶3。从政策的数量看，出台的创新投入类政策相对较少，而创新成果转化类政策占的比例比较大，说明这10年中，国家技术创新政策的侧重点在于，怎样将已经获得的技术创新成果转化为现实生产力，把增加市场对创新成果的需求作为刺激创新活动发展的着力点。这也充分体现出，在以引进吸收再创新为主要途径的创新驱动战略下，政策重点也在于技术成果的应用。相对来看，政策构成中对经济环境的改善和创新投入政策的出台力度较弱，特别是创新投入政策与其余两类政策相比，政策项较少，这是政府今后出台科技创新政策时需要重点关注的领域。

从具体政策的实施来看，国家出台的10项资金投入政策，主要内容涉及重大科学设备资金管理措施、企业节能减排合作资金管理办法及科研项目专项资助和补助等方面，而资金专项又以科研项目的专项资助和补助为主。例如，2013年财政部、科技部印发的《国家科技计划及专项资金后补助管理规定》(财教〔2013〕433号)中，明确要构建科研项目事前立项、事后补助的机制，补充和完善科研项目经费资助形式，对经费的使用方式和效率进行约束，以改善研发资金的使用效果。

政策构成中，具体有以下方面内容。①人才开发政策共计9项，主要涉及海外高层次人才的引进、高端人才的培养和创新人才的培养等方面，着力点是加强人才引进的力度和对后备人才的培养与再开发。②知识产权政策共计33项，主要内容是关于规范专利申请程序、确定知识产权管理办法、打击侵犯知识产权的行为等。其中，对专利权的管理是这些年以来政策的重点。③技术市场政策共计 33 项，主要内容包括高新技术管理办法、技术转移管理办法、科技创新成果转化办法等诸多方面。其中，科技成果转化是政策体系的重点领域。这一系列政策和法规的出台，对全国技术市场的发展和西部地区工业技术的引进有着明显的支撑作用。④政府购买政策共计 17 项，主要内容涉及自主创新产品和服务的认定、采购、管理等方面。⑤经济发展政策共计 44 项，主要涉及创新平台的建设、科技惠民、科技进步示范县等措施。多项经济发展政策都是从技术创新的基础环境方面支持创新主体，为企业提供各类创新平台，减少企业在技术创新过程中的成本。⑥税收优惠政策共计 14 项，主要内容涉及创新企业和各类创新平台的减税、退税、免税等政策。

11.2 工业技术创新政策效果评估的理论与文献

11.2.1 关于技术创新政策效果评估的相关文献

创新政策作为经济杠杆的效果是制定创新政策的立足点。英国学者贝尔纳最先对技术创新政策效果做出评估。他将公共部门对企业的 R&D 投入占国民收入的比例作为最重要的评估指标，以反映政府干预的实施效果。Aschhoff（2009）通过对德国 1100 家企业的实证数据表明，政府技术采购政策能够明显促进企业技术创新活动，企业最终创新活动绩效跟采购的类型、规模相关联。从技术创新具体政策的实证研究来看，政府 R&D 专项资金补助政策，对企业 R&D 活动的影响情况因企业规模而异：对中小型企业 R&D 活动有明显的促进作用，对大型企业 R&D 活动有明显的抑制作用（Aschhoff，2009）。

匡跃辉（2005）提出，科学的政策评估标准应该具体化为 4 个方面：效益标准、效率标准、生产力标准和效应标准，要从事实维度、技术维度和价值维度来测定效果。事实维度主要包括效率标准、效益标准、回应性标准；技术维度主要包括系统性标准、数量性标准以及多样性标准；价值维度主要包括公平公正标准、可持续发展标准等。薛澜等（2011）提出，中国科技创新政策的制定和管理必须解决两个问题：一是要从"不协调、分散的科技政策体系制定"转向"更加协调的，具有整体性、统一性的政策方式"；二是要从以"促进研发活动为目标"的政策转向"创造一个创新友好框架"的政策结构目标。赵莉晓（2014）基于韦唐的政策评估模式，建立了一个对制定、执行和绩效全过程都进行评估的政策评估框架。彭富国（2003）在对我国多省（区、市）1991～2000 年的技术创新政策实施效果进行考察时，以模糊综合评判的方法进行分析，采用线性方程的方式简化隶属度方程，结合专家评议法给各指标权重打分，建立评估模型，以此测度我国技术创新政策实施效果。此种方法在我国同类研究中，比较具有代表性。

从实证研究看，我国学者的成果也很丰硕。王敏等（2017）的研究表明科技创新政策确实会刺激企业的创新活动，尤其是市一级科技创新政策和多样的政府服务对创新活动的作用非常有效；李晨光和张永安（2014）以中关村为例实证研究了区域创新政策对企业创新的正向作用；蔺洁等（2015）从政策主体、政策工具、政策目标 3 个方面比较了我国苏州和美国加利福尼亚州的创新政策，发现政策主体与工具对应度高会提高政策效果；吕明洁（2009）在对上海市的技术创新政策实施效果评估时，从企业的角度，选取企业中对技术创新政策较为敏感的高技术产业中的企业作为评估对象，采用 EDA 分析方法，选取多项评测指标，评测创新政策对企业创新活动的影响效果；范柏乃等(2013)将1978~2011年分为4个阶段研究了我国创新政策的演进，从政策执行主体、评估方式和规范化等方面提出建议；顾夏铭等(2018)的研究发现，经济政策的不确定性反而对企业的创新投入有激励效应和选择效应。

11.2.2 对创新政策评估文献的简要评述

在创新政策的研究上，国内的研究在规范定义和评估方法上主要是借鉴国外相对成熟的方法，但是国内外相关研究中仍然存在一些不足之处。第一，虽然存在多维度的评估标准，但是由于社会性标准的评价存在指标获取口径和指标内涵界定等问题，选取的指标往往很难全面地评估测评对象；第二，从地区方面来看，技术创新政策的实证研究也主要是集中于全国层面和东部地区。东西部地区经济系统间存在差异性，而现有文献较少涉及西部地区的技术创新政策效果研究。

11.3 西部地区工业技术创新政策效果评估模型

本书首先设置西部地区的创新效果指标体系，并根据所设指标选取相应的数据，运用模糊数学集合论的方法测定各指标的隶属度；再应用变异系数测定各指标的权重系数，将隶属度与权重系数相乘计算西部各省(区、市)的得分值，由此评估国家统一的宏观技术创新政策在西部各省(区、市)及西部地区整体的效果。

11.3.1 指标的选取与设计

在借鉴国内外相关文献的基础之上，本章首先构建区域工业技术创新政策评估指标体系[①]，共3个层级：第一级，1个一级指标(西部工业技术创新政策评估指标体系)；第二级，3个二级指标(工业技术创新投入指标体系、工业技术创新成果转化指标体系、工业技术创新产业基础指标体系)；第三级，22个三级指标(表11-2)。

表11-2 西部工业技术创新政策评估指标体系

一级指标	二级指标		三级指标
A 西部工业技术创新政策评估指标体系	B1 工业技术创新投入指标体系	B1C1	规模以上工业企业R&D人员/人
		B1C2	规模以上工业企业R&D人员全时当量/(人·年)
		B1C3	规模以上工业企业从事科研工作人员/人
		B1C4	规模以上工业企业从事科研工作人员占R&D人员比例/%
		B1C5	规模以上工业企业R&D内部经费支出/亿元
		B1C6	规模以上工业企业主营业务收入/亿元
		B1C7	规模以上工业企业R&D内部经费支出占主营业务收入比例/%
		B1C8	高技术产业R&D人员/人
		B1C9	高技术产业R&D经费内部支出/亿元

---

① 考虑到计算工作量大，本章仅从统计年鉴中选取了最有代表性的指标，考量工业创新投入和技术成果转化指标的政策效果。考虑到创新系统对技术成果转化效果的影响，还考虑了产业基础指标。

续表

一级指标	二级指标	三级指标	
A 西部工业技术创新政策评估指标体系	B2 工业技术创新成果转化指标体系	B2C1	规模以上工业企业新产品主营业务收入/亿元
		B2C2	规模以上工业企业新产品主营业务收入占工业企业主营业务收入比例/%
		B2C3	专利申请数/件
		B2C4	有效发明专利数/件
		B2C5	高技术产业新产品销售收入/亿元
		B2C6	高技术产业新产品销售收入占主营业务收入比例/%
		B2C7	高技术产业生产总值占地区规模以上工业企业总产值比例/%
		B2C8	技术市场合同成交数/份
		B2C9	技术市场合同成交额/亿元
	B3 工业技术创新产业基础指标体系	B3C1	人均地区生产总值/(元/人)
		B3C2	规模以上工业企业生产总值/亿元
		B3C3	规模以上工业企业增加值/亿元
		B3C4	规模以上企业全员劳动生产率/(元/人)

11.3.2 数据收集与模型构建

(1) 数据收集及说明。本章的评估指标数据主要来源2014~2016年的《中国科技统计年鉴》《中国工业经济统计年鉴》《中国统计年鉴》及西部12省(区、市)的统计年鉴等相关官方数据资料,也有数据来自国家统计局网站的数据库,还有部分缺失数据本章通过计算和处理得到。采集与计算获得的西部12省(区、市)工业技术创新22项指标数据样本的结果,详见本章最后附上的附表11-1、附表11-2和附表11-3[①]。

(2) 选择模糊数学集合论作为评估方法建立模型的说明。在评估某项技术创新政策效应时,需要考虑到该项政策主体和客体的复杂性。技术创新政策作用的客体具有多样性,而且当多个政策共同作用于同一个对象时,会同时对客体产生影响,难以区分各项政策作用的程度,也很难剥离到底是哪一项或者哪一类技术创新政策主要影响了结果,因而用一般经典数学的方法处理此类问题时较为困难,但运用模糊数学中的集合论的方法解决此类问题就十分有效。

模糊数学集合论也称为模糊数学集理论,是1965年由美国数学家扎德在《模糊集》一文中创立的,可以用来描述模糊现象的数学方法。扎德教授突破了经典集合论的界限(即一个元素要么属于这个集合,要么不属于这个集合),他利用隶属度的概念来处理那些处于模糊现象中的元素,即其处于"属于"和"不属于"之间的问题。隶属度可以采用数学符号 $R_{A(x)}$ 表示,当对论域 **A** 中的任意元素 x,都存在一个数 $R_{A(x)} \subset [0,1]$ 与之相对应,则称 R 为对论域 **A** 上的模糊集,$R_{A(x)}$ 为 x 在 **A** 上对 x 的隶属度。当 $R_{A(x)} = 0$ 时,表示元素 x 完全不属于

[①] 要说明的是,受中国国家统计局2011年前后对科技和工业经济的统计口径影响,即在2011年之前国家统计局对于各地区工业统计情况按照大中型企业的标准进行统计,而在2011年之后统计口径改为按照规模以上工业企业(主营业务收入在2000万元及以上的工业企业)标准进行统计,因而统计对象、范围和标准变化较大,故此,本书只以2014~2016年的数据为例进行分析说明。

集合 **A**；当 $R_{A(x)}=1$ 时，表示元素 x 完全属于集合 **A**，这种情况为一般经典集合论。当 $R_{A(x)}$ 取值在区间 $(0,1)$ 时，就属于模糊集合论的范畴。当 $R_{A(x)}$ 取值越趋近于 1 时，表示元素 x 属于集合 **A** 的程度越高；反之，若 $R_{A(x)}$ 取值越趋近于 0 时，表示元素 x 属于集合 **A** 的程度越低。运用模糊集合论的方法，将相对复杂模糊的西部各省(区、市)工业技术创新政策的效应分析转化为一个量化分析的问题，能够在较大程度上说明本书所研究的政策效果问题。

(3) 计算公式。本书分别找出同一年中 22 个三级指标在西部各省(区、市)数据中的最高值和最低值，并且设定最高值为 1，最低值为 0；然后，根据隶属度函数关系，将评估指标的实际值映射到对应的区间 [0,1] 上，即可得到各项指标的隶属度；再运用线性插值法将隶属度函数简化为线性函数(彭富国，2003)。设各项评估指标的最低值坐标为 $[x_1,y_1]$，最高值坐标为 $[x_2,y_2]$，其中 x 是评估指标的实际值，y 是对应区间 [0,1] 上的映射值。由此，建立线性方程如下：

$$\left[\frac{x-x_1}{x_2-x_1}=\frac{y-y_1}{y_2-y_1}\right] \tag{11-1}$$

将已知条件 $y_1=0$，$y_2=1$ 代入上式，整理如下：

$$y=\frac{1}{x_2-x_1}x-\frac{x_1}{x_2-x_1} \tag{11-2}$$

根据上式依次算出 2011～2013 年的各项评估指标的隶属度，计算结果详见本章附表 11-4～附表 11-12。

11.3.3 模型的权重计算

在技术创新政策实施过程中，由于各项评估指标对于整体数据的作用大小、影响程度不同，因而运用各项指标在评估西部各省(区、市)工业技术创新效应过程中所占的权重也应有所不同。在已有文献中，主要采取了两种赋权法：一是主观赋权法；二是客观赋权法。彭富国(2003)运用专家打分法确定了 1991～1999 年全国技术创新政策各项指标的权重；而段君伟利用熵值法确定 2003 年广东各市区技术创新政策指标权重，并以此计算 2005 年各指标的权重。

考虑到主观赋权法受参评专家个人背景、知识、能力等方面的影响，容易引起评定结果与客观事实情况之间的误差。本书应用变异系数法来确定各项指标所占权重。基本做法：在评估指标体系中，评估指标取值差异性越大，就越能反映被评估单位之间的差距。由于被评估体系中的评估指标之间的度量单位不同，不宜直接比较。为了消除度量单位的影响，用变异系数来衡量评估指标的波动幅度。

变异系数公式：

$$v_i=\sum_{j=1}^{k}\frac{\sigma_{ij}}{\overline{x}_{ij}} \quad (i=1,2,\cdots,n; j=1,2,\cdots,k) \tag{11-3}$$

其中，v_i 是第 i 项指标的变异系数；σ_{ij} 是第 i 项指标在第 j 年的标准差；$\overline{x}_{ij}$ 是第 i 项指标在第 j 年的均值。

再定义 w_i 为各项指标的权重,则有

$$w_i = \frac{v_i}{\sum_{i=1}^{n} v_i} \tag{11-4}$$

根据公式(11-4),本书计算得出了西部地区工业技术创新政策评估指标体系 22 个三级指标的权重值,详见表 11-3。

表 11-3 西部地区工业技术创新政策评估指标体系各指标的权重值

三级指标	三级指标权重值	二级指标权重值
B1C1 规模以上工业企业 R&D 人员/人	0.0466	
B1C2 规模以上工业企业 R&D 人员全时当量/人年	0.0443	
B1C3 规模以上工业企业从事科研工作人员/人	0.0447	
B1C4 规模以上工业企业从事科研工作人员占 R&D 人员比例/%	0.0150	B1
B1C5 规模以上工业企业 R&D 内部经费支出/亿元	0.0426	0.4027
B1C6 规模以上工业企业主营业务收入/亿元	0.0418	
B1C7 规模以上工业企业 R&D 内部经费支出占主营业务收入比例/%	0.0150	
B1C8 高技术产业 R&D 人员/人	0.0723	
B1C9 高技术产业 R&D 经费内部支出/亿元	0.0804	
B2C1 规模以上工业企业新产品主营业务收入/亿元	0.0541	
B2C2 规模以上工业企业新产品主营业务收入占工业企业主营业务收入比例/%	0.0401	
B2C3 专利申请数/件	0.0554	
B2C4 有效发明专利数/件	0.0591	
B2C5 高技术新产品销售收入/亿元	0.0859	B2
B2C6 高技术产业新产品销售收入占主营业务收入比例/%	0.0351	0.4828
B2C7 高技术产业生产总值占地区规模以上工业企业总产值比例/%	0.0466	
B2C8 技术市场合同成交数/份	0.0534	
B2C9 技术市场合同成交额/亿元	0.0531	
B3C1 人均地区生产总值/(元/人)	0.0408	
B3C2 规模以上工业企业生产总值/亿元	0.0420	B3
B3C3 规模以上工业企业增加值/亿元	0.0129	0.1145
B3C4 规模以上企业全员劳动生产率/(元/人)	0.0187	

11.3.4 模型最终计算结果

将 2011~2013 年各项评估指标的隶属度与对应权重值相乘,分别得到 3 年中各项三级指标的得分,并对各省(区、市)进行排位。由于得分值较小,本书将各项指标得分值进行显性化处理,每项得分值均扩大 100 倍,结果详见表 11-4~表 11-6。

表 11-4　2011 年西部各省份工业技术创新政策各指标得分

指标	地区						
	内蒙古	广西	重庆	四川	贵州	云南	西藏
B1C1	0.0162	0.0202	0.0311	0.0460	0.0094	0.0139	0.0000
B1C2	0.0212	0.0241	0.0331	0.0441	0.0114	0.0124	0.0000
B1C3	0.0225	0.0207	0.0278	0.0394	0.0104	0.0123	0.0000
B1C4	0.0128	0.0075	0.0055	0.0050	0.0086	0.0054	0.0000
B1C5	0.0286	0.0236	0.0380	0.0420	0.0110	0.0120	0.0000
B1C6	0.0245	0.0168	0.0157	0.0413	0.0102	0.0105	0.0000
B1C7	0.0043	0.0062	0.0148	0.0030	0.0035	0.0041	0.0000
B1C8	0.0014	0.0120	0.0233	0.0340	0.0216	0.0101	0.0000
B1C9	0.0012	0.0110	0.0122	0.0630	0.0141	0.0071	0.0000
B2C1	0.0092	0.0205	0.0534	0.0348	0.0160	0.0060	0.0000
B2C2	0.0037	0.0137	0.0396	0.0092	0.0177	0.0060	0.0026
B2C3	0.0084	0.0138	0.0547	0.0399	0.0136	0.0115	0.0000
B2C4	0.0043	0.0092	0.0260	0.0583	0.0098	0.0121	0.0000
B2C5	0.0009	0.0065	0.0550	0.0849	0.0086	0.0057	0.0002
B2C6	0.0005	0.0055	0.0263	0.0136	0.0145	0.0157	0.0254
B2C7	0.0466	0.0100	0.0240	0.0268	0.0136	0.0053	0.0174
B2C8	0.0125	0.0063	0.0161	0.0519	0.0071	0.0110	0.0000
B2C9	0.0156	0.0035	0.0250	0.0244	0.0071	0.0072	0.0000
B3C1	0.0408	0.0040	0.0081	0.0043	0.0000	0.0013	0.0016
B3C2	0.0244	0.0174	0.0160	0.0414	0.0074	0.0105	0.0000
B3C3	0.0089	0.0225	0.0204	0.0463	0.0103	0.0148	0.0000
B3C4	0.0187	0.0046	0.0027	0.0000	0.0004	0.0062	0.0040
总计	0.3272	0.2796	0.5688	0.7539	0.2263	0.2009	0.0512
总分×100	32.72	27.96	56.88	75.39	22.63	20.09	5.12
排位	4	5	3	1	6	7	12

指标	地区					西部 12 省份总分	总分×100
	陕西	甘肃	青海	宁夏	新疆		
B1C1	0.0317	0.0106	0.0019	0.0046	0.0067	0.1922	19.22
B1C2	0.0369	0.0111	0.0022	0.0047	0.0080	0.2095	20.95
B1C3	0.0437	0.0146	0.0030	0.0037	0.0093	0.2075	20.75
B1C4	0.0127	0.0126	0.0148	0.0042	0.0127	0.1018	10.18
B1C5	0.0389	0.0103	0.0032	0.0047	0.0089	0.2212	22.12
B1C6	0.0190	0.0089	0.0019	0.0033	0.0093	0.1614	16.14
B1C7	0.0116	0.0042	0.0081	0.0065	0.0025	0.0689	6.89
B1C8	0.0714	0.0045	0.0001	0.0023	0.0025	0.1831	18.31
B1C9	0.0794	0.0040	0.0000	0.0015	0.0028	0.1963	19.63
B2C1	0.0184	0.0086	0.0001	0.0026	0.0045	0.1741	17.41
B2C2	0.0107	0.0105	0.0000	0.0083	0.0049	0.1268	12.68
B2C3	0.0295	0.0070	0.0010	0.0039	0.0095	0.1929	19.29
B2C4	0.0252	0.0046	0.0003	0.0017	0.0028	0.1543	15.43
B2C5	0.0304	0.0029	0.0000	0.0023	0.0013	0.1985	19.85

续表

指标	陕西	甘肃	青海	宁夏	新疆	西部12省份总分	总分×100
B2C6	0.0157	0.0176	0.0000	0.0347	0.0230	0.1924	19.24
B2C7	0.0176	0.0026	0.0018	0.0026	0.0000	0.1683	16.83
B2C8	0.0527	0.0206	0.0038	0.0041	0.0115	0.1976	19.76
B2C9	0.0525	0.0149	0.0070	0.0029	0.0064	0.1667	16.67
B3C1	0.0076	0.0014	0.0058	0.0074	0.0061	0.0883	8.83
B3C2	0.0194	0.0083	0.0025	0.0033	0.0091	0.1597	15.97
B3C3	0.0293	0.0088	0.0036	0.0036	0.0121	0.1806	18.06
B3C4	0.0094	0.0041	0.0131	0.0008	0.0112	0.0750	7.50
总计	0.6636	0.1926	0.0744	0.1136	0.1652		
总分×100	66.36	19.26	7.44	11.36	16.52		
排位	2	8	11	10	9		

表 11-5 2012 年西部各省份工业技术创新政策各指标得分

指标	内蒙古	广西	重庆	四川	贵州	云南	西藏
B1C1	0.0154	0.0174	0.0270	0.0460	0.0096	0.0111	0.0000
B1C2	0.0188	0.0182	0.0276	0.0441	0.0106	0.0107	0.0000
B1C3	0.0236	0.0180	0.0257	0.0437	0.0106	0.0100	0.0000
B1C4	0.0148	0.0065	0.0052	0.0051	0.0077	0.0042	0.0000
B1C5	0.0253	0.0207	0.0346	0.0420	0.0092	0.0112	0.0000
B1C6	0.0238	0.0193	0.0168	0.0413	0.0077	0.0117	0.0000
B1C7	0.0030	0.0031	0.0148	0.0024	0.0044	0.0018	0.0058
B1C8	0.0023	0.0095	0.0198	0.0560	0.0285	0.0099	0.0000
B1C9	0.0015	0.0087	0.0149	0.0550	0.0193	0.0079	0.0000
B2C1	0.0128	0.0272	0.0534	0.0461	0.0084	0.0098	0.0000
B2C2	0.0057	0.0170	0.0396	0.0132	0.0127	0.0096	0.0038
B2C3	0.0067	0.0123	0.0398	0.0547	0.0113	0.0097	0.0000
B2C4	0.0076	0.0128	0.0326	0.0583	0.0116	0.0141	0.0000
B2C5	0.0015	0.0086	0.0289	0.0849	0.0110	0.0053	0.0003
B2C6	0.0027	0.0062	0.0093	0.0134	0.0205	0.0139	0.0248
B2C7	0.0041	0.0164	0.0460	0.0409	0.0169	0.0079	0.0268
B2C8	0.0078	0.0038	0.0111	0.0390	0.0045	0.0104	0.0000
B2C9	0.0333	0.0033	0.0288	0.0259	0.0053	0.0127	0.0000
B3C1	0.0185	0.0035	0.0080	0.0041	0.0000	0.0010	0.0014
B3C2	0.0247	0.0204	0.0175	0.0414	0.0084	0.0120	0.0000
B3C3	0.0314	0.0225	0.0204	0.0463	0.0103	0.0147	0.0000

续表

指标	地区						
	内蒙古	广西	重庆	四川	贵州	云南	西藏
B3C4	0.0193	0.0038	0.0017	0.0004	0.0001	0.0052	0.0027
总计	0.3045	0.2788	0.5236	0.8044	0.2286	0.2049	0.0655
总分×100	30.45	27.88	52.36	80.44	22.86	20.49	6.55
排位	4	5	3	1	6	7	11

指标	地区					西部12省份总分	总分×100
	陕西	甘肃	青海	宁夏	新疆		
B1C1	0.0327	0.0101	0.0016	0.0042	0.0053	0.1803	18.03
B1C2	0.0321	0.0099	0.0017	0.0036	0.0054	0.1826	18.26
B1C3	0.0424	0.0138	0.0018	0.0033	0.0066	0.1996	19.96
B1C4	0.0110	0.0122	0.0083	0.0024	0.0099	0.0873	8.73
B1C5	0.0352	0.0099	0.0023	0.0041	0.0080	0.2025	20.25
B1C6	0.0214	0.0101	0.0024	0.0038	0.0098	0.1681	16.81
B1C7	0.0099	0.0019	0.0022	0.0032	0.0000	0.0525	5.25
B1C8	0.0714	0.0042	0.0003	0.0016	0.0002	0.2037	20.37
B1C9	0.0794	0.0042	0.0002	0.0015	0.0003	0.1928	19.28
B2C1	0.0191	0.0131	0.0002	0.0040	0.0060	0.2001	20.01
B2C2	0.0104	0.0153	0.0000	0.0123	0.0068	0.1464	14.64
B2C3	0.0222	0.0069	0.0008	0.0037	0.0072	0.1752	17.52
B2C4	0.0419	0.0070	0.0009	0.0020	0.0036	0.1924	19.24
B2C5	0.0318	0.0044	0.0000	0.0017	0.0000	0.1782	17.82
B2C6	0.0163	0.0253	0.0000	0.0347	0.0003	0.1676	16.76
B2C7	0.0234	0.0047	0.0053	0.0027	0.0000	0.1952	19.52
B2C8	0.0527	0.0106	0.0031	0.0028	0.0083	0.1540	15.40
B2C9	0.0525	0.0134	0.0062	0.0032	0.0064	0.1910	19.10
B3C1	0.0079	0.0010	0.0056	0.0070	0.0059	0.0639	6.39
B3C2	0.0223	0.0089	0.0027	0.0039	0.0100	0.1722	17.22
B3C3	0.0294	0.0087	0.0036	0.0035	0.0117	0.2027	20.27
B3C4	0.0090	0.0040	0.0110	0.0000	0.0091	0.0665	6.65
总计	0.6744	0.1995	0.0602	0.1093	0.1206		
总分×100	67.44	19.95	6.02	10.93	12.06		
排位	2	8	12	10	9		

表11-6 2013年西部各省份工业技术创新政策各指标得分

指标	内蒙古	广西	重庆	四川	贵州	云南	西藏
B1C1	0.0160	0.0150	0.0267	0.0460	0.0099	0.0100	0.0000
B1C2	0.0205	0.0157	0.0278	0.0441	0.0121	0.0089	0.0000
B1C3	0.0276	0.0134	0.0260	0.0402	0.0121	0.0085	0.0000
B1C4	0.0148	0.0062	0.0070	0.0060	0.0096	0.0056	0.0000
B1C5	0.0249	0.0203	0.0263	0.0420	0.0084	0.0112	0.0000
B1C6	0.0233	0.0198	0.0180	0.0413	0.0084	0.0115	0.0000
B1C7	0.0049	0.0042	0.0114	0.0041	0.0038	0.0033	0.0040
B1C8	0.0021	0.0067	0.0182	0.0669	0.0307	0.0063	0.0000
B1C9	0.0018	0.0079	0.0212	0.0794	0.0198	0.0077	0.0000
B2C1	0.0124	0.0314	0.0534	0.0491	0.0073	0.0087	0.0000
B2C2	0.0060	0.0206	0.0396	0.0150	0.0104	0.0090	0.0042
B2C3	0.0072	0.0155	0.0426	0.0547	0.0120	0.0097	0.0000
B2C4	0.0091	0.0120	0.0308	0.0583	0.0126	0.0146	0.0000
B2C5	0.0020	0.0104	0.0176	0.0849	0.0101	0.0060	0.0002
B2C6	0.0027	0.0050	0.0031	0.0100	0.0179	0.0132	0.0147
B2C7	0.0040	0.0171	0.0460	0.0404	0.0127	0.0075	0.0328
B2C8	0.0046	0.0038	0.0144	0.0384	0.0038	0.0118	0.0000
B2C9	0.0112	0.0076	0.0145	0.0243	0.0028	0.0080	0.0000
B3C1	0.0185	0.0031	0.0083	0.0039	0.0000	0.0009	0.0013
B3C2	0.0241	0.0209	0.0185	0.0414	0.0091	0.0117	0.0000
B3C3	0.0317	0.0229	0.0209	0.0463	0.0106	0.0149	0.0000
B3C4	0.0193	0.0036	0.0014	0.0009	0.0005	0.0046	0.0020
总计	0.2887	0.2829	0.4937	0.8378	0.2247	0.1937	0.0592
总分×100	28.87	28.29	49.37	83.78	22.47	19.37	5.92
排位	4	5	3	1	6	7	11

指标	陕西	甘肃	青海	宁夏	新疆	西部12省份总分	总分×100
B1C1	0.0334	0.0087	0.0014	0.0042	0.0047	0.1759	17.59
B1C2	0.0348	0.0094	0.0015	0.0036	0.0050	0.1834	18.34
B1C3	0.0437	0.0130	0.0016	0.0030	0.0067	0.1958	19.58
B1C4	0.0105	0.0125	0.0082	0.0041	0.0116	0.0961	9.61
B1C5	0.0348	0.0099	0.0021	0.0041	0.0077	0.1918	19.18
B1C6	0.0209	0.0100	0.0023	0.0039	0.0100	0.1694	16.94
B1C7	0.0148	0.0036	0.0024	0.0045	0.0000	0.0610	6.10
B1C8	0.0714	0.0035	0.0006	0.0016	0.0003	0.2083	20.83
B1C9	0.0749	0.0037	0.0006	0.0017	0.0003	0.2190	21.90
B2C1	0.0201	0.0122	0.0002	0.0055	0.0070	0.2074	20.74
B2C2	0.0118	0.0155	0.0000	0.0178	0.0082	0.1582	15.82

续表

指标	陕西	甘肃	青海	宁夏	新疆	西部12省份总分	总分×100
B2C3	0.0253	0.0085	0.0011	0.0039	0.0078	0.1883	18.83
B2C4	0.0351	0.0064	0.0011	0.0023	0.0043	0.1868	18.68
B2C5	0.0253	0.0033	0.0000	0.0015	0.0001	0.1614	16.14
B2C6	0.0114	0.0156	0.0000	0.0347	0.0073	0.1356	13.56
B2C7	0.0202	0.0045	0.0054	0.0019	0.0000	0.1925	19.25
B2C8	0.0527	0.0128	0.0027	0.0021	0.0054	0.1525	15.25
B2C9	0.0525	0.0128	0.0045	0.0016	0.0075	0.1473	14.73
B3C1	0.0083	0.0006	0.0057	0.0068	0.0060	0.0634	6.34
B3C2	0.0217	0.0089	0.0027	0.0040	0.0100	0.1729	17.29
B3C3	0.0299	0.0087	0.0037	0.0036	0.0119	0.2050	20.50
B3C4	0.0088	0.0043	0.0097	0.0000	0.0083	0.0633	6.33
总计	0.6623	0.1882	0.0574	0.1164	0.1302		
总分×100	66.23	18.82	5.74	11.64	13.02		
排位	2	8	12	10	9		

将表11-4～表11-6中每年的二级指标下的三级指标得分相加，分别计算出西部12省（区、市）在2011年、2012年和2013年的3个二级指标的得分详见表11-7。

表11-7　2011～2013年西部12省(区、市)工业技术创新二级指标得分

地区	2011年 创新投入政策 B1C1～B1C9	2011年 产出需求政策 B2C1～B2C9	2011年 经济环境政策 B3C1～B3C4	2012年 创新投入政策 B1C1～B1C9	2012年 产出需求政策 B2C1～B2C9	2012年 经济环境政策 B3C1～B3C4	2013年 创新投入政策 B1C1～B1C9	2013年 产出需求政策 B2C1～B2C9	2013年 经济环境政策 B3C1～B3C4
内蒙古	13.26	10.18	9.28	12.84	8.22	9.39	13.59	5.92	9.36
广西	14.21	8.90	4.85	12.12	10.74	5.02	10.91	12.34	5.04
重庆	20.15	32.01	4.71	18.63	28.96	4.77	18.25	26.21	4.91
四川	31.80	34.38	9.21	33.57	37.64	9.23	37.00	37.52	9.26
贵州	10.03	10.80	1.81	10.76	10.22	1.88	11.49	8.97	2.01
云南	8.77	8.04	3.27	7.85	9.35	3.29	7.31	8.86	3.21
西藏	0.00	4.56	0.56	0.58	5.56	0.40	0.40	5.19	0.33
陕西	34.54	25.26	6.56	33.55	27.03	6.86	33.92	25.43	6.88
甘肃	8.08	8.92	2.26	7.62	10.07	2.26	7.42	9.15	2.24
青海	3.53	1.41	2.50	2.08	1.64	2.30	2.07	1.50	2.17
宁夏	3.54	6.31	1.51	2.78	6.71	1.44	3.06	7.14	1.44
新疆	6.28	6.40	3.84	4.53	3.85	3.67	4.64	4.76	3.62
总计	154.19	157.17	50.36	146.91	160.01	50.52	150.06	152.99	50.47

11.4 政策效果分析

11.4.1 西部各省份一级指标的纵向分析

将各省份每年的二级指标得分相加，可得 2011~2013 年各省份技术创新政策一级指标的得分，详见表 11-8。

表 11-8 2011~2013 年西部各省份工业技术创新政策一级指标得分及排位

地区	2011年 得分	综合排位	2012年 得分	综合排位	排位变动	得分变化	2013年 得分	综合排位	排位变动	得分变化	综合 得分	排位
内蒙古	32.72	4	30.45	4	—	-2.27	28.87	4	—	-1.58	92.04	4
广西	27.96	5	27.88	5	—	-0.08	28.29	5	—	0.41	84.14	5
重庆	56.88	3	52.36	3	—	-4.52	49.37	3	—	-2.99	158.60	3
四川	75.39	1	80.44	1	—	5.05	83.78	1	—	3.34	239.61	1
贵州	22.63	6	22.86	6	—	0.23	22.47	6	—	-0.39	67.96	6
云南	20.09	7	20.49	7	—	0.40	19.37	7	—	-1.12	59.96	7
西藏	5.12	12	6.55	11	↑	1.43	5.92	11	—	-0.63	17.59	12
陕西	66.36	2	67.44	2	—	1.08	66.23	2	—	-1.21	200.03	2
甘肃	19.26	8	19.95	8	—	0.69	18.82	8	—	-1.13	58.03	8
青海	7.44	11	6.02	12	↓	-1.42	5.74	12	—	-0.28	19.20	11
宁夏	11.36	10	10.93	10	—	-0.43	11.64	10	—	0.71	33.93	10
新疆	16.52	9	12.06	9	—	-4.46	13.02	9	—	0.96	41.61	9
平均分	30.14		29.79				29.46				89.39	

从表 11-8 的数据看，对比 2011 年、2012 年和 2013 年的平均得分发现，西部从整体上看，技术创新政策的实施效果比较稳定，都在 30 分左右(2011 年为 30.14 分；2012 年为 29.79 分；2013 年为 29.46 分)，西部各省份排位没有大的变化。但是不同的省份政策实施效果分值不同，而且差异较大。

从综合得分对比分析看，以 0~50 分、50~100 分和 100 分以上为标准划分 3 个区间段，基本形成 3 个梯队，第一梯队：四川(239.61 分)、陕西(200.03 分)、重庆(158.60 分)；第二梯队：内蒙古(92.04 分)、广西(84.14 分)、贵州(67.96 分)、云南(59.96 分)、甘肃(58.03 分)；第三梯队：新疆(41.61 分)、宁夏(33.93 分)、青海(19.20 分)、西藏(17.59 分)。第一梯队普遍得分在 150 分以上，远高于西部其他各省(区)，工业技术创新政策实施效果十分明显；第二梯队得分在 50~93 分，比较平衡，工业技术创新政策实施效果一般；第三梯队得分普遍偏低，需进一步改进。在排位方面，各省的排位顺序基本不变，只有 2012 年西藏排位上升 1 位，青海排位下降 1 位，西部其他各省的工业技术创新政策实施效果方面排位相对稳定。

对以上数据进行分析可以看出，西部各省份工业技术创新政策实施效果与各地区的经济发展实力存在正向关系。处于第一梯队的四川、陕西、重庆是西部地区经济发展最为迅速、经济实力最强的地区，这些省份在 2012 年又加紧出台了多项创新政策，包括政府资金对企业创新的投入、人才开发、税收优惠等，从多个维度和层面拉动创新活动的进展。随着政策实施效果得以逐步体现，政策实施效果得分不断提升。因此，技术创新政策的作用效果不是在任何地方都相同的，各省(区、市)创新系统的差异必然是同一创新政策的响应度和政策效果不同。相对落后的省(区、市)应当根据本地区的实情，制定符合本地区的经济发展政策和技术创新政策，这些政策首先要夯实创新的基础系统，稳步提升本地区的技术创新水平。

11.4.2 按二级指标分别对西部地区政策效果进行分析

1. 工业技术创新投入政策分析

将表 11-7 中 2011 年、2012 年和 2013 年西部各省份工业技术创新投入政策实施效果得分情况计算增长率后，列入表 11-9。

表 11-9 2011～2013 年西部各省份工业技术创新投入政策实施效果

地区	2011 年 得分	2012 年 得分	增长率/%	2013 年 得分	增长率/%	均值
内蒙古	13.26	12.84	-3.17	13.59	5.84	13.23
广西	14.21	12.12	-14.71	10.91	-9.98	12.41
重庆	20.15	18.63	-7.54	18.25	-2.04	19.01
四川	31.80	33.57	5.58	37.00	10.22	34.12
贵州	10.03	10.76	7.28	11.49	6.78	10.76
云南	8.77	7.85	-10.49	7.31	-6.88	7.98
西藏	0.00	0.58	∞	0.40	-31.03	0.33
陕西	34.54	33.55	-2.87	33.92	1.11	34.00
甘肃	8.08	7.62	-5.69	7.42	-2.62	7.71
青海	3.53	2.08	-41.08	2.07	-0.48	2.56
宁夏	3.54	2.78	-21.47	3.06	10.07	3.13
新疆	6.28	4.53	-27.87	4.64	2.43	5.15
均值	12.85	12.24	-4.72	12.50	2.14	12.53
总计	154.19	146.91	-4.72	150.06	2.14	150.39

从表 11-9 看，西部各省份工业技术创新投入政策实施效果在 2011 年、2012 年、2013 年的平均得分分别为 12.85 分、12.24 分、12.50 分，2012 年低于 2011 年 0.61 分，2013 年高于 2012 年 0.26 分，说明 2013 年创新投入政策实施效果要弱于 2012 年，创新政策的边界效应递减现象开始出现。

从各省情况看，2012 年投入政策得分较 2011 年总体上是下降的，西部 12 省(区、市)

中有 9 个省呈负增长，其中青海的下降幅度最大，为 41.08%，西部整体得分增长率为 −4.72%。2013 年西部整体得分较 2012 年增长 2.14%，其中 6 个省(区、市)呈正增长，6 个省(区、市)呈负增长，西藏下降幅度最大为 31.03%(这里要说明的是，2012 年西藏增长率为无穷大，是因为 2011 年投入政策得分为 0)。造成此现象的原因是西藏在投入政策方面各项指标明显偏低。在 9 项投入指标中，西藏均为最低值，因而在计算隶属度时，西藏的 9 项指标隶属度均取值为 0，而得分为指标的权重值乘以相应的隶属度，因此西藏在 2011 年投入政策上得分为 0。

作为西部各省(区、市)的第一梯队，四川、陕西、重庆三省(市)得分均高于其他省(区、市)，三省(市)投入政策的 9 项指标实际值也明显高于其他 9 个省(区、市)。四川效果明显的指标有"规模以上工业企业 R&D 人员"(B1C1)隶属度 1、"规模以上工业企业 R&D 人员全时当量"(B1C2)隶属度 1、"规模以上工业企业 R&D 内部经费支出"(B1C5)隶属度 1、"规模以上工业企业主营业务收入"(B1C6)隶属度 1；重庆的高指标有"规模以上工业企业 R&D 内部经费支出占主营业务收入比例"(B1C7)隶属度 1；陕西的高指标有"规模以上工业企业从事科研工作人员"(B1C3)隶属度 1、"高技术产业 R&D 人员"(B1C8)隶属度 1、"高技术产业 R&D 经费内部支出"(B1C9)隶属度 1。3 个相对发达的省(市)在投入上也各有侧重。从西部总体看，四川、陕西和重庆三省(市)拥有相对较高的经济发展水平，规模以上工业企业无论是数量上还是发展水平上都远高于其他地区。2013 年四川、重庆、陕西三省(市)不仅规模以上工业企业主营业务收入高，而且三省(市)还拥有众多的高校，依托高校的发展和较高的经济发展水平，三省(市)在高素质人才就业的吸引力上均高于其他地区，奠定了技术创新投入政策的雄厚要素基础，因而在规模以上工业企业的 R&D 人员数量均高于其他地区，再加上国家财政的大力支持，使得三省(市)的规模以上工业企业无论是 R&D 人员、R&D 人员中从事科研的人员、R&D 经费内部支出还是 R&D 人员全时当量均处于相对较高的水平。除拥有经济和人才的优势之外，三地的高技术产业投入水平也远高于其他地区。

工业技术创新投入政策主要包括资金投入政策和人才开发政策，2012 年和 2013 年多个省(区、市)在创新投入政策上均出现得分负增长的情况，在创新投入效果上，各省(区、市)发展也参差不齐。

2. 工业技术创新成果转化政策分析

将表 11-7 中的技术创新成果转化政策效果列入表 11-10。从平均得分来看，西部各省(区、市)在工业技术创新成果转化政策上的得分占整个工业技术创新政策得分值的 43% 左右(工业技术创新投入政策为 41%、创新经济环境政策为 16%)，占比最高，因此可以说技术创新成果转化政策的实施效果从很大程度上影响了西部工业技术创新政策的整体实施效果。2011 年、2012 年、2013 年的平均得分分别为 13.10 分、13.33 分、12.75 分，2012 年高于 2011 年 0.23 分，2013 年低于 2012 年 0.58 分（表 11-10），2013 年成果转化政策的实施效果明显下降，2012 年成果转化政策实施效果最好。从 3 年得分均值来看，四川、重庆、陕西 3 个省(市)的得分均值都在 25 分以上，高于其他省份，说明 3 个省市的成果转化政策实施效果良好。

表 11-10　2011~2013 年西部各省份工业技术创新成果转化政策实施效果

地区	2011 年 得分	2012 年 得分	2012 年 增长率/%	2013 年 得分	2013 年 增长率/%	得分均值
内蒙古	10.18	8.22	-19.25	5.92	-27.98	8.11
广西	8.90	10.74	20.67	12.34	14.90	10.66
重庆	32.01	28.96	-9.53	26.21	-9.50	29.06
四川	34.38	37.64	9.48	37.52	-0.32	36.51
贵州	10.80	10.22	-5.37	8.97	-12.23	10.00
云南	8.04	9.35	16.29	8.86	-5.24	8.75
西藏	4.56	5.56	21.93	5.19	-6.65	5.10
陕西	25.26	27.03	7.01	25.43	-5.92	25.91
甘肃	8.92	10.07	12.89	9.15	-9.14	9.38
青海	1.41	1.64	16.31	1.50	-8.54	1.52
宁夏	6.31	6.71	6.34	7.14	6.41	6.72
新疆	6.40	3.85	-39.84	4.76	23.64	5.00
均值	13.10	13.33	1.79	12.75	-4.38	13.06
总计	157.17	159.99	1.79	152.99	-4.37	156.72

从各省(区、市)情况看，2012 年成果转化政策得分较 2011 年普遍上升，其中 4 个省(区、市)下降(内蒙古、重庆、贵州、新疆)，增长和下降幅度都较为明显，最大增长幅度为西藏(21.93%)，最大下降幅度为新疆(39.84%)。2013 年西部整体得分较 2012 年普遍下降，下降幅度最大的是内蒙古，下降了 27.98%，其中 3 个自治区上升(广西、宁夏、新疆)。

从指标来看，2012 年广西、西藏增长率都达到 20%以上，这是由于广西"规模以上工业企业新产品主营业务收入""规模以上工业企业新产品主营业务收入占工业企业主营业务收入比例""高技术新产品销售收入"3 项指标的隶属度 2012 年较 2011 年分别增长 0.12440、0.0837、0.0247，2013 年较 2012 年分别增长 0.0795、0.0905、0.0220，此 3 项指标连续两年都呈正增长，说明广西逐步重视在政策上引导新产品的开发与应用，工业企业新研发产品逐步投入市场，新产品满足市场的能力增强，价值实现能力增强。西藏"规模以上工业企业新产品主营业务收入占工业企业主营业务收入比例""高技术产业生产总值占地区规模以上工业企业总产值比例"两项指标的隶属度有所增长，2012 年较 2011 年分别增长 0.0303、0.2037，2013 年较 2012 年分别增长 0.0124、0.1303，能看出来，在对口支援的宏观背景下，西藏逐步重视在工业企业中的新产品开发和高技术产业的扶持，提高新产品的研发和高技术产业在规模以上企业中的比例。

2012 年新疆在技术创新成果转化政策上的得分下降 39.80%，在 2013 年又较 2012 年增长 23.64%，波动幅度较大，这是由于 2012 年"专利申请数""高技术新产品销售收入""高技术产业新产品销售收入占主营业务收入比例""技术市场合同成交数"4 项指标的隶属度较 2011 年分别下降 0.0426、0.0154、0.6543、0.0620，其主要原因是高技术产业新产品销售收入占主营业务收入比重严重下滑，2013 年得分上升较快的主要原因也是高技术产业新产品销售收入占主营业务收入比例提升，该项指标较前一年隶属度增长 0.2023。

内蒙古得分连续 2 年下降，降幅分别达到 19.25%、27.98%，主要是由于 2012 年"高技术产业生产总值占地区规模以上工业企业总产值比例""技术市场合同成交数"两项指标较 2011 年隶属度分别下降 0.9113、0.0875，其中"高技术产业生产总值占地区规模以上工业企业总产值比例"是最主要的影响因素，2013 年"技术市场合同成交数"较 2012 年隶属度下降 0.0603，主要原因在于内蒙古工业相对更倚重能源、食品制造、化学制造、黑色金属加工产品等行业，而 2012 年世界经济持续走缓，内蒙古工业作为投资、信贷及能耗增长的主要动力和宏观调控的重要领域，以重工业为依托的内蒙古高技术产业必然受此影响。

3. 工业技术创新经济环境政策分析

从得分均值来看，2011~2013 年平均得分分别为 4.20 分、4.21 分、4.21 分，3 年得分比较均衡，变化较小(表 11-11)，3 年环境政策的实施效果明显比较稳定。从 3 年得分均值来看，四川、内蒙古两个省(区)的得分均值均在 9 分以上，高于其他省(区)，表明两个省(区)的经济环境政策实施效果良好。从各省情况来看，2012 年经济环境政策得分 7 个省(区、市)有较小幅度增长，5 个省(区)下滑，其中下滑幅度最大的是西藏，下滑了 28.08%，西藏同时也是 2013 年下滑幅度最大的省份，下滑了 17.76%。

从指标来看，西藏自治区连续两年大幅度下滑，主要是由于"人均地区生产总值(元/人)""规模以上企业全员劳动生产率(元/人)"两个指标隶属度连续两年下滑，2012 年较 2011 年两个指标隶属度分别下滑 0.0152、0.0673，下滑幅度分别为 17.23%、32.54%；2013 年较 2012 年两个指标隶属度分别下滑 0.0019、0.0353，下滑幅度分别为 2.60%、25.30%。两个指标的隶属度下滑并不代表"西藏自治区人均地区生产总值"和"规模以上企业全员劳动生产率"两个指标的实际值下滑，而是相对其他西部省份的相应指标下滑。

表 11-11　2011~2013 年西部各省份工业技术创新经济环境政策实施效果

地区	2011 年 得分	2012 年 得分	增长率/%	2013 年 得分	增长率/%	均值
内蒙古	9.28	9.39	1.25	9.36	-0.37	9.34
广西	4.85	5.02	3.60	5.04	0.40	4.97
重庆	4.71	4.77	1.14	4.91	2.97	4.80
四川	9.21	9.23	0.22	9.26	0.31	9.23
贵州	1.81	1.88	4.06	2.01	6.81	1.90
云南	3.27	3.29	0.46	3.21	-2.50	3.26
西藏	0.56	0.40	-28.08	0.33	-17.76	0.43
陕西	6.56	6.86	4.60	6.88	0.20	6.77
甘肃	2.26	2.26	-0.30	2.24	-0.53	2.25
青海	2.50	2.30	-8.29	2.17	-5.62	2.32

续表

地区	2011年 得分	2012年 得分	2012年 增长率/%	2013年 得分	2013年 增长率/%	均值
宁夏	1.51	1.44	-4.14	1.44	-0.42	1.46
新疆	3.84	3.67	-4.28	3.62	-1.37	3.71
均值	4.20	4.21	0.31	4.21	-0.11	4.20
总计	49.66	59.27	19.35	60.58	2.21	56.50

根据国内外学者的相关研究，工业技术创新环境与当地的经济发展水平是相关的。本书从《2012年中国统计年鉴》《2013年中国统计年鉴》《2014年中国统计年鉴》中收集到各省地区生产总值数据作为衡量一个地区经济发展水平的尺度，按照各年将表11-11中各省份工业技术创新经济环境政策得分和地区生产总值按照表中地区顺序求和并算出各自的占比，得出工业技术创新经济环境政策得分占比和地区生产总值占比两条线，并用实线表示工业技术创新环境政策占比，用虚线表示地区生产总值占比，将两者置于同一平面内得到两者对比图，如图11-2～图11-4所示。

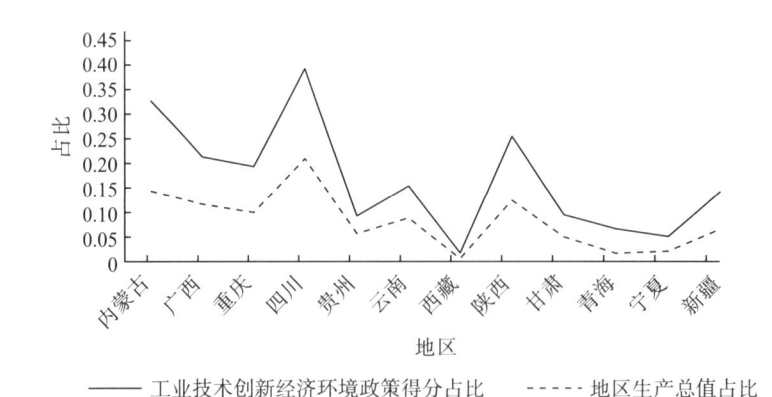

图11-2 2011年西部各省份技术创新经济环境政策得分与地区生产总值的关系

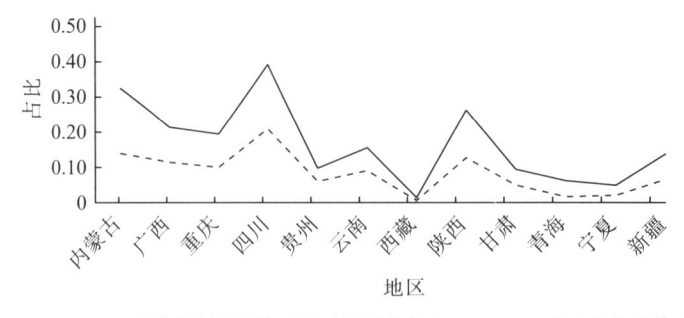

图11-3 2012年西部各省份技术创新经济环境政策得分与地区生产总值的关系

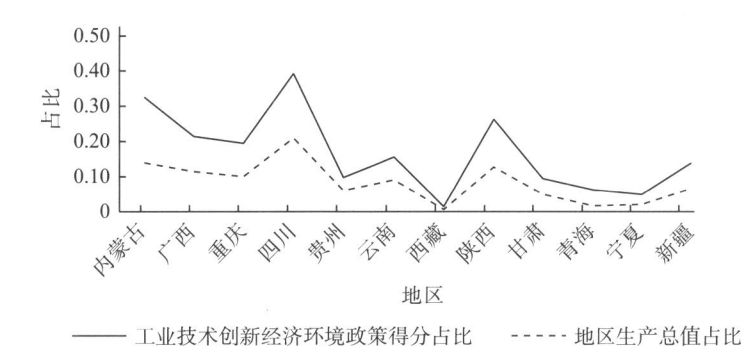

图 11-4　2013 年西部各省份技术创新经济环境政策得分与地区生产总值的关系

通过对比发现，2011~2013 年各省份工业技术创新经济环境政策的得分占比都与地区生产总值占比之间变化趋势相同，两者呈正相关关系。在西部各省份之中，经济发展水平较高的地区(如四川、陕西等)，工业技术创新经济环境政策得分也比较高，同时环境政策的实施效果也比较好；相反，经济发展水平相对较低的地区(如西藏、宁夏等)，得分相对较低，经济环境政策的实施效果也相对较差，说明经济发展水平和经济总量是创新环境政策效果的重要支撑。

因此，对于欠发达地区首先要大力发展本地区的经济水平，针对性地制定符合本地区发展的各项经济政策，争取中央政府的各种优惠政策，切实为本地区经济发展提供帮助。从西部整体情况看，中央政府应该针对西部地区的实际情况，加大对西部地区的投入，特别是政策的投入，经济发展政策向西部地区倾斜，逐步缩小西部地区与中东部地区的经济差距以及西部地区内部之间的经济水平差距，进而形成良好的经济水平，为工业技术创新提供优良的"土壤"环境，支持创新活动的进行。

11.4.3　按三级指标对西部地区政策效果的整体分析

从西部整体来考虑，按年将各三级指标对西部各省(区、市)的得分加总，可以看出西部地区工业技术创新政策实施效果的整体趋势(图 11-5)。

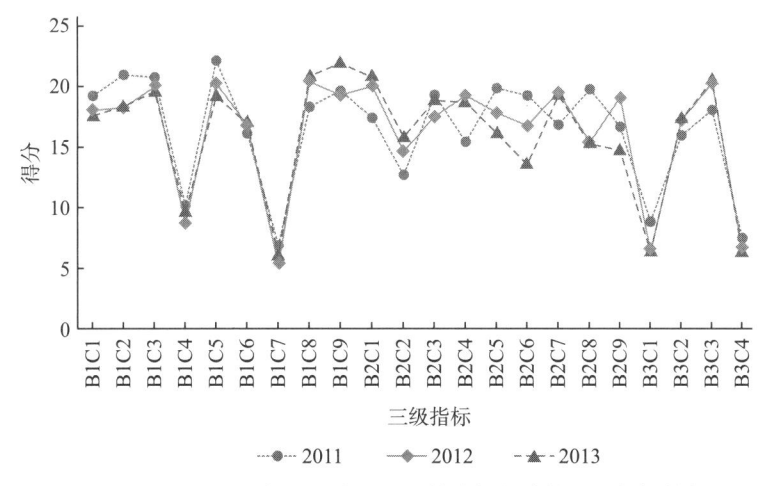

图 11-5　2011~2013 年西部地区工业技术创新政策三级指标的得分

从图 11-5 来看，2011～2013 年西部地区工业技术创新政策各项三级指标得分均无较大幅度的增长，特别是与高技术产业相关的 B2C5、B2C6 和与技术交易相关的 B2C8 得分明显下降，说明技术创新政策对西部地区规模以上工业企业发展没有形成累积正效应，政策对各省份的工业技术创新的拉动作用开始降低。B1C8 和 B1C9 两项指标提高，是因为近年来国家对高技术产业和战略性新兴产业在地域的布局相对均衡。在 22 项三级指标得分中，以下 4 项指标得分较低：规模以上工业企业从事科研工作人员占 R&D 人员比例(B1C4)、规模以上工业企业 R&D 内部经费支出占主营业务收入比例(B1C7)、人均地区生产总值(B3C1)、规模以上工业企业全员劳动生产率(B3C4)，说明技术创新投入政策影响技术创新的效果。

11.5　结论与建议

11.5.1　主要结论

(1)西部的创新政策总体上对西部构建创新系统的效果不平衡，经济发展水平越高的省份政策效果越大。2011～2013 年，西部工业技术创新政策实施效果得分比较稳定，西部整体的工业技术创新得分没有出现效应的峰值时期。西部地区无论是在技术创新投入、创新成果转化政策方面，还是在经济环境政策方面，平均发展水平相对较低，也没有出现较大的退步。西部部分省份在工业技术创新的投入、创新成果转化和创新环境的某一方面取得了较大的进步。发展水平较高的四川、重庆、陕西技术创新政策的效果明显，而西藏、青海、宁夏等的政策效果不显著。

(2)关于创新投入政策收效不明显。西部在技术创新政策的实施效果提升上并不很理想。这很大程度上是西部经济发展水平低导致资金供给有限的结果。

(3)经济环境政策效果不理想。工业技术创新经济环境政策虽然在 2011～2013 年有一定的提升，但是相对投入政策和成果转化政策而言，在技术创新中的占比较小(16%)，其实施效果也有较大的差距。根据前文分析，环境政策的效果与当地的经济发展水平呈正相关关系，技术创新能力越强，则当地的经济发展水平也就越高，同时经济发展水平越高反过来会促进技术创新能力的提升。西部地区的 GDP、人均 GDP 与中东部地区有着较大的差距。因此，提高西部地区的经济发展水平和完善工业体系，仍是提升西部工业技术创新环境政策实施效果的重要途径。

11.5.2　创新政策的调整建议

(1)要制定专门针对西部的创新政策，并且鼓励相对落后省(区、市)出台相应的省内技术创新支持政策。在制定和实施技术创新和工业发展政策的过程中，只有根据不同省份的实际情况有所侧重，允许各省份出台符合实际的创新政策，发挥比较优势，才能实现政策效果。特别是对于少数民族集聚区和边远地区在政策上更要有所倾斜。

(2)加大工业技术创新投入类政策。在资金投入方面，西部地区要借鉴中东部地区成熟的经验，加大政府对科研的财政拨款。可以考虑政府引导企业和行业之间科研资源共同利用，减少研发过程中的科研成本。在金融支持方面，要转变企业融资机制，将工业技创新投入政策和商业银行信贷融资机制有机地结合起来。对工业企业特别是中小企业提供资金资助，帮助中小企业解决融资难的问题。对最有创新动力和创新主力军的中小企业，特别是前期科研投入高，科研成果转化为市场产品期较长的高技术产业实行长期优惠利率，减少融资成本。

(3) 技术创新成果转化类政策方面。在科技成果转化方面，西部地区应该多创造机会让企业参与科技企业博览会等活动，鼓励企业将科技成果向市场效益转化。加快和持续建设科技孵化园、创新基地、科技咨询机构和技术市场中介体系，促进科技成果的上下游企业合作，减少成果转化过程中的交易成本。政府可以实行采购政策和风险投资政策，采购高质量的科技成果，一方面满足自身需要，另一方面促进科技成果的转化，促使科创企业向新的创新领域进军。对工业科技创新实行风险投资，分担了科创企业的在创新过程中的潜在风险，减少创新过程中的不确定性。

(4) 技术创新经济环境类政策方面。西部地区应立足科技创新发展需要，破除部门之间和地区之间的界限，加大统筹力度，跨部门跨区域联合制定可操作性高的科技创新配套政策。对于工业，应当着力发展优势产业，淘汰落后产能，促进经济转型，提高工业企业的高科技成果应用，打造国内和世界高水平企业，提高工业产品附加值，实现工业增加值大幅提升。重点突破区域经济增长的瓶颈问题，实现西部地区经济飞跃式发展，为科技创新活动提供良好的经济环境基础。

本章附表

附表 11-1　2011 年西部各省份工业技术创新政策指标原始值

地区	B1C1	B1C2	B1C3	B1C4	B1C5	B1C6	B1C7	B1C8	B1C9
内蒙古	20815	17645	8318	39.9616	70.1635	17541.9318	0.4000	274	0.7415
广西	26283	20155	7827	29.7797	58.6791	12216.8696	0.4803	2298	6.5191
重庆	40490	27652	10527	25.9990	94.3975	11382.3442	0.8293	4469	7.1776
四川	59868	36839	14903	24.8931	104.4666	29868.5355	0.3498	6508	37.0287
贵州	12309	9564	3946	32.0578	27.5217	7450.6891	0.3694	4130	8.3002
云南	18190	10335	4671	25.6789	29.9279	7619.3976	0.3928	1933	4.2298
西藏	106	22	16	15.0943	0.1637	72.6331	0.2254	14	0.0624
陕西	41329	30829	16531	39.9985	96.6768	13790.1187	0.7011	13628	46.9512
甘肃	13832	9307	5510	39.8352	25.7916	6525.0936	0.3953	870	2.3901
青海	2592	1833	1147	44.2515	8.1965	1473.8266	0.5561	36	0.0361
宁夏	6030	3967	1414	23.4494	11.8879	2425.6999	0.4901	446	0.9056
新疆	8838	6723	3542	40.0769	22.3352	6782.2513	0.3293	490	1.6607
地区	B2C1	B2C2	B2C3	B2C4	B2C5	B2C6	B2C7	B2C8	B2C9
内蒙古	542.4867	3.0925	1250	467	6.5230	2.0894	17.5905	4785	94.8204
广西	1218.792	9.9763	2069	932	45.3743	8.4089	4.2036	2562	24.1679
重庆	3169.748	27.8479	8121	2532	383.4280	34.4871	9.3846	6124	152.4152

续表

地区	B2C1	B2C2	B2C3	B2C4	B2C5	B2C6	B2C7	B2C8	B2C9
四川	2064.038	6.9104	5919	5618	591.5429	18.5640	10.4527	19200	148.7772
贵州	950.3771	12.7556	2034	990	60.0096	19.6753	5.5254	2867	45.6167
云南	356.8221	4.6831	1728	1208	39.8973	21.1432	2.4252	4284	46.3639
西藏	1.6973	2.3368	20	58	1.7364	33.3923	6.9472	269	3.2012
陕西	1091.657	7.9162	4393	2464	211.8593	21.1542	7.0116	19495	315.8783
甘肃	510.0638	7.8170	1053	493	20.6422	23.5642	1.4186	7786	92.1136
青海	8.5004	0.5768	168	87	0.3298	1.5269	1.1407	1663	45.1907
宁夏	153.1043	6.3118	601	221	16.1546	44.9989	1.4409	1752	20.55
新疆	268.6043	3.9604	1426	325	9.4443	30.3675	0.4627	4479	41.5077

地区	B3C1	B3C2	B3C3	B3C4
内蒙古	57974	17774.82	4368.71	353541.3126
广西	25326	12836.57	3192.44	217010.4004
重庆	34500	11847.06	2703.51	185476.8112
四川	26133	30485.09	7337.71	192854.0265
贵州	16413	5519.96	1313.59	155491.2405
云南	19265	7780.83	1316.2	145243.8755
西藏	20077	74.85	12.63	77484.6626
陕西	33464	14283.48	3083.64	197151.0773
甘肃	19595	6175.24	1292.56	216836.1013
青海	29522	1893.54	411.55	227250.1380
宁夏	33043	2491.44	567.05	189585.4229
新疆	30087	6720.85	1378.95	225355.4502

附表 11-2　2012 年西部各省份工业技术创新政策指标原始值

地区	B1C1	B1C2	B1C3	B1C4	B1C5	B1C6	B1C7	B1C8	B1C9
内蒙古	26378	21509	10722	40.6475	85.8477	18135.1480	0.4734	575	1.0760
广西	29795	20845	8184	27.4677	70.2225	14733.6285	0.4766	2310	6.0799
重庆	46048	31577	11696	25.3996	117.1045	12880.3222	0.9092	4818	10.4240
四川	78406	50533	19874	25.3475	142.231	31427.1608	0.4526	13638	38.2941
贵州	16509	12135	4850	29.3779	31.5079	5966.5232	0.5281	6944	13.4342
云南	19116	12321	4577	23.9433	38.443	8942.1547	0.4299	2409	5.5006
西藏	232	78	40	17.2414	0.5312	91.8791	0.5782	8	0.0196
陕西	55794	36728	19279	34.5539	119.277	16328.2495	0.7305	17367	55.3120
甘肃	17334	11445	6318	36.4486	33.7785	7787.2574	0.4338	1019	2.9271
青海	2889	2020	875	30.2873	8.4197	1889.3670	0.4456	86	0.1486
宁夏	7310	4196	1543	21.1081	14.3696	2981.4552	0.4820	405	1.0524
新疆	9195	6202	3020	32.8439	27.3425	7510.6656	0.3640	66	0.2210

续表

地区	B2C1	B2C2	B2C3	B2C4	B2C5	B2C6	B2C7	B2C8	B2C9
内蒙古	581.4946	3.2065	1650	922	10.4792	3.8371	1.5140	4660	323.7933
广西	1236.928	8.3953	3025	1499	59.6971	7.4048	5.3924	2402	35.5061
重庆	2429.92	18.8654	9784	3714	200.8123	10.6622	14.6997	6526	280.4635
四川	2095.977	6.6693	13443	6591	589.5644	14.8801	13.1074	22288	251.8714
贵州	383.2764	6.4238	2794	1370	76.3092	22.2541	5.5568	2815	54.2582
云南	446.816	4.9967	2404	1644	36.9872	15.4500	2.7256	6153	126.0643
西藏	2.1004	2.2860	18	71	2.0579	26.7260	8.6556	271	3.7319
陕西	871.5851	5.3379	5467	4752	221.3523	17.8798	7.5917	30044	507.3864
甘肃	595.4233	7.6461	1713	855	30.5916	27.2410	1.7129	6245	132.142
青海	10.3773	0.5492	215	170	0.3896	1.0067	1.8918	2006	62.952
宁夏	185.6287	6.2261	914	300	11.7828	36.9367	1.0789	1877	34.3326
新疆	276.0241	3.6751	1776	468	0.2253	1.3331	0.2300	4945	65.5387

地区	B3C1	B3C2	B3C3	B3C4
内蒙古	63886	18038.06	263.24	20952.7600
广西	27952	14950.7	2114.13	135213.4566
重庆	38914	12812.47	965.41	61260.8668
四川	29608	30227.87	-257.22	-6720.0502
贵州	19710	6170.82	650.86	73923.5618
云南	22195	8783.33	1002.5	103382.4894
西藏	22936	88.96	14.11	79717.5141
陕西	38564	16307.31	2023.83	123622.8697
甘肃	21978	6555.95	380.71	62730.2686
青海	33181	2045.69	152.15	77037.9747
宁夏	36394	2956.58	465.14	147569.7970
新疆	33796	7348.44	627.59	95443.6925

附表11-3　2013年西部各省份工业技术创新政策指标原始值

地区	B1C1	B1C2	B1C3	B1C4	B1C5	B1C6	B1C7	B1C8	B1C9
内蒙古	32210	26990	14371	44.6166	100.4406	20190.8100	0.4975	625	1.5532
广西	30205		7005	23.1915	81.7063	17121.9100	0.4772	1989	6.3038
重庆	53781	36605	13544	25.1836	105.751	15581.7800	0.6787	5392	16.6156
四川	92424	58148	20954	22.6716	168.8902	35686.1400	0.4733	19814	61.8378
贵州	20026	16049	6327	31.5939	34.2541	7357.8200	0.4655	9100	15.5535
云南	20323	11811	4426	21.7783	45.4278	10040.2100	0.4525	1885	6.1105
西藏	228	81	18	7.8947	0.4617	98.1000	0.4706	11	0.1454
陕西	67210	45809	22801	33.9250	140.148	18151.9100	0.7721	21120	58.3150
甘肃	17565	12472	6807	38.7532	40.0743	8691.7600	0.4611	1035	3.0488
青海	2940	2039	831	28.2653	8.954	2091.0200	0.4282	199	0.6093
宁夏	8638	4817	1566	18.1292	16.7494	3445.7800	0.4861	473	1.4822
新疆	9633	6668	3533	36.6760	31.4257	8718.7100	0.3604	103	0.3448

续表

地区	B2C1	B2C2	B2C3	B2C4	B2C5	B2C6	B2C7	B2C8	B2C9
内蒙古	628.504	3.1128	2062	1444	18.1415	5.2615	1.7147	3416	197.0793
广西	1586.604	9.2665	4468	1889	90.6869	8.0525	6.4584	2892	135.9001
重庆	2696.113	17.3030	12221	4792	152.2376	5.8013	16.9569	9562	252.7675
四川	2475.876	6.9379	15713	9043	730.9076	14.1635	14.9387	24483	419.1745
贵州	368.32	5.0058	3446	1985	88.2589	23.7255	4.8624	2897	55.2651
云南	443.381	4.4161	2793	2280	52.4205	18.0077	2.9610	7938	143.0727
西藏	2.3454	2.3908	9	32	2.3454	19.8763	12.1537	553	7.218
陕西	1015.479	5.5943	7258	5449	218.3206	15.8894	7.5698	33427	895.3399
甘肃	618.5275	7.1163	2440	1028	29.5040	20.9397	1.8886	8512	223.2119
青海	12.543	0.5999	334	205	1.0065	1.9852	2.1964	2236	82.7122
宁夏	279.6416	8.1155	1132	387	14.0505	44.1840	0.9273	1876	34.4869
新疆	353.3318	4.0526	2256	695	2.2573	10.9048	0.2450	3931	133.7331

地区	B3C1	B3C2	B3C3	B3C4
内蒙古	67836	20108.84	2070.78	162159.7494
广西	30741	17437.82	2487.12	150188.4058
重庆	43223	15475.67	2663.2	157195.1363
四川	32617	34544.52	4316.65	112106.2200
贵州	23151	7650.47	1479.65	161516.2100
云南	25322	9831.22	1047.89	101421.7964
西藏	26326	97.09	8.13	42565.4450
陕西	43117	18151.04	1843.73	107814.1629
甘肃	24539	7460.39	904.44	146420.5925
青海	36875	2308.34	262.65	122791.0238
宁夏	39613	3429.23	472.65	142665.2581
新疆	37553	8447.8	1099.36	156336.7463

附表 11-4　2011 年西部各省份工业技术创新投入政策指标隶属度

地区	指标隶属度								
	B1C1	B1C2	B1C3	B1C4	B1C5	B1C6	B1C7	B1C8	B1C9
内蒙古	0.3465	0.4787	0.5027	0.8529	0.6711	0.5863	0.2890	0.0191	0.0151
广西	0.4380	0.5468	0.4730	0.5037	0.5610	0.4076	0.4220	0.1678	0.1391
重庆	0.6757	0.7505	0.6365	0.3740	0.9035	0.3796	1.0000	0.3272	0.1532
四川	1.0000	1.0000	0.9014	0.3361	1.0000	1.0000	0.2059	0.4770	0.7936
贵州	0.2042	0.2592	0.2380	0.5818	0.2623	0.2476	0.2384	0.3023	0.1773
云南	0.3026	0.2801	0.2819	0.3630	0.2854	0.2533	0.2771	0.1410	0.0900
西藏	0.0000	0.0000	0.0000	0.0000	0.0000	0.0000	0.0000	0.0000	0.0000
陕西	0.6898	0.8368	1.0000	0.8541	0.9253	0.4604	0.7875	1.0000	1.0000
甘肃	0.2297	0.2522	0.3327	0.8485	0.2457	0.2166	0.2812	0.0629	0.0505
青海	0.0416	0.0492	0.0685	1.0000	0.0770	0.0470	0.5476	0.0016	0.0000
宁夏	0.0991	0.1072	0.0847	0.2866	0.1124	0.0790	0.4382	0.0317	0.0187
新疆	0.1461	0.1820	0.2135	0.8568	0.2126	0.2252	0.1721	0.0350	0.0349

附表11-5 2011年西部各省份工业技术创新成果转化政策指标隶属度

地区	指标隶属度								
	B2C1	B2C2	B2C3	B2C4	B2C5	B2C6	B2C7	B2C8	B2C9
内蒙古	0.1707	0.0922	0.1518	0.0736	0.0105	0.0129	1.0000	0.2349	0.2930
广西	0.3842	0.3447	0.2529	0.1572	0.0762	0.1583	0.2184	0.1193	0.0671
重庆	1.0000	1.0000	1.0000	0.4450	0.6480	0.7582	0.5209	0.3045	0.4772
四川	0.6510	0.2322	0.7282	1.0000	1.0000	0.3919	0.5833	0.9847	0.4656
贵州	0.2995	0.4466	0.2486	0.1676	0.1009	0.4175	0.2956	0.1351	0.1357
云南	0.1121	0.1506	0.2108	0.2068	0.0669	0.4512	0.1146	0.2088	0.1380
西藏	0.0000	0.0645	0.0000	0.0000	0.0024	0.7330	0.3786	0.0000	0.0000
陕西	0.3440	0.2691	0.5398	0.4327	0.3578	0.4515	0.3824	1.0000	1.0000
甘肃	0.1605	0.2655	0.1275	0.0782	0.0344	0.5069	0.0558	0.3910	0.2844
青海	0.0021	0.0000	0.0183	0.0052	0.0000	0.0000	0.0396	0.0725	0.1343
宁夏	0.0478	0.2103	0.0717	0.0293	0.0268	1.0000	0.0571	0.0771	0.0555
新疆	0.0842	0.1241	0.1736	0.0480	0.0154	0.6634	0.0000	0.2190	0.1225

附表11-6 2011年西部各省份工业技术创新经济环境政策指标隶属度

地区	指标隶属度			
	B3C1	B3C2	B3C3	B3C4
内蒙古	1.0000	0.5820	0.6867	1.0000
广西	0.2145	0.4197	0.4868	0.2376
重庆	0.4352	0.3871	0.4397	0.1389
四川	0.2339	1.0000	1.0000	0.0000
贵州	0.0000	0.1791	0.2226	0.0189
云南	0.0686	0.2534	0.3197	0.3193
西藏	0.0882	0.0000	0.0000	0.2068
陕西	0.4103	0.4672	0.6322	0.4848
甘肃	0.0766	0.2006	0.1897	0.2129
青海	0.3154	0.0598	0.0788	0.6765
宁夏	0.4001	0.0795	0.0773	0.0406
新疆	0.3290	0.2185	0.2609	0.5775

附表11-7 2012年西部各省份工业技术创新投入政策指标隶属度

地区	指标隶属度								
	B1C1	B1C2	B1C3	B1C4	B1C5	B1C6	B1C7	B1C8	B1C9
内蒙古	0.3345	0.4248	0.5386	1.0000	0.6021	0.5758	0.2007	0.0327	0.0191
广西	0.3782	0.4116	0.4106	0.4369	0.4918	0.4673	0.2066	0.1326	0.1096
重庆	0.5861	0.6243	0.5877	0.3485	0.8227	0.4081	1.0000	0.2771	0.1882
四川	1.0000	1.0000	1.0000	0.3463	1.0000	1.0000	0.1625	0.7852	0.6922

续表

地区	指标隶属度								
	B1C1	B1C2	B1C3	B1C4	B1C5	B1C6	B1C7	B1C8	B1C9
贵州	0.2082	0.2390	0.2425	0.5185	0.2186	0.1875	0.3010	0.3996	0.2426
云南	0.2416	0.2427	0.2287	0.2863	0.2676	0.2824	0.1209	0.1383	0.0991
西藏	0.0000	0.0000	0.0000	0.0000	0.0000	0.0000	0.3929	0.0000	0.0000
陕西	0.7107	0.7264	0.9700	0.7397	0.8380	0.5182	0.6723	1.0000	1.0000
甘肃	0.2188	0.2253	0.3165	0.8206	0.2346	0.2456	0.1280	0.0582	0.0526
青海	0.0340	0.0385	0.0421	0.5574	0.0557	0.0574	0.1498	0.0045	0.0023
宁夏	0.0905	0.0816	0.0758	0.1652	0.0977	0.0922	0.2164	0.0229	0.0187
新疆	0.1147	0.1214	0.1502	0.6666	0.1892	0.2368	0.0000	0.0033	0.0036

附表 11-8 2012 年西部各省份工业技术创新成果转化政策指标隶属度

地区	指标隶属度								
	B2C1	B2C2	B2C3	B2C4	B2C5	B2C6	B2C7	B2C8	B2C9
内蒙古	0.2386	0.1451	0.1216	0.1305	0.0174	0.0788	0.0887	0.1474	0.6355
广西	0.5086	0.4284	0.2240	0.2190	0.1009	0.1781	0.3568	0.0716	0.0631
重庆	1.0000	1.0000	0.7274	0.5587	0.3404	0.2687	1.0000	0.2101	0.5494
四川	0.8625	0.3341	1.0000	1.0000	1.0000	0.3861	0.8900	0.7395	0.4927
贵州	0.1570	0.3207	0.2068	0.1992	0.1291	0.5914	0.3681	0.0854	0.1003
云南	0.1832	0.2428	0.1777	0.2413	0.0624	0.4020	0.1725	0.1976	0.2429
西藏	0.0000	0.0948	0.0000	0.0000	0.0031	0.7158	0.5823	0.0000	0.0000
陕西	0.3581	0.2614	0.4059	0.7179	0.3752	0.4696	0.5088	1.0000	1.0000
甘肃	0.2444	0.3875	0.1263	0.1202	0.0515	0.7301	0.1025	0.2007	0.2550
青海	0.0034	0.0000	0.0147	0.0152	0.0003	0.0000	0.1148	0.0583	0.1176
宁夏	0.0756	0.3099	0.0667	0.0351	0.0196	1.0000	0.0587	0.0539	0.0608
新疆	0.1128	0.1707	0.1309	0.0609	0.0000	0.0091	0.0000	0.1570	0.1227

附表 11-9 2012 年西部各省份工业技术创新经济环境政策指标隶属度

地区	指标隶属度			
	B3C1	B3C2	B3C3	B3C4
内蒙古	1.0000	0.5955	0.6789	1.0000
广西	0.1866	0.4931	0.4860	0.1990
重庆	0.4347	0.4222	0.4405	0.0901
四川	0.2241	1.0000	1.0000	0.0198
贵州	0.0000	0.2018	0.2229	0.0075
云南	0.0563	0.2885	0.3184	0.2670
西藏	0.0730	0.0000	0.0000	0.1395
陕西	0.4268	0.5381	0.6350	0.4664

续表

地区	指标隶属度			
	B3C1	B3C2	B3C3	B3C4
甘肃	0.0513	0.2146	0.1872	0.2095
青海	0.3049	0.0649	0.0779	0.5702
宁夏	0.3777	0.0951	0.0757	0.0000
新疆	0.3189	0.2409	0.2531	0.4729

附表 11-10　2013 年西部各省份工业技术创新投入政策指标隶属度

地区	指标隶属度								
	B1C1	B1C2	B1C3	B1C4	B1C5	B1C6	B1C7	B1C8	B1C9
内蒙古	0.3469	0.4634	0.6300	1.0000	0.5936	0.5646	0.3330	0.0291	0.0228
广西	0.3251	0.3551	0.3067	0.4166	0.4824	0.4784	0.2838	0.0937	0.0998
重庆	0.5809	0.6290	0.5937	0.4708	0.6251	0.4351	0.7733	0.2549	0.2670
四川	1.0000	1.0000	0.9189	0.4024	1.0000	1.0000	0.2742	0.9381	1.0000
贵州	0.2147	0.2750	0.2769	0.6454	0.2006	0.2040	0.2555	0.4306	0.2498
云南	0.2180	0.2020	0.1935	0.3781	0.2670	0.2794	0.2237	0.0888	0.0967
西藏	0.0000	0.0000	0.0000	0.0000	0.0000	0.0000	0.2678	0.0000	0.0000
陕西	0.7265	0.7875	1.0000	0.7089	0.8294	0.5073	1.0000	1.0000	0.9429
甘肃	0.1880	0.2134	0.2980	0.8403	0.2352	0.2415	0.2446	0.0485	0.0471
青海	0.0294	0.0337	0.0357	0.5547	0.0504	0.0560	0.1648	0.0089	0.0075
宁夏	0.0912	0.0816	0.0679	0.2787	0.0967	0.0941	0.3054	0.0219	0.0217
新疆	0.1020	0.1134	0.1543	0.7838	0.1838	0.2422	0.0000	0.0044	0.0032

附表 11-11　2013 年西部各省份工业技术创新成果转化政策指标隶属度

地区	指标隶属度								
	B2C1	B2C2	B2C3	B2C4	B2C5	B2C6	B2C7	B2C8	B2C9
内蒙古	0.2324	0.1504	0.1307	0.1567	0.0235	0.0776	0.0879	0.0871	0.2138
广西	0.5881	0.5189	0.2839	0.2061	0.1229	0.1438	0.3718	0.0712	0.1449
重庆	1.0000	1.0000	0.7776	0.5282	0.2072	0.0904	1.0000	0.2740	0.2765
四川	0.9182	0.3795	1.0000	1.0000	1.0000	0.2886	0.8792	0.7279	0.4639
贵州	0.1359	0.2638	0.2189	0.2167	0.1195	0.5152	0.2763	0.0713	0.0541
云南	0.1637	0.2285	0.1773	0.2495	0.0704	0.3797	0.1625	0.2246	0.1530
西藏	0.0000	0.1072	0.0000	0.0000	0.0018	0.4240	0.7126	0.0000	0.0000
陕西	0.3761	0.2990	0.4616	0.6012	0.2977	0.3295	0.4383	1.0000	1.0000
甘肃	0.2287	0.3901	0.1548	0.1105	0.0390	0.4492	0.0984	0.2421	0.2432
青海	0.0038	(0.0000)	0.0207	0.0192	0.0000	0.0000	0.1168	0.0512	0.0850
宁夏	0.1029	0.4500	0.0715	0.0394	0.0179	1.0000	0.0408	0.0402	0.0307
新疆	0.1303	0.2067	0.1431	0.0736	0.0017	0.2114	0.0000	0.1028	0.1425

附表 11-12　2013 年西部各省份工业技术创新经济环境政策指标隶属度

地区	B3C1	B3C2	B3C3	B3C4
内蒙古	1.0000	0.5809	0.6845	1.0000
广西	0.1699	0.5034	0.4939	0.1843
重庆	0.4492	0.4464	0.4505	0.0735
四川	0.2118	1.0000	1.0000	0.0463
贵州	0.0000	0.2193	0.2279	0.0242
云南	0.0486	0.2826	0.3218	0.2361
西藏	0.0711	0.0000	0.0000	0.1042
陕西	0.4468	0.5241	0.6465	0.4567
甘肃	0.0311	0.2138	0.1879	0.2230
青海	0.3071	0.0642	0.0790	0.5004
宁夏	0.3684	0.0967	0.0767	0.0000
新疆	0.3223	0.2424	0.2573	0.4302

第 12 章 创新补贴、效率差距与政府创新补贴取向

本书认为政府的补贴在很大程度上表示政府对创新行为的态度。如果创新打乱了经济秩序，则创新收益不能抵补经济混乱的损失，就不支持创新。政府掌控的公共资金是有限的，选择一部分关键性主导产业和重点企业、地区进行创新补贴，甚至直接建立公共实验室投资研发活动，是提高公共资金使用效率的重要途径。然而，企业是技术创新的主体，通过资助企业、降低企业创新成本从而激励企业开展创新活动，助推传统制造业转型升级，是政府主导的创新驱动战略中最重要的方面。

12.1 政府补贴企业创新的理论与模型

从理论上讲，政府选择企业进行研发补贴是非市场化行为。以下原因也导致了补贴资金的非效率：第一，技术知识存在外部性，而外部性的大小很难确定，对企业进行补贴的数额也就没有科学依据，只有任企业自主申报；第二，即使补贴对象按照某种效率程序选择，研发行为的不确定性也难保证有确定的技术成果或市场绩效；第三，在政府与潜在受益者之间研发投入的度量和研发补贴的影响方面存在严重的信息不对称，这种不确定性结合创新企业的趋利性，使研发过程中企业的道德风险问题不可避免。

本章参照菲利普·阿吉翁和彼得·霍伊特(2004)的分析框架，以不对称信息下非合作博弈为分析框架，建立一个逆向选择的博弈模型，以东西部效率差异为立足点，分析政府以总福利为目标时，补贴创新企业采取的是事前补贴还是事后补贴，补贴资金倾向于西部还是东部。

12.1.1 一个研发补贴模型的基本框架

1. 模型变量的设定

在本章模型中企业为创新主体，且追求利润最大。政府通过事前或事后补贴创新企业激励企业创新行为。首先设某企业拟投入研发力度为 $d(0 \leqslant d \leqslant 1)$ 进行一项技术创新，一旦研发创新成功，企业通过新技术进入产业，新技术在市场能够为创新企业带来的市场收益为 R，一旦创新失败，则企业一无所获。同时，该创新项目成功后能够为市场或相关企业和消费者带来大小为 E 的正外部效应。但是 d 是无法证实的变量，研发成本 v 是 d 的函数，而且边际成本递增：$v(d) = \frac{1}{2}\beta d^2$。其中，$\beta$ 为研发努力过程中所发生的成本的边际递增率参数。假设参数 β 在政府与企业之间为共同信息。企业是异质的，差别化就在于不同的企业具有不同的 β。设创新能够获得成功的概率为 $p(d) = d$，即创新成功的概率与企业的投入是正相关的。$s(A)$ 为创新是否成功政府都必须向企业支付的事前补贴；$S(B)$ 为

只有创新成功才能由政府支付给企业的事后补贴。为了简化模型突出补贴问题，令企业参与创新活动的机会成本为零。

2. 没有政府补贴时企业创新进入的基本分析框架

首先研发结果具有不确定性，敢于进行研发的企业都不是风险规避者，所以假定政府与企业都是风险中性的，期望收益与确定性收益是等价的。假定企业进行研发必须首先投资 K，创新成功市场收益为 R；如果创新失败，则市场收益为零。那么，研发企业进行创新进入的理性约束为：企业创新进入的期望利润大于等于不进入的期望利润。

(1) 企业利润函数：$\pi = p(d)R - v(d) - K$；企业进行研发投入的参与约束为

$$\pi = p(d)R - v(d) - K \geqslant 0 \Rightarrow dR - \frac{1}{2}\beta d^2 - K \geqslant 0 \tag{12.1}$$

此时，企业的最优研发力度 d 由式(12.2)定义：

$$d = \arg\max_{d} \pi = dR - \frac{1}{2}\beta d^2 - K \tag{12.2}$$

求解公式(12.2)的一阶条件，得到企业关于投入的最优反应函数：

$$\frac{\partial \pi}{\partial d} = R - \beta d = 0 \Rightarrow d = \frac{R}{\beta}$$
$$d^* = \frac{R}{\beta} \tag{12.3}$$

即企业参与创新的最优研发投入是 $d^* = R/\beta$。

(2) 企业的参与约束。将 $p(d)=d$、$d^* = R/\beta$ 代入公式(12.1)，得到研发企业进行创新活动的参与约束均衡条件，即

$$\frac{R}{\beta}R - \frac{1}{2}\beta\left(\frac{R}{\chi}\right)^2 \geqslant K$$
$$\Rightarrow \frac{R^2}{2\beta} \geqslant K \tag{12.4}$$

如果企业的参与约束公式(12.4)不能被满足，那么企业将不从事研发活动。但是企业的研发活动具有准公共产品性质，外部效应 E 值也很大，只要创新活动的社会效应大于企业效益，即只要满足 $\frac{R^2}{2\beta} + E \geqslant K$，政府就希望企业积极从事创新活动。为了鼓励企业进行创新，政府将对企业进行事前补贴。

12.1.2 对企业只进行创新前补贴的基本分析框架

1. 企业进行创新的参与约束

如果政府事前补贴企业创新启动资金 A，那么企业参与创新的均衡约束条件由公式(12.4)变为公式(12.5)：

$$\frac{R^2}{2\beta} + A - K \geqslant 0 \tag{12.5}$$

由此得到政府创新前补贴企业的最低额度：

$$A \geqslant K - \frac{R^2}{2\beta} \tag{12.6}$$

即只有政府事前补贴满足公式(12.6)，才满足企业的参与约束，企业才会参与创新进入。

2. 政府的福利目标

政府资助企业进行创新的目标是社会总福利最大，假定政府补贴创新企业资金的影子价格为 λ，那么社会净福利函数(政府的目标函数)为

$$\text{NSW} = p(d^*)[E+R] - v(d^*) - K - \lambda A \tag{12.7}$$

将最优努力水平 $d^* = R/\beta$、成本函数 $v(d) = \frac{1}{2}\beta d^2$ 和公式(12.6)的紧约束 $A = K - \frac{R^2}{2\beta}$ 代入公式(12.7)，得到政府的均衡社会总剩余：

$$\begin{aligned}
\text{NSW} &= p(d^*)(E+R) - v(d^*) - K - \lambda A = \frac{RE}{\beta} + \frac{R^2}{\beta} - \frac{1}{2}\beta\left(\frac{R}{\beta}\right)^2 - K - \lambda\left(K - \frac{R^2}{2\beta}\right) \\
&= \frac{RE}{\beta} + \frac{R^2}{2\beta} - K - \lambda K + \lambda\frac{R^2}{2\beta} \\
&= \frac{RE}{\beta} + \frac{R^2}{2\beta}(1+\lambda) - K(1+\lambda) \\
&= \frac{RE}{\beta} + (1+\lambda)\left(\frac{R^2}{2\beta} - K\right)
\end{aligned} \tag{12.8}$$

3. 政府的参与约束

政府只有在社会总剩余大于零时才会补贴创新企业，所以政府对企业创新行为进行事前补贴的条件为

$$\begin{aligned}
\text{NSW} &= \frac{RE}{\beta} + (1+\lambda)\left(\frac{R^2}{2\beta} - K\right) \geqslant 0 \\
&\Rightarrow E \geqslant (1+\lambda)\left(\frac{\beta}{R}K - \frac{1}{2}R\right)
\end{aligned} \tag{12.9}$$

即外部性 E 的大小满足公式(12.9)时，政府才进行事前补贴。

12.1.3 政府对创新活动前和创新成功后都补贴的分析框架

如果外部性大到政府愿意事前、事后都补贴，那么政府事前、事后补贴的最优资金额是多少呢？已经设事前补贴为 A，而创新成功后的补贴额为 B。

1. 基本分析框架的设定

政府进行事前、事后都补贴的目标函数是

$$\max_{A,B} \text{NSW} = p(d)(R+E) - v(d^*) - K - \lambda[p(d)B + A] \tag{12.10}$$

企业的参与约束条件由公式(12.5)变为

$$\pi = p(d^*)(S+R) - v(d^*) - K + A \geq 0 \tag{12.11}$$

企业最优的研发投入也由公式(12.2)变为

$$d = \arg\max_{d} p(d)(R+B) - v(d) - K + A \tag{12.12}$$

2. 分两种情形分别分析

(1) 不考虑企业参与约束时,事前补贴 A 与事后补贴 B 的值。根据企业关于研发投入的最优反应公式(12.12)得企业最优研发努力水平公式:

$$\frac{\partial \pi}{\partial d} = R + B - \beta d = 0 \Rightarrow d^* = \frac{R+B}{\beta} \tag{12.13}$$

①政府的事后均衡补贴 B。将公式(12.13)代入政府的目标函数公式(12.10),政府优化问题就为

$$\max_{A,B} \text{NSW} = \frac{B+R}{\beta}(R+E) - \frac{(B+R)^2}{2\beta} - K - \lambda\left[\frac{(B+R)}{\beta}B + A\right] \tag{12.14}$$

对公式(12.14)求关于事后补贴 B 的一阶条件,得到最优的 B^*,即

$$\frac{\partial \text{NSW}}{\partial B} = \frac{R+E}{\beta} - \frac{B+R}{\beta} - \lambda\left(\frac{B+R}{\beta} + \frac{B}{\beta}\right) = 0$$

$$\Rightarrow E - B - \lambda(2B+R) = 0 \Rightarrow B = \frac{E - \lambda R}{1+2\lambda} \tag{12.15}$$

所以,政府最优的事后补贴为

$$S^* = \frac{E - \lambda R}{1 + 2\lambda} \tag{12.16}$$

从公式(12.16)可以看出,只有当 $E > \lambda R$ 时,政府才进行事后补贴,并且福利最大;如果 $E < \lambda R$,则政府不仅不补贴 B,还有可能对创新企业征收创新税。如果公共资金的影子成本 $\lambda=0$,$B^* = E$,即政府的事后补贴额 B 恰好等于企业创新活动的正外部效应,则政府会将创新企业的外部效应以事后补贴 B 的方式体现出来。

②求解最优的政府事前均衡补贴 A。对公式(12.14)求关于事前补贴 A 的一阶条件,得到最优的 A:

$$\frac{\partial \text{NSW}}{\partial A} = -\lambda < 0 \tag{12.17}$$

从公式(12.17)可以看出,在社会收益函数中,A 是个负项。而 λ 不能为负,显然只有公共资金的影子成本 $\lambda=0$ 时,事前补贴才使社会净福利最大;或者只有 $A=0$,才能使社会净福利最大。因此政府将不会提供事前补贴,即

$$A^* = 0 \tag{12.18}$$

因此,如果不考虑企业的参与约束,政府要求企业无条件参与创新,那么政府将不会提供事前补贴。

(2) 考虑引入企业参与约束时,事后补贴 B 与事前补贴 A 的值。公式(12.18)已经证明,若不引入企业的参与约束,则事前补贴只能降低社会总福利,所以政府仅提供事后补贴。此时,企业的参与约束的公式就由公式(12.11)变为公式(12.19)。

①企业的参与约束与政府的补贴。若没有事前补贴,只有创新成功后的事后补贴,则

企业的参与约束为
$$p(d^*)(B+R)-v(d^*)-K \geqslant 0 \tag{12.19}$$

将 $p(d^*)=d^*$、公式(12.13)代入公式(12.19)，得到政府仅给企业事后补贴时企业的参与约束公式：

$$\frac{B+R}{\beta}(B+R)-\frac{1}{2}\beta\left(\frac{B+R}{\beta}\right)^2-K \geqslant 0 \Rightarrow \frac{(B+R)^2}{\beta}-\frac{(B+R)^2}{2\beta}-K \geqslant 0$$
$$\Rightarrow \frac{(B+R)^2}{2\beta}-K \geqslant 0 \tag{12.20}$$

如果参与约束不能满足，出现 $\frac{(B+R)^2}{2\beta}-K<0$ 的情况，即企业创新活动的市场收益在弥补创新成本后，余值不能完全回收创新投资 K，则有一部分创新投资 $K-\frac{(B+R)^2}{2\beta}$ 成为沉没投资，企业就没有从事创新活动的积极性。该创新项目外部性又很大，政府希望企业投资，那么政府就必须提供事前补贴 A，弥补企业不能回收的沉没投资，以启动该企业的创新活动。

事前补贴额 A 应当能够弥补企业创新活动的沉没投资额，即
$$A=K-\frac{(B+R)^2}{2\beta} \tag{12.21}$$

提供了事前补贴后，满足了企业的参与约束，将公式(12.21)代入公式(12.15)，政府的最优化问题由事后补贴 B 来表达。

②政府的优化问题与事前、事后补贴。

$$\max_{A,B} \text{NSW} = \frac{B+R}{\beta}(R+E)-\frac{(B+R)^2}{2\beta}-K-\lambda\left[\frac{B+R}{\beta}S+K-\frac{(B+R)^2}{2\beta}\right] \tag{12.22}$$

对公式(12.22)求关于 B 的一阶偏导数，得
$$\frac{\partial \text{NSW}}{\partial B} = \frac{R+E}{\beta}-\frac{B+R}{\beta}-\lambda\left(\frac{S}{\beta}-\frac{B+R}{\beta}\right)=0$$
$$\Rightarrow E-B-\lambda(S-B-R)=E-B(1+\lambda)=0 \Rightarrow B^*=\frac{E}{1+\lambda}$$

即引入参与约束后，政府一旦进行事后补贴，补贴额为
$$B^*=\frac{\lambda(S-R)-E}{\lambda-1} \tag{12.23}$$

显然，公式(12.23)大于公式(12.16)，即引入参与约束后，政府不仅要增加事前补贴 A，而且对企业创新的事后补贴额要高一些。

将公式(12.23)代入公式(12.21)，得到政府事前补贴企业的最优额度 A^*，即
$$A^*=K-\frac{\left(\frac{E}{1+\lambda}+R\right)^2}{2\beta} \tag{12.24}$$

因为事前补贴是在引入参与约束的背景下，当企业创新净收益不能弥补创新的专用投

资时，为弥补沉没投资而出现的，所以必然要满足：$A^* = K - \dfrac{\left(\dfrac{E}{1+\lambda}+R\right)^2}{2\beta} > 0$。否则，政府不提供事前补贴，如公式(12.17)所示。

将引入参与约束后政府最优的事前补贴[公式(12.24)]、事后补贴[公式(12.23)]代入同时含有 B、A 的政府利益最大化的公式(12.14)，得到

$$\begin{aligned}
\text{NSW} &= \dfrac{B+R}{\beta}(R+E) - \dfrac{(B+R)^2}{2\beta} - K - \lambda\left[\dfrac{(B+R)}{\beta}B + A\right] \\
&= \dfrac{B+R}{\beta}(R+E) - K + \dfrac{(B+R)^2}{2\beta} - \dfrac{(B+R)^2}{\beta} - \lambda A - \lambda\dfrac{(B+R)}{\beta}B \\
&= \dfrac{B+R}{\beta}(R+E) - A^* - \dfrac{(B+R)^2}{\beta} - \lambda A^* - \lambda\dfrac{(B+R)}{\beta}B \\
&= -(1+\lambda)A^* + \dfrac{B+R}{\beta}(R+E-B-R-\lambda B) \\
&= -(1+\lambda)A^* + \dfrac{B+R}{\beta}[E-(1+\lambda)B] \\
&= -(1+\lambda)A^* + \dfrac{B+R}{\beta}\left[E-(1+\lambda)\dfrac{E}{1+\lambda}\right] \\
&= -(1+\lambda)A^* < 0
\end{aligned} \tag{12.25}$$

由于事前补贴为正，因此能使社会利益最大的事前补贴只能是 $A^* = 0$。

结论：由公式(12.25)可以看出，只要政府对企业进行事前补贴，社会净福利就为负，所以政府没有必要对创新活动进行事前补贴。

从上述分析看，无论是否引入企业的参与约束，政府对企业的创新前补贴最佳额都是 0。因此，事前补贴不仅不会激励企业提高努力程度，而且事前补贴是一种社会效率很低的政策工具。事后补贴已经将创新活动的正外部性全部内化为企业的利润。此时，如果企业仍然是负利润，则说明该项目没有社会效益，政府不应当支持该项目的创新。

12.2 逆向选择的研发补贴模型

前文讨论的是只有一个企业在创新的过程中，政府的补贴问题。但是现实中企业是众多的，而且不同"质"。政府有限的资金只能选择一部分企业进行补贴。本书要讨论的是，政府会将补贴资金倾向于哪些企业呢？由于本书关注的是西部制造业，从总体上看，西部制造业要素成本相对较高，创新系统的运行效率也相对较低。政府补贴企业时，会更加支持产业效率相对较低的西部企业，还是效率相对高的东部企业呢？本节引入信息不对称模型进行分析。

12.2.1 模型的背景与变量的设定

依然以上述补贴模型为基本框架进行分析。假设东西部企业效率有差异。两类企业的差别仅在于经济环境差异和创新系统效率的不同，从而成本参数不同：西部企业效率相对

第 12 章 创新补贴、效率差距与政府创新补贴取向

较低，属于 L 型企业；东部企业效率相对高，属于 H 型企业。西部企业成本参数为 β_L，成本函数为 $\frac{1}{2}\beta_L d^2$；东部企业成本参数为 β_H，成本函数为 $\frac{1}{2}\beta_H d^2$，两企业的成本参数为两类企业的私人信息，政府处于信息劣势。政府试图通过提供两种补贴方案来分别补贴企业，既要激励企业参与创新，又要避免高效率企业利用信息优势获得信息租金。依然设事前补贴额为 A；事后补贴额为 B。对高效率企业提供的补贴方案为 (A_H, B_H)；对低效率企业提供的补贴方案为 (A_L, B_L)。企业进行创新活动的前提是能够满足参与约束。

1. 企业的利润函数与研发投入

(1) 假定东西部两类企业都愿意接受创新补贴，投入创新资金 K，企业的效率问题是寻求最优的研发投入，两类企业要解决的优化问题如下。

①低效率企业：

$$\max_{d_L}\{p(d_L)(R+B_L)-\frac{1}{2}\beta_L(d_L)^2+A_L-K\} \tag{12.26}$$

②高效率企业：

$$\max_{d_H}\{p(d_H)(R+B_H)-\frac{1}{2}\beta_H(d_H)^2+A_H-K\} \tag{12.27}$$

(2) 两类企业关于研发投入的最优反应函数由一阶条件分别得出。

①低效率企业的反应函数为

$$d_L^* = \frac{R+B_L}{\beta_L} \tag{12.28}$$

②高效率企业的反应函数为

$$d_H^* = \frac{R+B_H}{\beta_H} \tag{12.29}$$

2. 政府的目标函数

政府需追求社会总收益最大。但是，企业是高效率还是低效率，信息是不对称的。从政府的视角看，任何一个企业是高效率类型的先验概率为 α_H，是低效率类型的先验概率为 α_L，且有 $\alpha_L = 1-\alpha_H$。

政府的目标是追求预期的社会收益最大，那么包含事前、事后补贴的政府最优化的期望净福利为

$$\max_{A_L,B_L,A_H,B_H} \text{NSW} = \alpha_H\{P(d_H^*)(R+E)-v_H(d_H^*)-K-\lambda[P(d_H^*)B_H+A_H]\} \\ + \alpha_L\{P(d_L^*)(R+E)-v_L(d_L^*)-K-\lambda[P(d_L^*)B_L+A_L]\} \tag{12.30}$$

将 $\alpha_L = 1-\alpha_H$、$d_L^* = \frac{R+B_L}{\beta_L}$、$d_H^* = \frac{R+B_H}{\beta_H}$ 和 $p(d)=d$ 代入公式 (12.30) 可得

$$\max_{A_L,B_L,A_H,B_H} \alpha_H\left\{\frac{(R+B_H)}{\beta_H}(R+E)-\frac{(R+B_H)^2}{2\beta_H}-K-\lambda\left[B_H\frac{(R+B_H)}{\beta_H}+A_H\right]\right\} \\ +\alpha_L\left\{\frac{(R+B_L)}{\beta_L}(R+E)-\frac{(R+B_L)^2}{2\beta_L}-K-\lambda\left[B_L\frac{(R+B_L)}{\beta_L}+A_L\right]\right\} \tag{12.31}$$

12.2.2 低效率企业参与约束、高效率企业激励相容约束

考虑到两类企业的参与约束问题,即提供的补贴方案(事前与事后补贴 A、B)应当使两类企业的利润大于等于零。由于低效率企业满足保留效用所需要的补贴要高一些,根据逆向选择原理,如果高效率事前补贴 $A_H = 0$,高效率企业将会伪装成低效率企业,签订事前、事后补贴分别为 (A_L, B_L) 的补贴方案,如此会使政府多支付补贴资金,造成有限的公共资金的浪费。因此政府的任务首先是完成市场筛选。

根据信息经济学的原理,只有扭曲低效率企业的高补贴额度,降低其净收入,才能阻止高效率企业的道德风险行为,使社会收益最大。如果政府只希望高效率企业加入技术创新计划,那么只要不给低效率企业创新补贴,就可以阻止低效率企业加入技术创新计划。但是,创新活动具有高度的不确定性,为了加快创新,政府往往将补贴资金分散到各企业中去。因此,从创新驱动的战略角度看,政府往往鼓励两类企业均加入技术创新计划。

1. 低效率企业加入技术创新计划的参与约束

低效率企业在没有补贴的情况下参与创新的预期收益为

$$\pi_L = p(d)R - \frac{1}{2}\beta_L d^2 - K = \frac{R}{\beta_L}R - \frac{1}{2}\beta_L\left(\frac{R}{\beta_L}\right)^2 - K = \frac{R^2}{2\beta_L} - K \tag{12.32}$$

实际上,低效率企业在没有补贴的情况下是否参与该技术创新活动,取决于参与创新是否获得正的收益,若预期收益 $\frac{R^2}{2\beta_L} - K > 0$,则低效率企业在没有补贴的情况下也会参与技术创新;若预期收益 $\frac{R^2}{2\beta_L} - K < 0$,则低效率企业就不参与创新活动。

由此,要保证低效率企业在任何条件下都参与创新活动,就必须保证低效率企业的预期收益是正的,即政府通过对低效率企业进行事前、事后补贴,鼓励企业参与创新。此时,企业的参与约束条件为

$$\frac{(R+B_L)^2}{2\beta_L} - K + A_L \geqslant \max\left\{0, \frac{R^2}{2\beta_L} - K\right\} \tag{12.33}$$

根据信息经济学的基本原理,低效率企业的参与约束通常成立,而高效率企业的激励约束有效(因内思·马克-斯达德勒和 J.大卫·佩雷斯-卡斯特里罗,2005),公式(12.33)取等号,低效率企业就会参与创新活动,即

$$\frac{(R+B_L)^2}{2\beta_L} - K + A_L - \max\left\{0, \frac{R^2}{2\beta_L} - K\right\} = 0 \Rightarrow A_L = K - \frac{(R+B_L)^2}{2\beta_L} + \max\left\{0, \frac{R^2}{2\beta_L} - K\right\} \tag{12.34}$$

如果参与约束能够保证低效率企业参加,则高效率企业的参与约束自动满足,会积极参与创新活动。

2. 高效率企业相应的激励相容约束条件

为保证高效率企业不出现逆向选择行为,政府必须设计出激励相容机制,保证高效率企业获得 H 型补贴方案后的收益高于伪装成低效率 L 型企业获得补贴方案的收益。为简化问题,设两类企业只有一种研发投入力度,即 $d_H = d_L = d$,可得高效率企业的激励相容

约束表达式，即

$$p(d)(R+B_H) - \frac{1}{2}\beta_H d^2 + A_H - K \geqslant p(d)(R+B_L) - \frac{1}{2}\beta_H d^2 + A_L - K \tag{12.35}$$

将公式(12.11)代入公式(12.35)，得政府对高效率企业的激励相容约束：

$$p(d)(R+B_H) - \frac{1}{2}\beta_H d^2 + A_H - K \geqslant p(d)(R+B_L) - \frac{1}{2}\beta_H d^2 + A_L - K$$

$$\Rightarrow d(R+B_H) - \frac{1}{2}\beta_H d^2 + A_H \geqslant d(R+B_L) - \frac{1}{2}\beta_H d^2 + A_L$$

$$\Rightarrow \frac{(R+B_H)^2}{\beta_H} - \frac{1}{2}\beta_H \left(\frac{R+B_H}{\beta_H}\right)^2 + A_H \geqslant \frac{(R+B_L)^2}{\beta_H} - \frac{1}{2}\beta_H \left(\frac{R+B_L}{\beta_H}\right)^2 + A_L \tag{12.36}$$

$$\Rightarrow \frac{(R+B_H)^2}{\beta_H} - \frac{(R+B_H)^2}{2\beta_H} + A_H \geqslant \frac{(R+B_L)^2}{\beta_H} - \frac{(R+B_L)^2}{2\beta_H} + A_L$$

$$\Rightarrow \frac{(R+B_H)^2}{2\beta_H} + A_H \geqslant \frac{(R+B_L)^2}{2\beta_H} + A_L$$

激励机制的设计是阻碍高效率企业伪装成低效率企业的逆向选择行为，但是政府也会尽可能提高资金的使用效率，降低补贴额，那么总是存在政府为设计该机制确定的 (A_H, B_H) 的最优值，使得公式(12.36)取等号成立，即 $\frac{(R+B_H)^2}{2\beta_H} + A_H = \frac{(R+B_L)^2}{2\beta_H} + A_L$ 成立。

此时，高效率企业的激励相容约束公式(12.36)取等号得

$$A_H = \frac{(R+B_L)^2}{2\beta_H} - \frac{(R+B_H)^2}{2\beta_H} + A_L \tag{12.37}$$

12.2.3 政府对企业的事前补贴额

1. 政府对低效率企业的最优事前补贴额公式

政府补贴低效率企业的目的是鼓励低效率企业参与创新。资金在高效率企业使用更能够发挥公共资金的效率。因此，减少对低效率企业的补贴是提高资金使用效率的途径。如果低效率企业在没有补贴的条件下就参与创新，则就尽可能不补贴。

已知：没有补贴的情况下，低效率企业参与创新的条件是 $\frac{R^2}{2\beta_L} - K > 0$；而有事前、事后补贴的情况下，低效率企业的创新的参与约束为 $A_L \geqslant K - \frac{(R+B_L)^2}{2\beta_L} + \max\left\{0, \frac{R^2}{2\beta_L} - K\right\}$。政府只要考虑事前补贴满足 $A_L \geqslant K - \frac{(R+B_L)^2}{2\beta_L} \geqslant \frac{R^2}{2\beta_L} - K > 0$，即有补贴情况下低效率企业的期望利润不低于没有补贴情况下的利润，并且政府取补贴的最小值，即满足紧约束公式：

$$\frac{(R+B_L)^2}{2\beta_L} - K + A_L = \frac{R^2}{2\beta_L} - K$$

$$\Rightarrow A_L = \frac{R^2 - R^2 - 2RB_L - B_L^2}{2\beta_L} = -\frac{B_L}{2\beta_L}(2R + B_L) \tag{12.38}$$

公式(12.38)就是政府追求社会净福利最大时对低效率企业的最优事前补贴公式。

2. 政府对高效率企业的最优事前补贴额

将公式(12.38)代入公式(12.37)，得高效率企业的最优事前补贴额，即

$$A_H = \frac{(R+B_L)^2}{2\beta_H} - \frac{(R+B_H)^2}{2\beta_H} - \frac{B_L}{2\beta_L}(2R+B_L) \tag{12.39}$$

12.2.4 社会净收益最大时的最优事后补贴额 B_H、B_L 的值

1. 政府社会净收益函数的简化式

将公式(12.38)、公式(12.39)代入公式(12.31)，得到政府收益最大表达式的简化式，即

$$\begin{aligned}
\max_{A_L, B_L, A_H, B_H} \text{NSW} &= \alpha_L \left\{ \frac{(R+B_L)}{\beta_L}(R+E) - \frac{(R+B_L)^2}{2\beta_L} - K - \lambda \left[B_L \frac{(R+B_L)}{\beta_L} + A_L \right] \right\} \\
&\quad + \alpha_H \left\{ \frac{(R+B_H)}{\beta_H}(R+E) - \frac{(R+B_H)^2}{2\beta_H} - K - \lambda \left[B_H \frac{(R+B_H)}{\beta_H} + A_H \right] \right\} \\
&= \frac{\alpha_L}{\beta_L} \left[(R+B_L) \frac{R+2E-B_L}{2} - \lambda B_L R - \lambda (B_L)^2 + \lambda \frac{B_L}{2}(2R+B_L) \right] \\
&\quad - \alpha_L K + \alpha_H \left\{ \frac{(R+B_H)}{\beta_H}(R+E) - \frac{(R+B_H)^2}{2\beta_H} - K \right. \\
&\quad \left. - \lambda \left[S_H \frac{(R+B_H)}{\beta_H} + \frac{(R+B_L)^2}{2\beta_H} - \frac{(R+B_H)^2}{2\beta_H} - \frac{B_L}{2\beta_L}(2R+B_L) \right] \right\} \\
&= \frac{\alpha_L}{\beta_L} \left\{ (R+B_L) \frac{R+2E-B_L}{2} - \lambda B_L R - \lambda (B_L)^2 + \lambda R B_L + \lambda \frac{(B_L)^2}{2} \right\} - \alpha_L K \\
&\quad + \frac{\alpha_H}{\beta_H} \left\{ (R+B_H) \frac{R+2E-B_H}{2} - \lambda \left[B_H(R+B_H) + \frac{(R+B_L)^2}{2} \right. \right. \\
&\quad \left. \left. - \frac{(R+B_H)^2}{2} - \frac{\beta_H}{2\beta_L}(2R+B_L)B_L \right] \right\} - \alpha_H K \\
&= \frac{\alpha_L}{\beta_L} \left[(R+B_L) \frac{R+2E-B_L}{2} - \lambda \frac{(B_L)^2}{2} \right] + \frac{\alpha_H}{\beta_H} \left\{ (R+B_H) \frac{R+2E-B_H}{2} \right. \\
&\quad \left. - \lambda \left[B_H(R+B_H) + \frac{(R+B_L)^2}{2} - \frac{(R+B_H)^2}{2} - \frac{\beta_H}{2\beta_L}(2R+B_L)B_L \right] \right\} - K
\end{aligned}$$

$$\tag{12.40}$$

2. 高效率企业的最优事后补贴的均衡解

求公式(12.40)关于 B_H 的一阶条件，得到高效率企业的最优事后补贴额，即

$$\frac{\partial \mathrm{NSW}}{\partial B_{\mathrm{H}}} = \frac{\alpha_{\mathrm{H}}}{\beta_{\mathrm{H}}} \left\{ \frac{(R+2E-B_{\mathrm{H}})}{2} - \frac{1}{2}(R+B_{\mathrm{H}}) - \lambda \left[(R+B_{\mathrm{H}}) + B_{\mathrm{H}} - \frac{1}{2} \times 2 \times (R+B_{\mathrm{H}}) \right] \right\} = 0 \quad (12.41)$$

$$\Rightarrow \frac{\alpha_{\mathrm{H}}}{\beta_{\mathrm{H}}}[E - B_{\mathrm{H}} - \lambda(R + 2B_{\mathrm{H}} - R - B_{\mathrm{H}})] = 0 \Rightarrow \frac{\alpha_{\mathrm{H}}}{\beta_{\mathrm{H}}}[E - B_{\mathrm{H}}(1+\lambda)] = 0 \Rightarrow B_{\mathrm{H}}^* = \frac{E}{1+\lambda}$$

3. 低效率企业的最优事后补贴的均衡解

求公式(12.40)关于 B_{L} 的一阶条件，得到低效率企业的最优事后补贴额，即

$$\frac{\partial \mathrm{NSW}}{\partial B_{\mathrm{L}}} = \frac{\alpha_{\mathrm{L}}}{\beta_{\mathrm{L}}} \left[\frac{(R+2E-B_{\mathrm{L}})}{2} - \frac{1}{2}(R+B_{\mathrm{L}}) - \lambda B_{\mathrm{L}} \right] - \lambda \frac{\alpha_{\mathrm{H}}}{\beta_{\mathrm{H}}} \left[(R+B_{\mathrm{L}}) - \frac{\beta_{\mathrm{H}}}{2\beta_{\mathrm{L}}}(2R+2B_{\mathrm{L}}) \right] = 0$$

$$\Rightarrow \frac{\alpha_{\mathrm{L}}}{\beta_{\mathrm{L}}}[E - B_{\mathrm{L}}(\lambda+1)] - \lambda \frac{\alpha_{\mathrm{H}}}{\beta_{\mathrm{H}}}(R+B_{\mathrm{L}})\left(1 - \frac{\beta_{\mathrm{H}}}{\beta_{\mathrm{L}}}\right) = 0$$

$$\Rightarrow \frac{\alpha_{\mathrm{L}}}{\beta_{\mathrm{L}}}E - \frac{\alpha_{\mathrm{L}}}{\beta_{\mathrm{L}}}B_{\mathrm{L}}(\lambda+1) - \lambda \frac{\alpha_{\mathrm{H}}}{\beta_{\mathrm{H}}}\left(1 - \frac{\beta_{\mathrm{H}}}{\beta_{\mathrm{L}}}\right)R - \lambda \frac{\alpha_{\mathrm{H}}}{\beta_{\mathrm{H}}}\left(1 - \frac{\beta_{\mathrm{H}}}{\beta_{\mathrm{L}}}\right)B_{\mathrm{L}} = 0$$

$$\Rightarrow \frac{\alpha_{\mathrm{L}}}{\beta_{\mathrm{L}}}E - \lambda \frac{\alpha_{\mathrm{H}}}{\beta_{\mathrm{H}}}\left(1 - \frac{\beta_{\mathrm{H}}}{\beta_{\mathrm{L}}}\right)R = \frac{\alpha_{\mathrm{L}}}{\beta_{\mathrm{L}}}B_{\mathrm{L}}(\lambda+1) + \lambda \frac{\alpha_{\mathrm{H}}}{\beta_{\mathrm{H}}}\left(1 - \frac{\beta_{\mathrm{H}}}{\beta_{\mathrm{L}}}\right)B_{\mathrm{L}}$$

$$\Rightarrow B_{\mathrm{L}} = \frac{\dfrac{\alpha_{\mathrm{L}}}{\beta_{\mathrm{L}}}E - \lambda \dfrac{\alpha_{\mathrm{H}}}{\beta_{\mathrm{H}}}\left(1 - \dfrac{\beta_{\mathrm{H}}}{\beta_{\mathrm{L}}}\right)R}{\dfrac{\alpha_{\mathrm{L}}}{\beta_{\mathrm{L}}}(1+\lambda) + \lambda \dfrac{\alpha_{\mathrm{H}}}{\beta_{\mathrm{H}}}\left(1 - \dfrac{\beta_{\mathrm{H}}}{\beta_{\mathrm{L}}}\right)}$$

(12.42)

对公式(12.42)的分子分母进行通分，化简为

$$B_{\mathrm{L}} = \frac{\dfrac{\alpha_{\mathrm{L}}}{\beta_{\mathrm{L}}}E - \lambda \dfrac{\alpha_{\mathrm{H}}}{\beta_{\mathrm{H}}}\left(1 - \dfrac{\beta_{\mathrm{H}}}{\beta_{\mathrm{L}}}\right)R}{\dfrac{\alpha_{\mathrm{L}}}{\beta_{\mathrm{L}}}(1+\lambda) + \lambda \dfrac{\alpha_{\mathrm{H}}}{\beta_{\mathrm{H}}}\left(1 - \dfrac{\beta_{\mathrm{H}}}{\beta_{\mathrm{L}}}\right)} = \frac{\dfrac{\alpha_{\mathrm{L}}}{\beta_{\mathrm{L}}}E - \lambda \dfrac{\alpha_{\mathrm{H}}}{\beta_{\mathrm{H}}}R + \lambda \dfrac{\alpha_{\mathrm{H}}}{\beta_{\mathrm{L}}}R}{\dfrac{\alpha_{\mathrm{L}}}{\beta_{\mathrm{L}}} + \dfrac{\alpha_{\mathrm{L}}}{\beta_{\mathrm{L}}}\lambda + \lambda \dfrac{\alpha_{\mathrm{H}}}{\beta_{\mathrm{L}}} - \lambda \dfrac{\alpha_{\mathrm{H}}}{\beta_{\mathrm{H}}}} = \frac{E\alpha_{\mathrm{L}}\beta_{\mathrm{H}} - \lambda \alpha_{\mathrm{H}}\beta_{\mathrm{L}}R + \lambda \alpha_{\mathrm{H}}\beta_{\mathrm{H}}R}{\alpha_{\mathrm{L}}\beta_{\mathrm{H}} + \alpha_{\mathrm{L}}\beta_{\mathrm{H}}\lambda + \alpha_{\mathrm{H}}\beta_{\mathrm{L}}\lambda - \lambda \alpha_{\mathrm{H}}\beta_{\mathrm{H}}}$$

$$= \frac{E\alpha_{\mathrm{L}}\beta_{\mathrm{H}}}{\alpha_{\mathrm{L}}\beta_{\mathrm{H}} + \alpha_{\mathrm{L}}\beta_{\mathrm{H}}\lambda + \lambda \alpha_{\mathrm{H}}\beta_{\mathrm{L}} - \lambda \alpha_{\mathrm{H}}\beta_{\mathrm{H}}} - \frac{R\lambda \alpha_{\mathrm{H}}\beta_{\mathrm{L}} - R\lambda \alpha_{\mathrm{H}}\beta_{\mathrm{H}}}{\alpha_{\mathrm{L}}\beta_{\mathrm{H}} + \alpha_{\mathrm{L}}\beta_{\mathrm{H}}\lambda + \lambda \alpha_{\mathrm{H}}\beta_{\mathrm{L}} - \lambda \alpha_{\mathrm{H}}\beta_{\mathrm{H}}}$$

(12.43)

对公式(12.43)的分子分母同除以 $\alpha_{\mathrm{L}}\beta_{\mathrm{H}}$ 得

$$B_{\mathrm{L}} = \frac{E\alpha_{\mathrm{L}}\beta_{\mathrm{H}}}{\alpha_{\mathrm{L}}\beta_{\mathrm{H}} + \alpha_{\mathrm{L}}\beta_{\mathrm{H}}\lambda + \lambda \alpha_{\mathrm{H}}\beta_{\mathrm{L}} - \lambda \alpha_{\mathrm{H}}\beta_{\mathrm{H}}} - \frac{R\lambda \alpha_{\mathrm{H}}\beta_{\mathrm{L}} - R\lambda \alpha_{\mathrm{H}}\beta_{\mathrm{H}}}{\alpha_{\mathrm{L}}\beta_{\mathrm{H}} + \alpha_{\mathrm{L}}\beta_{\mathrm{H}}\lambda + \lambda \alpha_{\mathrm{H}}\beta_{\mathrm{L}} - \lambda \alpha_{\mathrm{H}}\beta_{\mathrm{H}}}$$

$$= \frac{E}{1 + \lambda + \lambda \dfrac{\alpha_{\mathrm{H}}\beta_{\mathrm{L}}}{\alpha_{\mathrm{L}}\beta_{\mathrm{H}}} - \lambda \dfrac{\alpha_{\mathrm{H}}}{\alpha_{\mathrm{L}}}\dfrac{\beta_{\mathrm{H}}}{\beta_{\mathrm{H}}}} - \frac{R\lambda \dfrac{\alpha_{\mathrm{H}}\beta_{\mathrm{L}}}{\alpha_{\mathrm{L}}\beta_{\mathrm{H}}} - R\lambda \dfrac{\alpha_{\mathrm{H}}\beta_{\mathrm{H}}}{\alpha_{\mathrm{L}}\beta_{\mathrm{H}}}}{1 + \lambda + \lambda \dfrac{\alpha_{\mathrm{H}}\beta_{\mathrm{L}}}{\alpha_{\mathrm{L}}\beta_{\mathrm{H}}} - \lambda \dfrac{\alpha_{\mathrm{H}}\beta_{\mathrm{H}}}{\alpha_{\mathrm{L}}\beta_{\mathrm{H}}}}$$

(12.44)

$$= \frac{E}{1 + \lambda + \lambda \alpha_{\mathrm{H}} \dfrac{\beta_{\mathrm{L}} - \beta_{\mathrm{H}}}{\alpha_{\mathrm{L}}\beta_{\mathrm{H}}}} - \frac{R\lambda \alpha_{\mathrm{H}} \dfrac{\beta_{\mathrm{L}} - \beta_{\mathrm{H}}}{\alpha_{\mathrm{L}}\beta_{\mathrm{H}}}}{1 + \lambda + \lambda \alpha_{\mathrm{H}} \dfrac{\beta_{\mathrm{L}} - \beta_{\mathrm{H}}}{\alpha_{\mathrm{L}}\beta_{\mathrm{H}}}}$$

令

$$\theta = \frac{\lambda \alpha_H (\beta_L - \beta_H)}{\alpha_L \beta_H} \tag{12.45}$$

将公式(12.45)代入公式(12.44)，替换相同项，得到对低效率企业的最优事后补贴额，即

$$B_L^* = \frac{E}{1+\lambda+\theta} - \theta \frac{R}{1+\lambda+\theta} \tag{12.46}$$

显然，

$$B_H^* = \frac{E}{1+\lambda} > B_L^* = \frac{E-\theta R}{1+\lambda+\theta} \tag{12.47}$$

12.3 基本结论

第一，政府对高效率企业的创新事后补贴高于对低效率企业的创新事后补贴。因为 $\beta_L > \beta_H$，所以 $\theta = \frac{\lambda \alpha_H (\beta_L - \beta_H)}{\alpha_L \beta_H} > 0$，那么显然有 $B_L^* = \frac{E}{1+\lambda+\theta} - \theta \frac{R}{1+\lambda+\theta} < B_H^* = \frac{E}{1+\lambda}$。

第二，政府对低效率企业很可能没有创新事后补贴。从公式(12.47)的结论看，虽然 $B_H^* > 0$，但是有可能有 $B_L^* < 0$。特别是当 $E < R$ 时，一定有 $B_L^* < 0$。因此，在本章的模型下，从社会净收益的角度看，可能出现政府对低效率企业不仅没有事后补贴，而且对高成本参数、低效率的 L 型企业参与创新活动一旦成功，还可能征税。因此，政府层面不鼓励，甚至可能阻止低效率的企业参与创新活动。

第三，政府采取事前补贴的政策难以操作。从本章论证的情况看，公式(12.38)、公式(12.39)所表达的事前补贴 A_L、A_H 均有可能小于零，即政府为了事后补贴，有可能提前向创新企业索取加入创新计划的保证金，以保证事后补贴资金的来源。而企业创新活动的不确定性，使风险规避的企业往往规避创新，因此，很可能不参加创新计划，特别是低效率企业，事后补贴也会出现 $A_L^* < 0$。政府以社会总收益最大为目标的创新补贴，更有利于高效率企业。

第四，如果政府按照社会收益最大为目的，那么西部地区由于创新系统效率低，企业的创新活动将很难获得政府充分补贴。

第五，根据本章的研究逻辑，只有从政策上使政府的补贴资金在东、西部地区实施配额制，保证西部创新活动的资金切实到位，才能真正贯彻国家创新战略。

第 13 章　技术创新政策的理论与西部创新政策特征

现代制造业体系的创新必须与科学研究紧密结合。本书的研究也证明了，创新体系的差异会导致创新活动乃至经济活动在区域间的进一步分化。在第 11 章的实证研究和第 12 章的理论研究都已经证明，在市场机制作用下，宏观层面全国统一的技术创新政策，在西部的区域性效果并不明显，那么怎样构建西部技术创新的政策体系才是有效的呢？

13.1　技术创新政策内涵和效果的理论

创新政策不是创新过程本身，而是促进市场主体创新的杠杆和工具。考虑到技术创新包含科技发明和技术成果商业化两个阶段，英国学者 Rothwell 和 Zegveld(1981)认为，技术创新政策不是一个独立的概念，是由科技政策和产业政策共同构成的，是一个具有整合性的概念。Rothwell 和 Zegveld(1981)从政策实施工具的角度将技术创新政策分为 3 类：第一，针对需求方需要而实施的政策工具；第二，针对供给方而实施的政策；第三，关于技术创新的环境而颁布的政策。本书关于西部创新政策效果评价中对政策的分类，也采用了 Rothwell 和 Zegveld 的方法。

我国学者也有关于技术创新政策内涵的相关探讨。连燕华(1999)、陈劲和王飞绒(2005)赞同 Rothwell 和 Zegveld 的观点，认为技术创新政策应当是一个政策体系，是公共管理部门为了规范和引导企业在技术创新活动中的各种行为，而拟定和执行的各种直接的或者间接的措施和政策的总和。因此，技术创新政策并不是技术政策和科学政策的简单结合，更不是隶属于产业政策的子政策系，而是涉及技术创新活动各方面的各种措施的集合。

Ergas 在研究西欧多国技术创新政策时认为，技术创新政策可以大体分为两类：使命引致型技术创新政策和分散引致型技术创新政策。使命引致型技术创新政策的特点是：技术创新政策在拟定、施行和评估过程中体现出集中性，如美、英、法三国的技术创新政策。分散引致型技术创新政策体现出的是边际改进特点，如德国、瑞典、瑞士三国则属于分散引致型(范柏乃等，2012)。Cantner 和 Pyka(2001)从政策演化的角度，提出按照政策与市场的紧密程度和政策的特定性的分析框架，将技术创新政策分为基础研究 I 型和 II 型。

总之，学术界对技术创新政策虽然有归纳，但是没有一个统一和明确的定义，目前学术界共识度高的观点是 OECD(1982)归纳的概念特征：技术创新政策与两个方面存在密切关系，第一，创新政策与公共部门对经济发展问题上的认识程度高度相关；第二，与本地区的科学技术政策有关系。制定与提供技术创新政策的目的，是将科技政策和社会政策、经济政策和产业政策形成一个有机的整体，提高政策的效率。与本书的研究一样，创新政策应当包含鼓励研发的科技政策与促进科技成果产业化的政策。

13.2 西部传统制造业技术创新政策的方向

如果是市场对资源配置起决定性作用，那么政策的作用在很大程度上是弥补市场失灵。创新政策必须能够促进创新体系的构建与良性运作，而促进西部地区的创新政策也有自己的特征。2020年5月，《中共中央 国务院关于新时代推进西部大开发形成新格局的指导意见》（后文简称《指导意见》）中指出："以创新能力建设为核心，加强创新开放合作，打造区域创新高地。完善国家重大科研基础设施布局，支持西部地区在特色优势领域优先布局建设国家级创新平台和大科学装置。"这就为大力改善西部创新系统提供了政策支持。西部应当抓住这个重大契机，从以下方面加快发展。

13.2.1 继续实施西部产业发展政策、产业转移政策，构建西部创新基础

《指导意见》强调，要"充分发挥西部地区比较优势，推动具备条件的产业集群化发展，在培育新动能和传统动能改造升级上迈出更大步伐，促进信息技术在传统产业广泛应用并与之深度融合，构建富有竞争力的现代化产业体系。"

第一，只有实施产业政策加快西部优势制造业发展，才能构建与完善西部创新体系。政府首先要通过产业政策支持西部增加经济总量，维护西部创新系统循环的基础生产规模。产业政策主要是后发国家和地区，在实施赶超战略时，按照先行国的产业结构升级路径，引导资源向引领性的主导产业配置，以期通过主导产业的关联效应迅速构建生产体系，这是任何国家和地区内生技术创新的系统性基础。

第二，加快发展西部制造业，实现西部产业结构高端化，是西部制造业创新的结构性基础。最新的研究结果证明，正是制造业的复杂性，而不是经济规模决定了一国的长期经济增长。西部地区还有加快工业化、发展先进制造业和工业化深入、产业结构高级化的巨大空间。

如果西部不加快发展先进制造业，不尽快迈过内生创新的阶段性阈值，则经济系统中技术创新的动力就会弱于投资的动力，很难形成不断创新的系统性循环，规模性的自主创新就更加滞后。西部地区特别是在科学研究、基础创新、关键共性技术等方面与东部差别较大，西部发展相对滞后的部分省份的经济要素还在不断流出，创新系统持续弱化。因此，如果区域内部有限的资源过早地向西部研发活动配置，不仅会出现"过早去工业化"现象（Rodrik，2016），影响西部经济长期持久的发展；而且研究成果会流向东部。对西部来说，只能在发展中实现创新。

产业转移是我国宏观战略层面的总体布局，进入21世纪以来对西部产业体系的形成起到了重大作用。我国的产业转移政策不仅能够支持西部迅速构建制造业体系和规模，而且能够在全国范围内实现资源的区域性优化配置。更为重要的是，向西部转移的产业能够支持西部尽快提升技术基础，形成内生创新动力的西部创新系统，为传统制造业的转型升级奠定轨迹。

13.2.2　西部创新政策的重点环节是促进科技成果产业化

从新技术的诞生到主导产业生产过程来看,即使新的主导技术体系形成了,一个新的技术经济范式的构建也还需要3个条件:一是新技术的核心投入要素的低价获得性;二是基础设施对新技术的效率支持;三是适应新技术的生产体制的变迁(中国社会科学院工业经济研究所,2017)。技术创新包括了科技成果的诞生和商业化,所以创新系统也包括科技研发系统和促进科技成果转化的科技服务系统。如果创新系统是成熟的、完善的,那么内生于经济系统的新技术会经过克莱恩和罗森伯格的链环-回路模型完成市场化过程,并形成新的经济范式。

在以引进吸收再创新为主的创新路径的战略下,相对于东部,西部更为重要的是新技术的商业化过程。因此,要鼓励西部加快科技服务体系的构建,帮助已经成为主导技术的适用性技术向企业扩散。《指导意见》提出要"加快在西部具备条件的地区创建国家自主创新示范区、科技成果转移转化示范区等创新载体。进一步深化东西部科技创新合作,打造协同创新共同体。"要实现这一点,必须加快西部科技信息服务体系的建设。此外,共性技术研发服务是解决科学向技术转化的桥梁,对西部地区而言,技术扩散服务是完成共性技术应用的支撑体系。

13.2.3　西部技术创新政策应当聚焦于兼容当代主导性信息化技术

社会经济演化过程有着清晰的模式和路径,它取决于技术创新、社会文明、经济发展、体制框架和教育文化的水平。但是,技术创新的过程不是均衡平稳的(克里斯·弗里曼和弗朗西斯科·卢桑,2007):一方面,有技术成果"蜂聚"阶段导致的重大创新,即全新的主导性技术进入经济社会系统并主导经济过程,直到下一轮技术长波中又被另一个全新技术体制代替;另一方面,技术也有渐进性的无限边际改进,但是,核心都是新技术的应用。在一次重大创新引领的经济长波中,后发地区实施产业政策促进新技术主导的某个产业的发展,以实现赶超。特别是主导技术具有高度通用性时,为了融入主导技术体系,创新政策就应当将资源向主导技术配置,融入主导技术体系。

《指导意见》指出"推动形成现代化产业体系。充分发挥西部地区比较优势,推动具备条件的产业集群化发展,在培育新动能和传统动能改造升级上迈出更大步伐,促进信息技术在传统产业广泛应用并与之深度融合,构建富有竞争力的现代化产业体系""推动发展现代制造业和战略性新兴产业。积极发展大数据、人工智能和'智能+'产业,大力发展工业互联网。"虽然,西部产业结构有区域性特征,但是在经济一体化的背景下,技术基础必须与共性技术体系兼容,才能真正进入经济体系。新工业革命中的主导技术体系中,与制造业效率直接相关的是数字技术、新一代互联网技术和人工智能技术,这些技术也是西部地区传统制造业转型升级的目标性技术基础。因此,西部创新政策应当直接鼓励传统制造业数字化、信息化和智能化。

13.2.4　增加支持西部公共研发投资，构建西部优势产业的高水平研究院

一国的科技体系主要包括 3 个方面：科技基础设施、公共技术研发服务和技术扩散服务。科技基础设施主要是国家实验室，是一国或地区创新系统的骨干性架构。西部地域广袤、省份较多，发展空间大，经济体系相对复杂。如果缺乏国家实验室，仅靠引进技术，就缺乏具有辐射力的科技创新基础和平台，缺乏未来自主创新的中心。因此，应当支持西部大型企业建立高水平研究院，构建西部创新体系的基本架构，实现《指导意见》提出的"支持西部地区在特色优势领域优先布局建设国家级创新平台和大科学装置"的建议。

参 考 文 献

埃尔玛·沃夫斯岱特, 2003. 高级微观经济学——产业组织理论、拍卖和激励理论[M]. 范翠红, 译. 上海: 上海财经大学出版社.

埃里克·弗鲁博顿, 鲁道夫·芮切特, 2006. 新制度经济学: 一个交易费用分析范式[M]. 姜建强, 罗长远, 译. 上海: 上海人民出版社.

安虎森, 何文, 2012. 区域差距内生机制与区域协调发展总体思路[J]. 探索与争鸣(7): 47-50.

保尔·芒图, 1983. 十八世纪产业革命: 英国近代大工业初期的概况[M]. 杨人楩, 陈希秦, 吴绪, 译. 北京: 商务印书馆.

陈劲, 王飞绒, 2005. 创新政策: 多国比较和发展框架[M]. 杭州: 浙江大学出版社.

戴维·贝赞可, 戴维·德雷诺夫, 马克·尚利, 1999. 公司战略经济学[M]. 武亚军, 译. 北京: 北京大学出版社.

道格拉斯·诺斯, 罗伯斯·托马斯, 1989. 西方世界的兴起[M]. 厉以平, 蔡磊, 译. 北京: 华夏出版社.

邓洲, 2014. 新工业革命与中国工业发展——"第二届中国工业发展论坛暨《中国工业发展报告2013》发布会"综述[J]. 中国工业经济(3): 70-79.

杜朝晖, 2017. 经济新常态下我国传统产业转型升级的原则与路径[J]. 经济纵横(5): 61-68.

范柏乃, 段忠贤, 江蕾, 2012. 创新政策研究述评与展望[J]. 软科学(11): 43-47.

范柏乃, 段忠贤, 江蕾, 2013. 中国自主创新政策——演进、效应与优化[J]. 中国科技论坛(9): 5-12.

范红忠, 2007. 有效需求规模假说、研发投入与国家自主创新能力[J]. 经济研究(3): 33-44.

方福前, 邢炜, 2017. 经济波动、金融发展与工业企业技术进步模式的转变[J]. 经济研究, 52(12): 76-90.

菲利普·阿吉翁, 彼得·霍依特, 2004. 内生增长理论[M]. 陶然, 倪彬华, 汪柏林, 等译. 北京: 北京大学出版社.

福克讷, 1964. 美国经济史(下卷)[M]. 王锟, 译. 北京: 商务印书馆出版.

傅家骥, 1998. 技术创新学[M]. 北京: 清华大学出版社.

盖瑞·J.米勒, 2002. 管理困境——科层的政治经济学[M]. 王勇, 赵莹, 高笑梅, 等译. 上海: 上海三联书店, 上海人民出版社.

高德步, 王钰, 2011. 世界经济史[M]. 北京: 中国人民大学出版社.

顾夏铭, 陈勇民, 潘士远, 2018. 经济政策不确定性与创新——基于我国上市公司的实证分析[J]. 经济研究, 53(2): 109-123.

郭克莎, 2005. 我国技术密集型产业发展的趋势、作用和战略[J]. 产业经济研究(5): 1-12.

黄群慧, 2016. 以供给侧结构性改革完善制造业创新生态[N]. 光明日报, [2016-04-27].

黄群慧, 贺俊, 2013. "第三次工业革命"与中国经济发展战略调整——技术经济范式转变的视角[J]. 中国工业经济(1): 5-18.

黄群慧, 贺俊, 2015. 中国制造业的核心能力、功能定位与发展战略——兼评《中国制造2025》[J]. 中国工业经济(6): 5-17.

黄群慧, 刘湘丽, 邓洲, 等, 2014. 新工业革命塑造全球竞争新格局[J]. 电气时代(11): 44-45.

基莫·哈尔默, 伊拉里·林迪, 卡勒·比拉宁, 等, 2016. 芬兰模式: 创新政策和治理经验[M]. 王景丽, 卜荣露, 译. 上海: 上海交通大学出版社.

加里·M.沃尔顿, 休·罗考夫, 2011. 美国经济史[M]. 王珏, 吴紫岚, 侯锦慎, 等译. 北京: 中国人民大学出版社.

贾根良, 2017. 美国学派与美国19世纪内需主导型工业化道路研究[M]. 北京: 中国人民大学出版社.

蒋绚, 2017. 制度、政策与创新体系建构: 韩国政府主导型发展模式与启示[J]. 公共行政评论, 10(6): 86-110, 211.

蒋樟生, 2011. 产业技术创新联盟稳定性管理——基于知识转移视角[M]. 北京: 中国经济出版社.

杰里米·阿塔克, 彼得·帕塞尔, 2000a. 新美国经济史: 从殖民地时期到1940年(上)[M]. 罗涛, 等译. 北京: 中国社会科学出版社.

杰里米·阿塔克, 彼得·帕塞尔, 2000b. 新美国经济史——从殖民地时期到1940年(下)[M]. 罗涛, 等译. 北京: 中国社会科学出版社.

杰里米·里夫金, 2012. 第三次工业革命: 新经济模式如何改变世界[M]. 张体伟, 孙豫宁, 译. 北京: 中信出版社.

金碚, 2014. 工业的使命和价值——中国产业转型升级的理论逻辑[J]. 中国工业经济(9): 51-64.

金碚, 2015. 世界工业革命的缘起、历程与趋势[J]. 南京政治学院学报, 31(1): 41-49, 140-141.

金志霖, 2007. 13世纪产业革命及其影响初探[J]. 史林(5): 128-135, 191.

克拉潘, 1986. 现代英国经济史(上卷)[M]. 姚曾廙, 译. 北京: 商务印书馆.

克里斯·弗里曼, 弗朗西斯科·卢桑, 2007. 光阴似箭——从工业革命到信息革命[M]. 沈宏亮, 译. 北京: 中国人民大学出版社.

克里斯托夫·弗里曼, 2008. 技术政策与经济绩效: 日本国家创新系统的经验[M]. 张宇轩, 译. 南京: 东南大学出版社.

克里斯·弗里曼, 卢克·苏特, 2004. 工业创新经济学[M]. 华宏勋, 华宏慈, 等译. 北京: 北京大学出版社.

匡跃辉, 2005. 科技政策评估: 标准与方法[J]. 科学管理研究(6): 62-65, 79.

赖建诚, 2011. 经济史的趣味[M]. 杭州: 浙江大学出版社.

李柏洲, 罗小芳, 苏屹, 2014. 企业产学研合作原始创新系统的演化机制[J]. 哈尔滨工程大学学报, 35(5): 654-660.

李晨光, 张永安, 2014. 区域创新政策对企业创新效率影响的实证研究[J], 科研管理, 35(9): 25-35.

李友东, 赵道致, 2014. 考虑政府补贴的低碳供应链研发成本分摊比较研究[J]. 软科学, 28(2): 21-31.

李佐军, 2015. 中国还有巨大的"结构优化生产力"[N]. 中国经济时报-中国经济新闻网, [2015-03-27].

厉以宁, 2010. 工业化和制度调整——西欧经济史研究[M]. 北京: 商务印书馆.

厉以宁, 2016. 厉以宁讲欧洲经济史[M]. 北京: 中国人民大学出版社.

连燕华, 1999. 关于技术创新政策体系的思考[J]. 科学学与科学技术管理(4): 12-14.

林毅夫, 2007. 潮涌现象与发展中国家宏观经济理论的重新构建[J]. 经济研究(1): 126-131.

蔺洁, 陈凯华, 秦海波, 等, 2015. 中美地方政府创新政策比较研究——以中国江苏省和美国加州为例[J]. 科学学研究, 33(7): 999-1007.

刘磊, 李海燕, 庞遥遥. 2013. 企业技术创新与政府补贴行为间关系的实证研究——基于创业板上市公司的经验证据[J]. 技术经济, 32(12): 21-24, 110.

吕明洁, 2009. 我国自主创新政策绩效评价的DEA分析——以上海市高新技术产业为例[J]. 经济论坛(20): 63-65.

吕政, 2006a. 增强自主创新能力是系统工程[N]. 人民日报, [2006-02-27].

吕政, 2006b. 自主创新与产业安全[N]. 光明日报, [2006-08-07].

马丁·雅尼克, 克劳斯·雅各布, 2013. 第三次工业革命的内涵[J]. 黄丽梅, 译. 国际研究参考(6): 4.

马克斯·韦伯, 2006. 经济通史[M]. 姚曾廙, 译. 上海: 上海三联书店.

马克垚, 2020. 西欧封建经济形态研究[M]. 北京: 商务印书馆.

马西莫·莫塔, 2006. 竞争政策——理论与实践[M]. 沈国华, 译. 上海: 上海财经大学出版社.

曼塞·G. 布莱克福德, 2001. 西方现代企业的兴起[M]. 锁箭, 译. 北京: 经济管理出版社.

孟卫军, 张子健, 2010. 供应链企业间产品创新合作下的政府补贴策略[J]. 系统工程学报, 25(3): 359-364.

苗圩, 2015. 打造新常态下工业升级版[J]. 现代企业(1): 4-5.

苗圩, 2016. "互联网+双创+中国制造2025"将催生一场新工业革命[J]. 中国经贸导刊(13): 9-11.

罗纳德·H. 科斯, A. 阿尔钦, D. 诺斯, 2004.财产权利与制度变迁[M]. 刘守英, 等译. 上海: 上海三联书店, 上海人民出版社.

参考文献

内森·罗森堡, L. E.小伯泽尔, 2009. 西方现代社会的经济变迁[M]. 曾刚, 译. 北京: 中信出版社.

彭富国, 2003. 中国地方技术创新政策效果分析[J]. 研究与发展管理(3): 17-21.

彭红星, 王国顺, 2018. 中国政府创新补贴的效应测度与分析[J]. 数量经济技术经济研究, 35(1): 77-93.

皮埃尔·莱昂, 1985. 世界经济与社会史——二十世纪后半期[M]. 谢荣康, 等译. 上海: 上海译文出版社.

平力群, 2016. 日本科技创新政策形成机制的制度安排[J]. 日本学刊(5): 106-127.

平新乔, 2001. 微观经济学十八讲[M]. 北京: 北京大学出版社.

钱纳里, 鲁滨逊, 赛尔奎因, 1989. 工业化和经济增长的比较研究[M]. 上海: 上海三联书店.

钱纳里, 赛尔昆, 1988. 发展的型式 1950—1970[M]. 北京: 经济科学出版社.

让-雅克·拉丰, 大卫·马赫蒂摩, 2006. 激励理论:委托-代理模型[M]. 陈志俊, 等译. 北京: 中国人民大学出版社.

斯蒂芬·马丁, 2003. 高级产业经济学[M]. 史东辉, 等译. 上海: 上海财经大学出版社.

速水佑次郎, 2003. 发展经济学——从贫困到富裕[M]. 李周, 译. 北京: 社会科学文献出版社.

孙浩林, 2018. 德国研究与创新政策新目标和重点[J]. 科技中国(8): 96-98.

泰勒尔, 1996. 产业组织理论[M]. 张维迎, 译. 北京: 中国人民大学出版社.

唐德森, 2015. 基于产学研技术创新联盟模式的创新绩效作用机理分析与测算[J]. 统计与决策(9): 71-74.

田力普, 2005. 知识产权保护是自主创新的重要环节[N]. 经济日报, [2005-12-09].

瓦科拉夫·斯米尔, 2014. 美国制造: 国家繁荣为什么离不开制造业[M]. 李凤海, 刘寅龙, 译. 北京: 机械工业出版社.

万钢, 2017. 践行创新发展, 建设科技强国[N]. 学习时报, [2017-10-18].

汪秋明, 韩庆潇, 杨晨, 2014. 战略性新兴产业中的政府补贴与企业行为——基于政府规制下的动态博弈分析视角[J]. 财经研究, 40(7): 43-53.

王茂林, 2016. 新理念、新经济、新动能——迎接第四次工业革命浪潮[N]. 经济参考报, [2016-07-01].

王敏, 伊藤亚圣, 李卓然, 2017. 科技创新政策层次、类型与企业创新——基于调查数据的实证分析[J]. 科学学与科学技术管理, 38(11): 20-30.

王青, 冯宗宪, 侯晓辉, 2010. 自主创新与技术引进对我国技术创新影响的比较研究[J]. 科学学与科学技术管理, 31(6): 66-71.

王文华, 张卓, 2013. 金融发展、政府补贴与研发融资约束——来自 A 股高新技术上市公司的经验证据[J]. 经济与管理研究(11): 51-57.

王耀德, 艾志红, 2015. 基于信号博弈的产学研协同创新的技术转移模型分析[J]. 科技管理研究, 35(12): 23-27.

王一卉, 2013. 政府补贴、研发投入与企业创新绩效——基于所有制、企业经验与地区差异的研究[J]. 经济问题探索(7): 138-143.

吴晓波, 朱克力, 2015. 读懂中国制造 2025[M]. 北京: 中信出版集团.

薛澜, 柳卸林, 穆荣平, 等. 2011. OECD 中国创新政策研究报告[M]. 北京: 科学出版社.

亚历山大·格申克龙, 2009. 经济落后的历史透视[M]. 张凤林, 译. 北京: 商务印书馆.

因内思·马克-斯达德勒, J.大卫·佩雷斯-卡斯特里罗, 2005. 信息经济学引论: 激励与合约[M]. 管毅平, 译. 上海: 上海财经大学出版社.

殷梦玲, 2018. 创新补贴对科技型中小企业技术创新的影响研究——基于不同补贴方式的分析[J]. 北京邮电大学学报(社会科学版), 20(2): 58-68.

余泳泽, 张先轸, 2015. 要素禀赋、适宜性创新模式选择与全要素生产率提升[J]. 管理世界(9): 13-31, 187.

俞舟, 2014. 基于声誉模型的产学研联盟稳定性研究[J]. 科技管理研究, 34(9): 161-165.

俞宙明, 2016. 德国科研创新政策的欧洲维度[J]. 德国研究 31(2): 57-69, 130-131.

约翰•S. 戈登, 2005. 财富的帝国[M]. 董宜坤, 译. 北京: 中信出版社.

张杰, 陈志远, 杨连星, 等, 2015. 中国创新补贴政策的绩效评估: 理论与证据[J]. 经济研究, 50(10): 4-17, 33.

张丽娟, 袁珩, 2018. 2017年俄罗斯科技创新政策综述[J]. 全球科技经济瞭望, 33(1): 14-19.

张密生, 2012. 科学技术史[M]. 武汉: 武汉大学出版社.

张望, 2014. 技术差距、政府补贴与企业自主创新强度[J]. 贵州财经大学学报(2): 79-90.

赵昌文, 2016. "十三五"时期中国产业发展新动向[J]. 财经问题研究(3): 27-34.

赵立行, 2004. 商人阶层的形成与西欧社会转型[M]. 北京: 中国社会科学出版社.

赵莉晓, 2014. 创新政策评估理论与方法研究——基于公共政策评估逻辑框架的视角[J]. 科学学研究, 32(2): 195-202.

植草益, 等, 2000. 日本的产业组织: 理论与实证的前沿[M]. 锁箭, 译. 北京: 经济管理出版社.

中国经济增长与宏观稳定课题组, 2010. 资本化扩张与赶超型经济的技术进步[J]. 经济研究(15): 43-47.

中国社会科学院工业经济研究所, 2010. 中国工业发展报告(2010)[M]. 北京: 经济管理出版社.

中国社会科学院工业经济研究所, 2011. 中国工业发展报告(2011)[M]. 北京: 经济管理出版社.

中国社会科学院工业经济研究所, 2014. 中国工业发展报告(2014)[M]. 北京: 经济管理出版社.

中国社会科学院工业经济研究所, 2017. 中国工业发展报告(2017)[M]. 北京: 经济管理出版社.

朱•弗登博格, 让•梯诺尔, 2004. 博弈论[M]. 黄涛, 等译. 北京: 中国人民大学出版社.

Abernathy W J, Utterback J M, 1978. Patterns of industrial innovationg[J]. Technology Review, 80(7): 2-9.

Abramovitz M, David PA, 1994. Convergence and Deferred Catch-up Productivity Leadership and the Wanting of American Exceptionalisim[M]. CEPER Publication: Stabford: Stabford University Press.

Acemoglu D, 2002. Directed technical change[J]. The Review of Economic Studies, 69(4): 781-809.

Acemoglu D, Linn J, 2004. Market size in innovation: theory and evidence from the pharmaceutical industry[J]. The Quarterly Journal of Economics, 119(3): 1049-1090.

Amsden A H, 1989. Asia's Next Giant: South Korea and Late Industrialization[M]. New York: Oxford University Press.

Arimoto S, 1984. Bettering operation of robotics by learning[J]. Journal of Robot systems(2): 123-140.

Arrow K J, 1962. The economic implications of "learning-by-doing"[J]. The Review of Economic Studies, 29(3): 155-173.

Aschhoff B, 2009. The effect of R&D Project Subsidies on R&D revisited-the role of firm's subsidy history and subsidy size. U. S.[J]. Department of Energy Office of Energy Efficiency and Renewable Energy (9): 32.

Bell M, Pavitt K, 1993. Technological accumulation and industrial growth: Contrasts between developed and developing countries[J]. Industrial and Corporate Change, 2(2): 1715-1734.

Besanko D, Spulbler D, 1992. Sequential equilibrium by a regulated firm[J]. RAND Journal of Economics, Summer: 153-170.

Boppart T, Weiss F J, 2012. Structural change, market size and sector specific endogenous growth[M]// Degit Conference Papers. DEGIT, Dynamics, Economic Growth, and International Trade.

Brezis E S, Krugman P R, Tsidion D, 1993. Leapfrogging: A theory of cycles in national technological leadership[J]. American Economic Review(5): 1211 1219.

Cantner U, Pyka A, 2001. Classifying technology policy from an evolutionary perspective[J]. Research Policy, 30(5): 759-775.

Chandler A, 1977. The Visible Hand: the Managerial Revolution in American Business[M]. The Belknap Press of Harvard University Press.

Crafts N F R, 1977. Industrial revolution in england and france: Some thoughts on the question, "Why was england first"[J]. Economic History Review(30): 429-441.

参考文献

Crafts N, 2004. Steam as a general purpose technology: A growth accounting perspective[J]. Economic Journal, 114(495): 338-351.

Eaton B C, White W D, 1982. Agent compensation and the limits of bonding[J]. Economic Inquiry, 20(3): 330-343.

Enos J I, 1962. Petroleum Progress and Profits: a History of Process Innovation[M]. Cambrige, MA: MIT, Press.

Farrell J, Shapiro C, 1990. Asset ownership and market structure in oligopoly[J]. Rand Journal of Economics(21): 275-292.

Fogel R W, 1962. A quantitative approach to the study of railroads in American economic growth: A report of some preliminary findings[J]. The Journal of Economic History, 22(2): 163-197.

G. M.·格罗斯曼, E. 赫尔普曼, 2009. 全球经济中的创新与增长[M]. 何帆, 牛勇平, 唐迪, 译. 北京: 中国人民大学出版社.

Gereffi G, 1999. International trade and industrial upgrading the apparel commodity chain[J]. Journal of International Economics, 48(1): 37-77.

Gibbons M, Johnston R, 1974. Theroles of science in technological innovation[J]. Research Policy, 3(3): 220-242.

Gort M, Klepper S, 1982. Time paths in the diffusion of product innovation[J]. The Economic Journal, 92(367): 630-653.

Grossman S J, Hart O, 1986. The costs and benefits of ownership: A theory of vertical and lateral integration[J]. Journal of Political Economy(94): 691-719.

Grove A, 2010. How America can create jobs[OL]. Bloomberg Business Week, July 1, http://www.businessweek.com/magazine/content/10-28/b4186048358596. Htm, [2021-08-03].

H. J. 哈巴库克, M. M. 波斯坦, 2002. 剑桥欧洲: 经济史(第六卷)工业革命及其以后的经济发展: 收入、人口及技术变迁[M]. 王春法, 等译. 北京: 经济科学出版社.

H. N. 沙伊贝, H. G. 瓦特, H. U. 福克纳, 1983. 近百年美国经济史[M]. 彭松建, 等译. 北京: 中国社会科学出版社.

Henderson J, 2005. Global production networks, competition, regulation and poverty reduction: policy implications[J]. Centre on Regulation and Competition Working Paper, 74(7):2161-2170.

Lall S, 1987. Learning to Industrialize, Acquisition of Technological Capability by India[M]. London: The Macmillan Press.

Lambson V E, 1991. Industry evolution with sunk costs and uncertain market conditions[J]. International Journal of Industrial Organization(9): 171-196.

Landes D S, 1969. The unbound prometheus: Technological change and industrial development in Western Europe from 1750 to the present[M]. Cambridge: Cambridge University Press.

M. M. 波斯坦, H. J. 哈巴库克, 2002. 剑桥欧洲经济史(第一卷): 中世纪的农业生活[M]. 王春法, 等译. 北京: 经济科学出版社.

Macho-Stadler I, Martinez-Giralt, Pérez-Castrillo J D, 1996. The role of information in licensing contract design[J]. Research Policy, 25(1): 43-57.

Nelson D, Frederick W, 1980. Taylor and the rise of scientific management[M]. Madison: University of Wisconsin Press.

Nelson R R, Pheleps E S, 1966. Investment in humans, technological diffusion and economic growth[J]. American Economic Review, 56(2): 69-76.

Nelson R R, Winter S G, 1977. In search of a useful theory of innovation[J]. Research Policy(1): 36-76.

Nelson R R, Winter S G, 1982. An evolutionary theory of economic change[M]. Massachusetts: Harvard University Press.

OECD, 1982. Innovation policy[R]. Paris: OECD.

Price D, 1963. Littl Science, Big Science[M]. New York: Columbia University Press.

Rodrik D, 2016. Premature deindustrialization[J]. Journal of Economic Growth(1): 21.

Romer P M, 1994. Increasing returns and long-run growth[J]. The Journal of Political Economy, 94(5): 1002-1037.

Rothwell R, Zegveld W, 1981. Industrial Innovation and Public Policy: Preparing for the 1980s and the 1990s[M]. London: Grances

Printer.

Schmookler J, 1966. Invention and Economic Growth[M]. Massachusetts: Havard Univisity Press.

Schumpeter J A, 1939. Business Cycles: A theoretical, historical and statistical analysis of the capitalist process, 2 vols[M]. New York : McGraw Hill Book Company.

Schumpeter J A, 1975. Capitalism、socialism and democracy, London: Allen and unwin[M]. New York: Harper and Row, Colophon Edition.

Shapiro C, Stiglitz J E, 1986. Efficiency wage models of the labor market: Equilibrium unemployment as a worker discipline device[J]. American Economic Review, 3(74): 433-444.

Solow R M, 1956. A contribution to the theory of economic growth[J]. Quarterly Journal of Economics(1): 65-94.

Tocqueville A D, Epstein J, 2000. Democracy in America[M]. New York: Vintage Books.

Tunzelman V, 1978. Steam Power and British Industrialization to 1860[M]. Oxford: Oxford University Press.

Walsh V, 1984. Invention and innovation in the chemical industry: Demand pull or discovery push?[J]. Research Policy, 13(4): 211-234.

Williamson O, 1985. The economics of capitalism[M]. New York: Free Press.

Young A, 1991. Learning by doing and the dynamic effects of international trade[J]. The Quarterly Journal of Economics, 106(2): 369-405.